Jörg Gundel/Peter W. Heermann/Stefan Leible
(Hrsg.)

Konvergenz der Medien –
Konvergenz des Rechts?

Bayreuther Studien zum deutschen, europäischen und
internationalen Wirtschaftsrecht

Band 3

Herausgegeben von der Forschungsstelle für Wirtschafts- und
Medienrecht an der Universität Bayreuth (FWMR)

für diese von den Professoren
Dr. Nikolaus Bosch, Dr. Torsten Eymann, Dr. Jörg Gundel,
Dr. Peter W. Heermann, Dr. Stefan Leible, Dr. Martin Leschke,
Dr. Markus Möstl, Dr. Jürgen E. Müller, Dr. Ansgar Ohly

Konvergenz der Medien – Konvergenz des Rechts?

von

Jörg Gundel/Peter W. Heermann/Stefan Leible
(Hrsg.)

JWV
Jenaer Wissenschaftliche Verlagsgesellschaft 2009

Bibliographische Information der Deutschen Bibliothek

Die Deutsche Bibliothek verzeichnet diese Publikation in der deutschen Nationalbibliographie; detaillierte bibliographische Daten sind im Internet über <http://dnb.ddb.de> abrufbar.

Alle Rechte vorbehalten
©2009 JWV Jenaer Wissenschaftliche Verlagsgesellschaft mbH
Druck: Bookstation GmbH, Sipplingen
Satz: Stephanie Dieling (www.artes-liberales.net)
Printed in Germany
ISBN (print) 978-3-86653-133-8
ISBN (eBook) 978-3-86653-880-1
Gedruckt auf alterungsbeständigem (säurefreiem)
Papier entsprechend ISO 9706
Internet: www.jwv.de

Vorwort

Die Konvergenz der Medien, die in der rechts- und medienwissenschaftlichen Diskussion seit langem als Zukunftsvision präsent ist, scheint nun in der Gegenwart angekommen. Anliegen des 3. Bayreuther Forums für Wirtschafts- und Medienrecht, das am 17./18. Oktober 2008 an der Universität Bayreuth stattfand und aus dem dieser Tagungsband hervorgegangen ist, war es, zu den rechtlichen Konsequenzen dieser Entwicklung eine Zwischenbilanz zu ziehen, die alle berührten Felder des öffentlichen Rechts und des Privatrechts erfasst: Die Bestandsaufnahme reicht im öffentlichen Recht von den Folgen der rechtstatsächlichen Veränderungen für den Rundfunkbegriff über die Frage der Regulierung des Zugangs zu den Übertragungswegen bis zur künftigen Rolle des öffentlich-rechtlichen Rundfunks. Die privatrechtlichen Konsequenzen werden vor allem mit Blick auf die Rechtsverhältnisse im Internet, die kartellrechtliche Behandlung medienübergreifender Fusionen und die mit der Konvergenz zusammenhängenden Fragen der Rechteverwertung beleuchtet.

Der vorliegende Tagungsband enthält die Schriftfassungen nahezu sämtlicher Vorträge, die während des 3. Bayreuther Forums für Wirtschafts- und Medienrecht gehalten wurden, und viele, aber leider nicht alle der vorbereiteten Kommentare. Integraler Bestandteil der Veranstaltung war wieder eine Podiumsdiskussion, die sich diesmal mit der Frage „Die Rahmenbedingungen für den dualen Rundfunk im multimedialen Zeitalter – Kann alles bleiben, wie es ist?" beschäftigte. Sie wurde von Prof. Dr. *Thomas Rex* (BR Fernsehen) moderiert und war hochkarätig besetzt:

- Prof. Dr. *Carl-Eugen Eberle*, Justiziar des Zweiten Deutschen Fernsehens (ZDF)

- Dr. *Tobias Schmid*, Vizepräsident des Verbands Privater Rundfunk und Telemedien e. V. (VPRT)

- Dipl.-Polit. *Dorothee Bär*, MdB, CSU-Landesgruppe im Deutschen Bundestag, Mitglied des BT-Ausschusses für Kultur und Medien, Berlin, stv. Generalsekretärin der CSU

- Prof. Dr. *Helmut Thoma*, Geschäftsführer TT-STUDIOS Medienberatungs- & -beteiligungs GmbH

Die im Verlauf der Diskussion von den auf dem Podium anwesenden Teilnehmern vertretenen Standpunkte werden in diesem Tagungsband dokumentiert.

Die Tagung hätte ohne die Unterstützung von dritter Seite nicht durchgeführt werden können. Zu großem Dank sind wir daher dem DFG-Graduiertenkolleg „Geistiges Eigentum und Gemeinfreiheit" verpflichtet, aus dessen Mitteln die Veranstaltung finanziert und damit überhaupt erst ermöglicht wurde.

Unser herzlicher Dank gilt weiterhin Frau Kirstin Freitag, die die Manuskripte der Referenten betreut und in einen druckfertigen Zustand gebracht hat, und Frau wiss. Mitarbeiterin Julia Striezel, die noch einmal eine „Endkontrolle" vornahm und außerdem das Abkürzungs- und das Sachverzeichnis erstellte. Zu danken haben wir weiterhin den den Mitarbeitern der Forschungsstelle für Wirtschafts- und Medienrecht an der Universität Bayreuth (FWMR), die bei der Vorbereitung und Durchführung der Veranstaltung mitgewirkt und so zu ihrem Gelingen beigetragen haben.

Bayreuth, im Juni 2009   Die Herausgeber

Inhaltsverzeichnis

Vorwort 5

Abkürzungsverzeichnis 9

Jürgen E. Müller
Mediale Recyclings und Re-Mediationen im digitalen Zeitalter –
zur Auflösung des „Werk"-Begriffs 19

Hubertus Gersdorf
Auswirkungen der Medienkonvergenz auf den Rundfunkbegriff
und die Medienregulierung 31

Karl-Nikolaus Peifer
Presserecht im Internet – Drei Thesen und eine Frage zur Einordnung, Privilegierung und Haftung der „elektronischen Presse" . 47

Jörg P. Soehring
Presse und Internet – Einige Anmerkungen zum Referat von Karl-Nikolaus Peifer 61

Peter M. Huber
Konvergenz der Medien und Konkurrenz um Übertragungswege:
Der Streit um die „digitale Dividende" 67

Christoph Degenhart
Konvergenz der Medien und neue Informationsangebote
öffentlich-rechtlicher Rundfunkveranstalter: Hilft der Public-Value-Test? 81

Norbert Wimmer
Konvergenz der Medien und neue Informationsangebote der
öffentlich-rechtlichen Rundfunkveranstalter: Hilft der Public-Value-Test? 97

Thomas Dreier
Urhebervertragsrechtliche Grenzen der Verwertung geschützter
Werke im Internet 107

Eva-Irina Freifrau von Gamm
Fehlende urheberrechtliche Nutzungsberechtigung trotz – oder
wegen – Konvergenz? Praktische Auswirkungen der urheberrechtlichen Einordnung von Online-Diensten 127

Knut Werner Lange
Crossmediale Zusammenschlusskontrolle 135

K. Peter Mailänder
Crossmediale Zusammenschlusskontrolle – Kommentar zum Referat von Knut Werner Lange 151

Thomas Summerer
Die Vergabe medialer Rechte an der Bundesliga – Differenzierung
nach Übertragungswegen? 159

Rainer Koch
Die Verwertung von Amateurfußballspielen im Internet 173

Ansgar Ohly
Die Verwertung von Amateurfußballspielen im Internet – Kommentar 195

Michael Müller/Julia Striezel
Podiumsdiskussion zum Thema „Die Rahmenbedingungen für
den dualen Rundfunk im multimedialen Zeitalter – Kann alles
bleiben, wie es ist?" 207

Autoren und Herausgeber 211

Stichwortverzeichnis 215

Abkürzungsverzeichnis

a.A.	andere Ansicht
a.a.O.	am angegebenen Ort
ABl. EG	Amtsblatt der Europäischen Gemeinschaft
ABl. EU	Amtsblatt der Europäischen Union
ABl.	Amtsblatt
Abs.	Absatz
Abschn.	Abschnitt
a.F.	alte Fassung
AfP	Zeitschrift für Medien- und Kommunikationsrecht
AG	Aktiengesellschaft; Die Aktiengesellschaft Amtsgericht
AGB	Allgemeine Geschäftsbedingungen
AGOF	Arbeitsgemeinschaft Online Forschung
ähnl.	ähnlich
amtl. Begr.	Amtliche Begründung
Anm.	Anmerkung
AO	Abgabenordnung
ARDA	rbeitsgemeinschaft der öffentlich-rechtlichen Rundfunkanstalten der Bundesrepublik Deutschland.
Art.A	Artikel
Aufl.	Auflage
AVMD-RL	Richtlinie über audiovisuelle Mediendienste
BayObLG	Bayerisches Oberlandesgericht
BB	Betriebs-Berater
BBC	British Broadcasting Corporation
Bd.	Band
BDSG	Bundesdatenschutzgesetz
Begr.	Begründung

BetrVG	Betriebsverfassungsgesetz
Bfv	Bayerische Fußball-Verband
BGB	Bürgerliches Gesetzbuch
BGBl.	Bundesgesetzblatt
BGH	Bundesgerichtshof
BGHZ	Entscheidungssammlung des Bundesgerichtshofs in Zivilsachen
BKartA	Bundeskartellamt
BMWA	Bundesministerium für Wirtschaft und Arbeit
BMWi	Bundesministerium für Wirtschaft und Technologie
BNetzA	Bundesnetzagentur für Elektrizität, Gas, Telekommunikation, Post ud Eisenbahnen
BonnK	Bonner Kommentar
BR-Dr.	Bundesrats-Drucksache
Bros.	Brothers
BSC	Berliner Sport-Club
BT-Dr.	Bundestags-Drucksache
BuchPrG	Gesetz über die Preisbindung für Bücher
Buchst.	Buchstabe
Buli	Bundesliga
BVerfG	Bundesverfassungsgericht
BVerfGE	Entscheidungen des Bundesverfassungsgerichts
BWA	Broadband Wireless Access
bzw.	beziehungsweise
c't	magazin für computertechnik
CBS	Columbia Broadcasting System
CD	Compact Disc
CR	Computer und Recht
ct	Cent
CW	The CW Television Network (Fusion von CBS und Warner Bros.)
d.	der; des
demn.	demnächst

ders.	derselbe
DFB	Deutscher Fußball Bund
DFL	Deutsche Fußball Liga
d.h.	das heißt
Diss.	Dissertation
DJT	Deutscher Juristentag
DLM	Direktorenkonferenz der Landesmedienanstalten
DM	Deutsche Mark
DMB	Digital Multimedia Broadcasting
DSB	Deutscher Sportbund
DSF	Deutsches Sportfernsehen
DSL	Digital Subscriber Line
DVB-H	Digital Video Broadcasting for Handhelds
DVB-T	Digital Video Broadcasting Terrestrial
DVD	Digital Versatile Disc
E-Commerce	Electronic Commerce
EC-RL	E-Commerce Richtlinie
ed.	Edition
EDV	lektronische Datenverarbeitung
EG	Europäische Gemeinschaft
EGMR	Europäische Gerichtshof für Menschenrechte
EGV	EG-Vertrag
Einf.	Einführung
Einl.	Einleitung
EMRK	Europäische Menschenrechtskonvention
endg.	engültig
E-Paper	elektronisches Papier
etc.	et cetera
EU	Europäische Union
EuGH	Gerichtshof der Europäischen Gemeinschaften
EUR	Euro
EuZW	Europäische Zeitschrift für Wirtschaftsrecht
e.V.	eingetragener Verein

EWG	Europäische Wirtschaftsgemeinschaft
f.	folgende; für
FAZ	Frankfurter Allgemeine Zeitung
FC	Fußball-Club
FCB	Fußball-Club Bayern
ff.	fortfolgende
FIFA	Fédération Internationale de Football Association
FKVO	Europäischen Fusionskontrollverordnung
Fn.	Fußnote
FreqBZPÄndV	Verordnung zur Änderung der Frequenzbereichszuweisungsplanverordnung
FS	Festschrift
GD	Generaldirektion
gem.	gemäß
GEWA	Gesellschaft für Gebäudereinigung und Wartung
GfK	Gesellschaft für Konsumforschung
Gfu	Gesellschaft für Unterhaltungs- und Kommunikationselektronik
GG	Grundgesetz
ggf.	gegebenenfalls
GHz	Gigahertz
GmbH	Gesellschaft mit beschränkter Haftung
GmbH & Co. KG	Gesellschaft mit beschränkter Haftung und Compagnie Kommanditgesellschaft
GMS	Geostationary Meteorological Satellite
GRCh	Grundrechtscharta
GRUR Int.	Gewerblicher Rechtsschutz und Urheberrecht International
GRUR	Gewerblicher Rechtsschutz und Urheberrecht
GRUR-RR	Gewerblicher Rechtsschutz und Urheberrecht Rechtsprechungs-Report
GVBl	Gesetz- und Verordnungsblatt
GWB	Gesetz gegen Wettbewerbsbeschränkungen

Abkürzungsverzeichnis

HDTV	High Definition Television
Hervorheb. d. Verf.	Hervorhebung des Verfassers
HGB	Handelsgesetzbuch
HGrG	Gesetz über die Grundsätze des Haushaltsrechts des Bundes und der Länder
h.M.	herrschende Meinung
Hrsg.	Herausgeber
ibid.	ibidem
IBM	International Business Machines
i.d.F.	in der Fassung
i.E.	im Ergebnis
IP	Internet Protocol
IPR	Internationales Privatrecht
i.S.d.	im Sinne des
ISPR	Internationale Sportrechte Verwertungsgesellschaft
i.S.v.	im Sinne von/vom
IT	Information Technology
Jg.	Jahrgang
JZ	Juristenzeitung
K&R	Kommunikation und Recht
KEF	Kommission zur Ermittlung des Finanzbedarfs der Rundfunkanstalten
KEK	Kommission zur Ermittlung der Konzentration im Medienbereich
KFZ	Kraftfahrzeug
KG	Kammergericht; Kommanditgesellschaft
KOM	Europäische Kommission
krit.	kritisch dazu
KUG	Gesetz betreffend das Urheberrecht an Werken der bildenden Künste und der Photographie (Kunsturhebergesetz)
LG	Landgericht

lit.	littera
LPG	Landespressegesetz
LT-Dr.	Landtags-Drucksache
m.	mit
m. Anm.	mit Anmerkung
m.a.W.	mit anderen Worten
MBB	Messerschmitt-Bölkow-Blohm GmbH
MDStV	Mediendienstestaatsvertrag
m.E.	meines Erachtens
MHz	Megahertz
Mio.	Million
MMR	Multimedia und Recht
m.N.	mit Nachweisen
MR Int	Medien und Recht International
MünchKomm	Münchener Kommentar
m.w.N.	mit weiteren Nachweisen
NB	Nutzungsbestimmung
n.F.	neue Fassung
NJW	Neue Juristische Wochenschrift
NJW-RR	NJW Rechtsprechungsreport Zivilrecht
Nr.	Nummer
NRW	Nordrhein-Westfalen
NVOD	Near Video on Demand
NVwZ	Neue Zeitschrift für Verwaltungsrecht
o.a.	oben angeführt
OLG	Oberlandesgericht
OVG	Oberverwaltungsgericht
OVR	Ordnung für die Verwertung kommerzieller Rechte
PC	Personal Computer
RBÜ	Berner Übereinkunft zum Schutz von Werken der Literatur und Kunst

Abkürzungsverzeichnis 15

RegE	Regierungsentwurf
RfÄndStV	Rundfunkänderungsstaatsvertrag
RG	Reichsgericht
RGZ	Sammlung der Entscheidungen des Reichsgerichts in Zivilsachen
RL	Richtlinie
Rn.	Randnummer
Rs.	Rechtssache
RSS	Really Simple Syndication
RStV	Rundfunkstaatsvertrag
RTL	Radio Télévision Luxembourg
S.	Seite; Satz
s.	siehe
SächsVBl	Sächsische Verwaltungsblätter
SAT.1	Satellitenfernsehen GmbH
SCCR	WIPO Standing Committe on Copyright and Related Rights
SchuTSEV	Verordnung zum Schutz von öffentlichen Telekommunikationsnetzen und Sende- und Empfangsfunkanlagen, die in definierten Frequenzbereichen zu Sicherheitszwecken betrieben werden]
scil.	scilicet
SFV	Süddeutscher Fußballverband
SIM	Subscriber Identity Module
Slg.	Sammlung
sog.	sogenannt(e)
SpuRT	Zeitschrift für Sport und Recht
st.	ständige
StPO	Strafprozeßordnung
str.	streitig; strittig
SV	Sportverein
SZ	Süddeutsche Zeitung
TCP	Transmission Control Protocol
TDG	Teledienstegesetz

TKG	Telekommunikationsgesetz
TMG	Telemediengesetz
TV	Television
tz München	Tageszeitung von München
Tz.	Textziffer
u.a.	und andere; unter anderem
UEFA	Union of European Football Associations
UFA	Universum Film AG
UFITA	Archiv für Urheber- Film Funk- und Theaterrecht
UHF	Ultra High Frequency
UMTS	Universal Mobile Telecommunications System
UrhG	Urheberrechtsgesetz
UrhGÄndG	Gesetz zur Änderung des Urheberrechtsgesetzes
UrhWG	Gesetz über die Wahrnehmung von Urheberrechten und verwandten Schutzrechten
USA	Vereinigte Staaten von Amerika
UStG	Umsatzsteuergesetz
usw.	und so weiter
UWG	Gesetz gegen den unlauteren Wettbewerb
v.	vom; von
VDSL	Very High Data Rate Digital Subscriber Line
Verf.	Verfasser
VG	Verwaltungsgericht
vgl.	vergleiche
VgRÄG	Vergaberechtsänderungsgesetz
VHF	Very High Frequency
VO	Verordnung
VOB	Verdingungsordnung für Bauleistungen
VOD	Video on Demand
Vorb.	Vorbemerkung
VR	Verantwortlicher Redakteur
vs.	versus

VwGO	Verwaltungsgerichtsordnung
WBT	WIPO Broadcasting Treaty
Wfv	Württembergische Fußball-Verband
Wi-Max	Worldwide Interoperability for Microwave Access
WIPO	World Intellectual Property Organization
WM	Weltmeisterschaft
WPPT	WIPO Performances and Phonograms Treaty
WRP	Wettbewerb in Recht und Praxis
WuW	Wirtschaft und Wettbewerb
WuW/E	Wirtschaft und Wettbewerb/Entscheidungen
z.B.	zum Beispiel
ZDF	Zweites Deutsches Fernsehen
ZHR	Zeitschrift für das gesamte Handelsrecht und Wirtschaftsrecht
ZKDSG	Gesetz über den Schutz von zugangskontrollierten Diensten und von Zugangskontrolldiensten
ZPO	Zivilprozessordnung
ZUM	Zeitschrift für Urheber- und Medienrecht
zust.	Zustimmend
ZWeR	Zeitschrift für Wettbewerbsrecht

Mediale Recyclings und Re-Mediationen im digitalen Zeitalter – zur Auflösung des „Werk"-Begriffs

JÜRGEN E. MÜLLER

I. Medienkonvergenzen und Medienforschung 19
   1. Wann ist ein Medium ein Medium und wann ist ein neues Medium ein Neues Medium? 21
   2. Medien-Werke: Inter-mediale und inter-textuelle Prozesse 22
   3. Re-Mediationen und mediale Recyclings oder zur Auflösung des Werkbegriffs 24
   4. Illustrationen Titanic in Second Life und YouTube 26
   5. Illustrationen Thriller in Second Life 28
   6. Un mot pour conclure – ein Wort zum Schluss 29

I. Medienkonvergenzen und Medienforschung

Im Rahmen einer Zwischenbilanz mit Blick auf zentrale Entwicklungen der Medienlandschaft im digitalen Zeitalter wären wohl an prominentester Stelle die Phänomene und technologisch-ästhetischen Verfahren der so genannten *Medienkonvergenzen* im Zuge der Einführung digitaler Plattformen zu nennen. Die entscheidenden Leistungen dieser Plattformen gründen bekanntlich darin, dass sie vormals getrennte Medienkanäle und Medienformen in digitale Einheiten ‚atomisieren', recyceln und rekonfigurieren und somit die Auflösung traditioneller Medien (etwa ‚des' Fernsehens, ‚des' Kinos, ‚des' Rundfunks etc.) befördern. Diese Auflösung von Medien und Mediengrenzen impliziert nicht allein den allseits bekannten Prozess der „Hybridisierung" medialer Produkte und Formate, sondern auch eine Transformation der Medien(-produkte) von Objekten zu Kontexten.[1]

---
[1] Vgl. dazu die Thesen in der Dissertation von *Hans Bouwknegt*, Beyond the Simulacrum: A Conceptual Semiotic Approach for the Analysis and Design of Digital Media, Universität Bayreuth, Medienwissenschaft, Sprach- und Literaturwissenschaftliche Fakultät, 2009.

Medienkonvergenzen erweisen sich somit als eine vielschichtige und komplexe Herausforderung, nicht allein für die Medientheorien (die größtenteils mit Blick auf die ‚alten' Medien entwickelt wurden und derzeit nur ‚Bruchteile' der digitalen Medienlandschaft abzudecken in der Lage sind), sondern auch für eine Vielzahl anderer Disziplinen, wie die Rechtswissenschaft. Es gilt, neue transdisziplinäre Wege zur Analyse von Medienkonvergenzen zu beschreiten.

In diesem kurzen Beitrag werde ich aus einer medienwissenschaftlichen Perspektive einige Optionen für potentielle gemeinsame Forschungsfelder von Medien- und Rechtswissenschaften skizzieren. Ich werde die so genannte *Konvergenz der Medien im digitalen Zeitalter* mit Blick auf das Basiskonzept bzw. den Basisbegriff des „Werkes" fokussieren und drei potentielle Forschungsachsen vorstellen:

- die Schiene der Mediengeschichte,

- die Schiene der medialen oder textuellen Beziehungen und

- die Schiene des Recyclings oder der Remediation medialer Formate im digitalen Zeitalter sowie deren Folgen für den Werkbegriff.

Bevor wir uns nun mit der ersten Forschungsachse, der *Entwicklung,* oder besser *der Geschichte der (digitalen) Medien in Vergangenheit und Zukunft,* befassen, sei eine klärende Bemerkung vorangestellt.

Unlängst beschrieb der Medienphilosoph und Medienwissenschaftler Lev Manovich die Auswirkungen digitaler Netzwerke und der digitalen Kultur als *cultural totalisation*. Die immer noch schnell expandierenden digitalen Netze würden demnach zu einem globalen Netzwerk verschiedener Medien, Institutionen, Dispositive und Infrastrukturen führen und somit zu einem digitalen Verschmelzen von Phänomenen, die vormals getrennt voneinander existierten.[2] Zahlreiche Medienwissenschaftler vertreten die Ansicht, dass mediale Formen im digitalen Zeitalter ihre Materialität und materiellen Aspekte einbüßen, dass sie in virtuelle Gestalten umgeformt werden und neue Kombinationen erfahren. Diese Aussage scheint zuzutreffen, aber bedeutet sie auch zwangsläufig, dass Medien, Gattungen, Formate, Werke oder gar Interaktionen zwischen den Medien, d.h. *intermediale* Prozesse, durch das Digitale *ausgelöscht* oder *aufgehoben* werden, wie dies einige Kollegen behaupten?[3] Ich denke nicht.

---

[2]Vgl. Lev *Manovich,* in: Manovich (Hrsg.), The Language of New Media, 2001, http://www.manovich.net/LNM/Manovich.pdf, S. 80-98, (abgerufen am 13.1.09).

[3]Yvonne *Spielmann,* Ästhetik und Kommunikation, Jg. 24, Heft 88, 1995, 112 (112-117).

Einer der möglichen Lösungsansätze zur Beantwortung dieser Frage scheint mir im medienwissenschaftlichen Forschungsansatz der *Intermedialität* zu liegen. Dieser Forschungsansatz geht – im begrenzten Kontext dieses Artikels sei die grobe Verallgemeinerung verziehen – davon aus, dass sich Medien und Medienprodukte nicht als ‚isolierte Monaden', sondern allein als komplexe und hybride Phänomene fassen lassen.[4] Diese Feststellung trifft auf die so genannten traditionellen Medien ebenso wie auf die ‚neuen' Medien zu. Als Medienforscher dürften und sollten wir uns mit Blick auf die digitalen Medien allerdings nicht damit zufrieden geben, sie einzig und allein auf ihre ‚materiellen', d.h. virtuell-digitalen und konvergenzbildenden Aspekte, zu reduzieren und deren zeichenhafte werkorientierte Ausprägungen zu vernachlässigen. Trotz aller Bestrebungen, sich von Kategorien wie "Zeichen", "Inhalt", "Bedeutung", "Genre", "Format" oder "Werk" zu lösen, spielen diese nach wie vor eine wichtige Rolle in jeglichem Diskurs über Medialität und Intermedialität. Dies würde implizieren, dass die genannten Einheiten nicht in der "generellen Virtualität des Materials" verschwinden, sondern dass sie in gewandelter, recycelter Form unter Verschiebung von Elementen ihrer ‚Gestalt' weiter wirksam sind oder zurückkehren.[5]

1. Wann ist ein Medium ein Medium und wann ist ein neues Medium ein Neues Medium?

Wie wir unschwer aus der Mediengeschichte – etwa des Fernsehens – ersehen können, fallen Medien nicht als fertige Einheiten vom technologischen Himmel in spezifische historische Gesellschaften, sondern setzen komplexe soziale, kulturelle, technologische und generische Prozesse einer Institutionalisierung voraus (die ab einem bestimmten Zeitpunkt auch juristisch fixiert werden), damit das, was wir als ein „Medium", als ein neues oder digitales Medium bezeichnen wollen, manifest werden kann. Dies impliziert für eine historisch-medienwissenschaftliche Forschungsachse, dass wir die Geschichte der Medien sinnvollerweise nur als Geschichte von Inter-Medien, in Form einer Rekonstruktion technologisch-dispositiver Prozesse innerhalb bestimmter historischer, sozialer, ökonomischer und juristischer Rahmenbedingungen, ‚schreiben' können. Damit verorten wir die medialen Entwicklungen und das Zusammentreffen von Medien explizit innerhalb verschiedener *kultureller und technologischer* Systeme.

---

[4]Vgl. dazu etwa Jürgen E. *Müller*, Intermedialität: Formen moderner kultureller Kommunikation, 1996; ders. (Hrsg.): Media-Encounters and Media Theories, 2008; Joachim *Paech* und Jens *Schröter* (Hrsg.), Intermedialität, 2008; Lars *Elleström* (Hrsg.), Imagine Media! Media Borders and Intermediality, 2010.

[5]Vgl. dazu Jens *Schröter*, in: Paech/Schröter (Hrsg.), Intermedialität analog/digital. Theorien, Methoden, Analysen, 2008, S. 579 (585).

Dass sich die Frage, wann ein neues Medium zu einem ‚selbständigen' und klar abgrenzbaren ‚neuen' Medium wird, nicht allein aus einer medienwissenschaftlichen Perspektive von großer Relevanz erweist, können wir an zahlreichen Beispielen, etwa des eben genannten Fernsehens, das in den 1930er Jahren in Deutschland als Fernseh-Fernsprecher oder in England als *Onlooker* und *Ingazer* bezeichnet wurde, oder der Namensgebungen des Kinos in den 1890er Jahren, belegen.[6] Diese Begriffe verweisen auf die Schwierigkeiten, die damals neuen Medien einzugrenzen und in (auch juristischen) Kategorien fassen zu können. Ähnliche Unsicherheiten der Definition von medialen ‚Einheiten' erleben wir heute tagtäglich in und außerhalb der digitalen Welten des Web 2.0. Die Dynamiken der Medienentwicklung stellen Medienhistoriker und -juristen vor ähnliche Herausforderungen, müssen wir doch den immer noch weit verbreiteten Fehler vermeiden, ein Medium oder so genannte einzelne Medien anhand seiner oder ihrer mehr oder weniger zufälligen Ausprägungen, wie sie sich uns zu einem *spezifischen* Zeitpunkt präsentieren, *generalisierend* zu beschreiben oder festzulegen. Daher können juristische ‚Fixierungen' einzelner Medien, wie sie z.B. in der einschlägigen Literatur zum Medienrecht erfolgen, lediglich als heuristische Momentaufnahmen der Medienlandschaft, die einem fortwährenden historischen Wandel unterworfen sind, nutzbar gemacht werden.[7]

Medien- und Rechtswissenschaft könnten und sollten sich diesen durchaus Erfolg versprechenden Dynamiken mit Blick auf gemeinsame Fragestellungen, nicht zuletzt des Medienwandels oder der Medienkonvergenz, annähern.

Doch wie verhält es sich in diesem Zusammenhang mit den Medien-Werken und dem Werk-Begriff, die ja das eigentliche Thema dieses kleinen Beitrags konstituieren?

2. Medien-Werke: Inter-mediale und inter-textuelle Prozesse

Unsere zentral von Aufklärung und bürgerlicher Moderne geprägten Vorstellungen eines „Werkes" lassen sich mit Goethe etwa als dasjenige fassen, „was wir als Handlung und Tat, als Wort und Schrift gegen die Außenwelt

---

[6]Vgl. dazu Jürgen E. *Müller*, in: Ernest W.-B. Hess-Lüttich (Hrsg.), Autoren, Automaten, Audiovisionen. Neue Ansätze zur Medienästhetik und Telesemiotik, 2001, S. 187 (187-208); sowie in: Jürgen E. Müller (Hrsg.): Media Encounters and Media Theories, 2008, S. 203 (203-217).

[7]Vgl. dazu etwa die Erläuterung des Medienbegriffs in Frank *Fechners* Standardwerk: Medienrecht, 2003 auf den Seiten 3 ff., der mit Blick auf die „Massenmedien", die so genannten „Multimedia" und die „neuen Medien" sehr holzschnittartige und statische Grenzlinien zieht, welche den aktuellen intermedialen Dynamiken der Medienlandschaft kaum noch gerecht werden.

richten."[8] An Goethes Zitat können wir deutlich erkennen, dass das Werk eine „Autorenschaft" mit den zugehörigen Kategorien subjektiver und persönlicher Identität voraussetzt. Kategorien, die wir in dieser Form u.a. als Fortsetzung Rousseauscher Identitätskonzepte und moderner Poetologien betrachten können. Diese Grundannahmen menschlicher Entäußerung und menschlichen, auch kreativen, Handelns erfuhren vor dem Zeitalter der so genannten Postmoderne oder dem digitalen Zeitalter in den vergangenen zwei Jahrhunderten eigentlich nur zwei nennenswerte Bedrohungen, die der Hermeneutik, die das Subjekt des Rezipienten gegen die All-Macht des Werkes stellte und die der Avantgarde (u.a. Adorno), die sich von traditionellen oder überkommenen Werkvorstellungen abgrenzte.

In den 1960er Jahren lässt sich allerdings im Bereich der Kultur- und Literaturtheorie und -praxis eine erste tiefer gehende Erosion des Werk- und Autorenbegriffs feststellen. Wenn Mitglieder der Pariser Gruppe *Tel Quel* (etwa Julia Kristeva, Roland Barthes und andere) zu dieser Zeit den Tod des „Autors" postulieren und an dessen Stelle ein vielschichtiges Geflecht von Intertexten setzen, dann schaffen sie damit die theoretischen, poetologischen und praktischen Voraussetzungen für eine Vielzahl von Erscheinungen und Prozessen, die uns bis heute in Form von Meta-, Hyper-, und Intertexten im digitalen Netz und anderenorts beschäftigen.

Erstaunlicherweise hat sich das Werk-Konzept – trotz dieser erodierenden Strömungen und Kräfte – bis heute in zahlreichen kreativen Feldern (etwa des Films, der Musik, aber auch der Games etc.) und den Wissenschaften (nicht zuletzt den Kultur- und Rechtswissenschaften) erhalten. Wir könnten und sollten uns daher fragen, ob dieses Festhalten am Werkbegriff in gewisser Weise nicht unserem Bedürfnis nach *Identifizierung und Fixierung eines Urhebers oder Schöpfers* entgegenkommt, so dass wir – auch Jahrzehnte nach dessen Unterminierung – immer noch große Bemühungen unternehmen, dieses zu erhalten.

Aus juristischer Perspektive scheint sich dieses Bedürfnis wie folgt zu manifestieren:

„Bei einem urheberrechtlichen Werk muss es sich um eine persönliche Schöpfung des Urhebers handeln, die einen geistigen Gehalt aufweist, eine wahrnehmbare Formgestaltung gefunden hat und die Individualität des Urhebers zum Ausdruck bringt."[9]

Das Werk scheint untrennbar mit der „persönlichen Schöpfung" eines tracierbaren „Urhebers" verbunden und erfährt somit eine – durchaus pragmatisch zu verstehende – ‚Nobilitierung' und Fixierung.

---
[8] Johann Wolfgang *Goethe: Maximen und Reflexionen. I/4,* Nr. 391-393, 1822; Gedenkausgabe, E. Beutler (Hrsg.), 2. Aufl. 1962, S. 543.
[9] Frank *Fechner*, Medienrecht, a.a.O., S. 101.

Hinter diesen Bemühungen stehen selbstverständlich auch konkrete ökonomische Interessen, die wir hier nicht eingehender zu beleuchten haben. Im Hinblick auf unsere Frage nach der möglichen Relevanz des Werkbegriffs im Zeitalter von Medienkonvergenzen und intermedialer und intertextueller Prozesse sollten wir unser Augenmerk jedoch darauf richten, ‚was den so genannten Werken geschieht', wenn sie in neuer Form in digitale Kontexte, etwa des Web 2.0 oder anderer medialer Konfigurationen, eintreten. Sie werden zweifellos in unterschiedlichsten Formen recodiert, die sich vom simplen Plagiat über komplexe Zitate oder *Pastiches* erstrecken können. Als aktuelles Beispiel sei hier etwa auf die neue US-amerikanische TV-Serie *Gossip Girl* (Sender: The CW) verwiesen, die sowohl bei den Kritikern als auch beim ‚Publikum' auf große positive Resonanz stößt.[10] Der offensichtliche und nicht zu leugnende Erfolg dieser ‚TV'-Serie lässt sich allerdings keineswegs (mehr) an den Zuschauerquoten des *Fernsehens* festmachen; die Serie wird konstant nur von einer relativ geringen Zahl von Zuschauern auf dem Fernsehbildschirm gesehen. Ihren Erfolg verdankt sie zahlreichen anderen Erscheinungs- und ‚Nutzungsformen' im Web 2.0 (zu einem geringen Teil den entsprechenden Sites des *iTunes Store*), der Webseite von *The CWO* und den illegalen *Sites* der Tauschbörsen, die sich auf das gesamte Spektrum der digitalen Hardware herunterladen lassen[11] und dort digitale Bearbeitungen erfahren (können). Das bislang in Quoten berechnete und berechenbare Fernsehpublikum hat sich – gemeinsam mit den recycelten Werken – offensichtlich in eine komplexe rhizomatische Größe aufgelöst. Es ist zudem festzuhalten, dass die Hybridität vieler ‚digitaler' Formate und deren Attraktivität, somit nicht zuletzt aus dem Gebrauch vorgängiger Formate, Werk- und Gattungsmuster resultieren.[12]

Eine Analyse dieser spezifischen Transformationsprozesse ließe sich sicherlich gewinnbringend mit rechtswissenschaftlich relevanten Perspektiven verbinden.

Damit komme ich zum letzten Punkt meines kurzen *tour d'horizon*.

3. Re-Mediationen und mediale Recyclings oder zur Auflösung des Werkbegriffs

Zahllose Beispiele der aktuellen Medienlandschaft, etwa recycelte Filme im Game-Format oder umgekehrt, Songs und TV-Programme auf YouTu-

---

[10] „*Gossip Girl* ist keine Serie über schöne und reiche Menschen, sondern eine Serie über einen Blog über schöne und reiche Menschen. Logisch also, dass sich die Fangemeinde im Internet versammelt..." Christoph Koch, *SZ* Nr. 2, 3./4.1.2009, S. 19.

[11] Vgl. ibid.

[12] Vgl. dazu Jürgen E. *Müller,* in: Remediationen in sekundären (und primären) Welten. Zur gattungsspezifischen Paratextualität digitaler Spiele, Andrzej Gwozdz (Hrsg.), *Film in the Era of its Electronic Distribution,* 2009.

be, Nachrichten der privaten und öffentlich rechtlichen Fernsehsender zum downloaden usw., weisen auf den stetig wachsenden Bedarf – wenn wir so wollen den zunehmenden ‚Durst' – der digitalen Medien nach audiovisuellen Rohstoffen hin, die in remediatisierter und digitalisierter Form wieder in unsere elektronischen Medienlandschaften zurückgeführt werden.

Bei einem derartigen Prozess ist es nahezu unausweichlich, dass die digitalen Plattformen oder Hybridformate Gebrauch von vorgängigen *Werken* machen, die in neue Kontexte, neue Kanäle und virtuelle Räume eingebracht werden. Aus medienwissenschaftlicher Sicht stellt sich nun die Frage, ob diese vorangehenden Werke oder Prätexte unmittelbar und ungefiltert in die neuen Medien einrücken (können). Wir wissen, dass bereits die *digitale* Umsetzung des Bildmaterials eines *analog* produzierten Kinofilms zahlreiche technologisch-ästhetische Veränderungen mit sich bringt. Aus der Perspektive unserer Forschungsachse wird sich indes das digitale Recyceln von kreativen, narrativen oder ästhetischen Einheiten oder Merkmalen vorgängiger ‚Werke' als deutlich relevanter erweisen. In diesem Zusammenhang haben wir allerdings mit Blick auf den digitalen Umgang mit ‚Werken' im Zeitalter der Medienkonvergenz einen zentralen Aspekt zu berücksichtigen:

Wenn heutzutage jeder Text nur als *Inter*-Text und jedes Medium nur als *Inter*-Medium existieren kann, ist jedes Werk allein als Rhizom, als eine Art Wurzelgeflecht, vorstellbar. Die Untersuchung digitaler Remediationen[13] würde uns demzufolge zu unterschiedlichen Arten oder Stufungen der Bezugnahme oder der Neu-Bearbeitung *vorgängiger* Muster im *digitalen* Medium führen.

Beispielhaft sei hier auf die Remediationen zentraler Sequenzen des Kinofilms *Titanic* (James Cameron, USA, 1997) in der Plattform YouTube oder von Michael Jacksons *Thriller* in Second Life verwiesen. Zunächst wurden Einstellungen des Films in Second Life *restaged* und anschließend in die Plattform YouTube eingestellt. Darüber hinaus finden sich zahlreiche weitere bearbeitete oder unbearbeitete Clips des Films auf YouTube, wovon anschließend zwei Beispiele gezeigt werden.

---

[13] Der Begriff „Re-Mediation" zielt auf Prozesse, die sich *zwischen* verschiedenen Medien und Medien-Netzwerken ereignen: „Each act of mediation depends on other acts of mediation. Media are continually commenting on, reproducing, and replacing each other, and this process is integral to media. Media need each other in order to function as media at all." (Jay David *Bolter*, Richard *Grusin*, Remediation. Understanding New media, 5. Aufl. 2002, S. 55.

4. Illustrationen Titanic in Second Life und YouTube

Abbildung 1: *Titanic*, vom Film ins Second Life (mit Avataren neu „gedreht") und anschließend in YouTube recycelt (1)

Abbildung 2: *Titanic*, vom Film ins Second Life (mit Avataren neu „gedreht") und anschließend in YouTube recycelt (2)

Abbildung 3: *Titanic*, vom Film auf YouTube gewandert (1)

Abbildung 4: *Titanic*, vom Film auf YouTube gewandert (2)

5. Illustrationen Thriller in Second Life

Abbildung 5: Song-Clip *Thriller* von Michael Jackson im Second Life recycelt (1)

Abbildung 6: Song-Clip *Thriller* von Michael Jackson im Second Life recycelt (1)

Die beiden exemplarischen Remediationen urheberrechtlich geschützter Werke initiieren vielschichtige ('alltägliche' und 'wissenschaftliche') Leseweisen, die sich von den Annahmen einer gezielten Ironisierung durch mediale und ästhetische Verfahren der Pastiches bis zur Auseinandersetzung mit digitalen Restagings von Einstellungen, Ton-Bild-Konfigurationen und dominanter Merkmale der ursprünglichen Werke erstrecken. Aus medien- und rechtswissenschaftlicher Sicht stellt sich nun die Frage, wie wir mit diesen digitalen - oftmals auch respektlosen – Remediationen „geschützter Werke" umgehen und wie wir diese zu bewerten haben.

Mit Blick auf diese Fragestellung hätten jüngere Forschungen der Medienwissenschaft – etwa zur Intermedialität und zur Remediation – durchaus relevante Angebote an die Rechtswissenschaft aufzuweisen, die z.B. auf Formen und Funktionen medialer Recyclings in so genannten „Plagiaten" zielen könnten. Als größte Herausforderung würde sich für beide Disziplinen in diesem Falle allerdings die Beziehungsfähigkeit unserer terminologischen Apparate und unserer wissenschaftlichen Annäherungsweisen ergeben.

6. Un mot pour conclure – ein Wort zum Schluss

In diesem kurzen Statement konnte ich selbstverständlich keine abschließenden, transdisziplinären Lösungsvorschläge zur Untersuchung der Remediationen von Werken im digitalen Zeitalter unterbreiten. Dies muss noch weiteren gemeinsamen Forschungen überlassen bleiben.

Die drei skizzierten Forschungsachsen oder Schienen, der Einbettung des Werkbegriffs in einen medienhistorischen Kontext, der medialen und textuellen Beziehungen, sowie der Remediationen, sollten Anregungen für das Erschließen fächerübergreifender Forschungsfelder liefern. Falls diese Skizze Kolleginnen und Kollegen der Rechtwissenschaft dazu motivieren konnte, unsere medienwissenschaftlichen Spielbälle inter- und transdisziplinär aufzugreifen und weiter zu spielen, so wäre dies als ein durchaus erfreuliches Ergebnis dieser Aphorismen zu werten.

Auswirkungen der Medienkonvergenz auf den Rundfunkbegriff und die Medienregulierung

HUBERTUS GERSDORF

I. Einleitung 31
II. Verfassungsrechtliche Rahmenbedingungen: Zur Notwendigkeit einer (Wieder-)Belebung des individualrechtlichen Kerns des Grundrechts der Rundfunkfreiheit 32
    1. Medienfreiheiten als Jedermann-Freiheiten: Vom elitären zum egalitären Charakter der Massenkommunikationsgrundrechte 34
    2. Europarechtliche Direktiven 35
    3. Fazit 36
III. Sekundärrechtliche Konzeption der EU zur Regulierung der audiovisuellen Medien: Zeitgleicher Empfang als maßgebliches Differenzierungskriterium 37
IV. Einzelne Regulierungsfragen 41
    1. Begriff des linearen Fernsehdienstes: Zeitgleiche Verbreitung eines Programms oder auch einzelner Sendungen? 41
    2. Notwendigkeit von De-minimis-Regelungen 42
    3. Zulassungspflicht 44
V. Schlussbemerkungen 45

I. Einleitung

Fußball ist die schönste Nebensache der Welt und eignet sich auch als Gegenstand rundfunkrechtlicher Betrachtungen. Nehmen wir die Berichterstattung über ein Fußballspiel – und dies legt der Ort dieser Tagung nahe – etwa des FC Bayern München. Die Live-Übertragung des FC Bayern in Karlsruhe am morgigen Tage beim Pay-TV-Sender Premiere ist zweifelsfrei Rundfunk. Das gleiche gilt, wenn über das Spiel im Rahmen der ARD-Sportschau oder des ZDF-Sportstudios berichtet wird. Aber was gilt, wenn das Spiel auf dem Portal des Mobilfunkunternehmens Vodafone im Rahmen von Mobile-TV in voller Länge und kommentiert durch Vodafone übertragen wird? Ist Vodafone in Ermangelung einer rundfunkrechtlichen Lizenz ein illegaler Schwarzsender? Und was gilt für den FC Bayern selbst, der auf seinem (Abonnenten-)Portal FCB.tv in Form von Videos umfassend über den Verein, die Mannschaft und vor allem über deren Spiele berichtet. Der „Programmvorschau" kann der Abonnent von FCB.tv entnehmen, welches Video er wann abrufen kann. Die Highlights und Interviews vom Spiel in Karlsruhe werden am Samstag ab 17:30 Uhr zur Verfügung stehen, also vor der Ausstrahlung im Free-TV und im Übrigen auch umfassender als in der ARD-Sportschau und vor allem im ZDF-Sportstudio. Benötigt der FC Bayern hierfür eine rundfunkrechtliche Lizenz?

Gewiss soll auf diese Fragen eine Antwort gefunden werden, aber nicht nur auf diese. Die Regulierung der elektronischen Medien ist die Konkretisierung verfassungsrechtlicher Vorgaben. Hierauf soll der Fokus zunächst gerichtet werden. Dabei geht es mir nicht darum, allgemein Bekanntes und vermeintlich Anerkanntes zu wiederholen. Vielmehr möchte ich das Bekannte hinterfragen, genauer: ganz grundsätzlich in Frage stellen (II.). Die Regulierung der elektronischen Medien ist zugleich die Umsetzung unionsrechtlicher Direktiven. Deshalb soll im zweiten Teil auf das sekundärrechtliche Konzept der Regulierung der elektronischen Medien eingegangen werden (III.). Im dritten Teil möchte ich einige konkrete Regulierungsfragen behandeln (IV.).

II. Verfassungsrechtliche Rahmenbedingungen: Zur Notwendigkeit einer (Wieder-)Belebung des individualrechtlichen Kerns des Grundrechts der Rundfunkfreiheit

Bekanntlich ist das Grundrecht der Rundfunkfreiheit nach der Rechtsprechung des Bundesverfassungsgerichts durch zwei Anomalien gekennzeichnet:[1] Erstens durch den Charakter als „dienende Freiheit" und zweitens durch den Ausgestaltungsvorbehalt. Im Gegensatz zu den anderen Freiheitsgrundrechten soll im Schutzzentrum des Grundrechts der Rundfunkfreiheit nicht die personale Autonomie des Grundrechtsträgers, sondern die Kommunikationsordnung stehen. In der Diktion des Bundesverfassungsgerichts: „Als dienende Freiheit wird sie (scil.: die Rundfunkfreiheit) nicht primär im Interesse der Rundfunkveranstalter, sondern im Interesse freier individueller und öffentlicher Meinungsbildung gewährleistet".[2] Auf

---

[1] Hierzu im Einzelnen *Gersdorf*, Grundzüge des Rundfunkrechts. Nationaler und europäischer Regulierungsrahmen, 2003, Rn. 64 ff.
[2] BVerfGE 83, 238 (315).

der Basis eines solchen funktionalen Grundrechtsverständnisses ist für die Anwendbarkeit des Grundsatzes der Verhältnismäßigkeit im Rahmen der Grundrechtsausgestaltung kein Platz. Denn die Prüfung der Elemente der Erforderlichkeit und der Verhältnismäßigkeit im engeren Sinne setzt gegenläufige individuelle Belange des Grundrechtsträgers voraus, die es nach funktionalem Grundrechtsverständnis nicht gibt.[3] In Ermangelung der Anwendbarkeit des Grundsatzes der Verhältnismäßigkeit gesteht das Bundesverfassungsgericht dem Gesetzgeber bei der Ausgestaltung der Rundfunkfreiheit einen weitreichenden Gestaltungsspielraum ein.[4] Ausgestaltende Regelungen müssen allein geeignet sein, dem Kommunikationsprozess zu dienen. Über die Reichweite vielfaltsichernder Regulierung kann er daher im Wesentlichen frei disponieren. So lässt das Gericht dem Gesetzgeber freie Hand etwa bei der Entscheidung zwischen einem binnen- oder außenpluralistischen Modell für den privaten Rundfunk.[5]

Diese Rechtsprechung bedarf dringend der Korrektur. Hierfür gibt es erste Anzeichen in der Rechtsprechung Karlsruhes. Die Rechtsprechung des Zweiten Senats des Bundesverfassungsgerichts ist durch das Bemühen geprägt, den – fast in Vergessenheit geratenen – individualrechtlichen Kern der grundrechtlich geschützten Rundfunkgarantie zu (re-)aktivieren. In seinem Urteil vom 12. März 2008 zum (absoluten) Beteiligungsverbot politischer Parteien an Rundfunkveranstaltern spricht der Zweite Senat des Bundesverfassungsgerichts von den „betroffenen *individuellen* rundfunkverfassungsrechtlichen Positionen" (Hervorhebung d. Verf.)[6] der Parteien und erkennt damit einen individualrechtlichen Kern der Rundfunkgarantie ausdrücklich an. Auch misst der Zweite Senat gesetzliche Regelungen der Grundrechtsausgestaltung am Grundsatz der Verhältnismäßigkeit, was die Anerkennung eines – dem objektiv-rechtlichen Gehalt des Art. 5 Abs. 1 S. 2 GG gegenläufigen – individualrechtlichen Grundrechtskerns impliziert.[7]

Im Folgenden möchte ich kurz darlegen, weshalb es geboten ist, diesen Weg konsequent weiterzugehen, d.h. den individualrechtlichen Gehalt des Grundrechts der Rundfunkfreiheit wieder zu beleben, um auf diese Weise die Rundfunkgarantie in die Familie der tradierten Freiheitsgrundrechte wieder aufzunehmen, aus der sie lange ausgeschlossen war.[8]

---

[3] Hierzu im Einzelnen *Gersdorf*, Grundzüge des Rundfunkrechts. Nationaler und europäischer Regulierungsrahmen, 2003, Rn. 81 m.w.N.
[4] Vgl. BVerfGE 57, 295 (321 f.); 74, 297 (324); 83, 238 (296).
[5] Vgl. BVerfGE 57, 295 (325); 73, 118 (171); 83, 238 (316).
[6] *BVerfG*, AfP 2008, 174 (181 Rn. 126).
[7] *BVerfG*, AfP 2008, 174 (181: „unverhältnismäßig" [Rn. 126], „außer Verhältnis" [Rn. 129], „angemessen" [Rn. 130]).
[8] Hierzu eingehend *Gersdorf*, Legitimation und Limitierung von Onlineangeboten des öffentlich-rechtlichen Rundfunks. Konzeption der Kommunikationsverfassung des 21. Jahrhunderts, 2009, S. 50 ff.

1. Medienfreiheiten als Jedermann-Freiheiten: Vom elitären zum egalitären Charakter der Massenkommunikationsgrundrechte

Die grundrechtliche Sonderstellung der Massenkommunikationsgrundrechte beruht im Kern auf der Erwägung, dass die Wahrnehmung von Medienfreiheiten im Gegensatz zu dem Jedermann-Grundrecht der Meinungsäußerung nur wenigen, zumeist kapitalkräftigen Unternehmen vorbehalten sei. Implizit beruht die Rechtsprechung des Bundesverfassungsgerichts zur Rundfunkfreiheit des Art. 5 Abs. 1 S. 2 GG auf der Idee einer realiter möglichst gleichen Teilhabe aller Bürger am gesellschaftlichen Kommunikationsprozess, also auf der Prämisse eines verfassungsrechtlichen Grundsatzes kommunikativer Chancengleichheit. Aufbauend auf dem liberalen Theorem, demzufolge sich im Wege des öffentlichen geistigen „Meinungskampfes"[9] die Auffassung mit der größten Überzeugungskraft durchsetzen sollte und die Ergebnisse dieses Wettstreites von Informationen und Wertungen die Gewähr für eine größtmögliche Rationalität bieten sollten, wird die faktisch möglichst gleiche kommunikative Teilhabechance aller Bürger zum zentralen Baustein der Kommunikationsverfassung deklariert. Überall dort, wo die Chancengleichheit, aktiv und passiv am Kommunikationsprozess mitzuwirken, aus technischen, wirtschaftlichen oder sonstigen Gründen, also realiter gestört sei, habe der Staat durch Ausgestaltung der Kommunikationsordnung für möglichst gleiche Teilhabechancen Sorge zu tragen. Deshalb könnten Massenkommunikationsgrundrechte nicht als Individualgrundrechte verstanden werden. Da der Zugang zu den Massenkommunikationsmitteln wie Rundfunk und Presse insbesondere wegen des damit verbundenen Kapitalaufwandes nur Wenigen vorbehalten sei, müsse die Wahrnehmung der Massenkommunikationsgrundrechte durch Wenige in den Dienst der Befriedigung der kommunikativen Bedürfnisse der Bevölkerung gestellt werden. Dem Fehlen realer massenkommunikativer Mitwirkungsmöglichkeiten der Masse korrespondiere der „Teilhabeanspruch" der Masse gegenüber den wenigen Massenkommunikationsmedien, dem durch Integration der kommunikativen Bedürfnisse im Versorgungsauftrag der Massenmedien zu entsprechen sei. Der besondere Schutz der Massenkommunikationsgrundrechte ziele nicht auf die Absicherung kommunikativer und wirtschaftlicher Interessen weniger, zumeist kapitalkräftiger Unternehmen, sondern auf die umfassende Information der Bevölkerung.[10]

Massenkommunikation unter den Bedingungen der modernen Informa-

---
[9]Vgl. nur BVerfGE 7, 198 (208); 12, 113 (125); 24, 278 (286); 25, 256 (264); 42, 163 (170); 43, 130 (137); 44, 197 (207); 54, 129 (138); 54, 208 (221); 61, 1 (11 f.); 66, 116 (150 f.); 68, 226 (232); 73, 206 (258).
[10]Hierzu eingehend *Gersdorf*, Legitimation und Limitierung von Onlineangeboten des öffentlich-rechtlichen Rundfunks. Konzeption der Kommunikationsverfassung des 21. Jahrhunderts, 2009, S. 55 ff..

tionsgesellschaft ist Kommunikation nicht nur für, sondern auch durch die Masse. Massenkommunikation ist eine Jedermann-Freiheit. An die Stelle des eher elitären tritt ein eher egalitärer Zug. Jedermann kann ohne besondere faktische Zugangshürden Texte und Bilder ins Netz stellen und sich auf diese Weise an der Massenkommunikation beteiligen. Auch für die Verbreitung von audiovisuellen Angeboten bestehen keine unüberwindbaren Zugangsbarrieren. Ob die an die Allgemeinheit gerichteten (Text- oder Bewegtbild-)Dienste dem Grundrecht der Presse- oder Rundfunkfreiheit zuzuordnen sind, ist in diesem Zusammenhang nicht von entscheidender Bedeutung. In jedem Fall handelt es sich um Massenkommunikation, die auch realiter von jedermann ausgeübt werden kann und zunehmend ausgeübt wird. So wundert es nicht, dass wesentliche Innovationen wie Google, YouTube, Facebook oder MySpace nicht von kapitalkräftigen Weltkonzernen ausgingen, sondern auf die kreativen Energien von Studierenden zurückzuführen sind. Die Wahrnehmung der Massenkommunikationsgrundrechte ist unter den Bedingungen des Web 2.0, des „Mitmach-Netzes", faktisch ebenso möglich wie die Ausübung des (Individual-)Grundrechts der Meinungsäußerungsfreiheit. Es ist deshalb nicht (mehr) gerechtfertigt, den Massenkommunikationsgrundrechten den Charakter streitig zu machen, der das Grundrecht der Meinungsäußerungsfreiheit kennzeichnet: den individualrechtlichen Grundrechtskern. Meinungsäußerungsfreiheit und Medienfreiheiten sind gleichermaßen Jedermann-Freiheiten. Das aus der Individualität folgende natürliche Bedürfnis, im privaten und öffentlichen Raum „den Mund auftun zu können" und „geistig Luft abzulassen", erstreckt sich auch und gerade auf die Freiheitsentfaltung im Netz, also auf die Kommunikation mit der Masse. Unter den Bedingungen der modernen Kommunikationsordnung ist Massenkommunikation auch realiter eine Freiheitsbetätigung des Einzelnen und damit „unmittelbarster Ausdruck der menschlichen Persönlichkeit in der Gesellschaft".[11]

2. Europarechtliche Direktiven

Die europarechtliche Perspektive bekräftigt die Notwendigkeit einer (Re-)Aktivierung des individualrechtlichen Gehalts der Medienfreiheiten. Zwar ist das Ziel der Gewährleistung von Medienvielfalt auch europarechtlich anerkannt. Diese objektiv-rechtliche Zielsetzung lässt aber den individualrechtlichen Charakter der Medienfreiheiten unberührt. Die Konstruktion einer „dienenden Freiheit" ist der EMRK und dem Unionsrecht fremd. Die individualrechtliche Prägung der Medienfreiheiten durch Europarecht strahlt auf die Auslegung der Massenkommunikationsgrundrechte des Art. 5 Abs. 1 S. 2 GG aus. Ihr sind verbindliche Direktiven für die Interpretation

---

[11] BVerfGE 7, 198 (208); 97, 391 (398); ebenso BVerfGE 85, 23 (31: „unmittelbarer Ausdruck der menschlichen Person").

der grundgesetzlichen Kommunikationsverfassung zu entnehmen. Der auf einem funktionalen Grundrechtsverständnis beruhende grundrechtsdogmatische Sonderweg führt in eine europarechtswidrige Sackgasse. Europarecht fordert eine Kurskorrektur und eine (Wieder-)Belebung des individualrechtlichen Kerns der grundrechtlich geschützten Rundfunkfreiheit.[12]

3. Fazit

Die (Re-)Aktivierung des individualrechtlichen Kerns der Rundfunkgarantie bedeutet indes nicht, dass dem Ziel der Pluralismussicherung keine grundrechtliche Bedeutung zukommt. In Entsprechung zu Art. 11 Abs. 2 GRCh („Die Freiheit der Medien und ihre Pluralität werden geachtet") haben die Massenkommunikationsgrundrechte des Art. 5 Abs. 1 S. 2 GG einen Doppelcharakter. Sie sind zum einen Individualgrundrechte („Die Freiheit der Medien..." bzw. Art. 11 Abs. 1 GRCh). Zum anderen enthalten sie einen staatlichen Gewährleistungsauftrag für Vielfaltsicherung in den Medien („ihre Pluralität"). Beide Funktionsschichten wurzeln in den Massenkommunikationsgrundrechten.

Diese beiden Strukturelemente des Art. 5 Abs. 1 S. 2 GG stehen in einem korrelativen Zusammenhang. Soweit die auf die Gewährleistung gleichgewichtiger Vielfalt gerichteten staatlichen Maßnahmen individuelle Freiheitsräume des Grundrechtsträgers beschneiden, sind sie an den für Grundrechtseingriffe geltenden Voraussetzungen zu messen. Das Gleiche gilt, wenn man solche vielfaltsichernden Maßnahmen als Grundrechtsausgestaltungen qualifiziert. In beiden Fällen drängen die für Grundrechtseingriffe geltenden Voraussetzungen auf Verwirklichung: der Vorbehalt des Gesetzes und die strikte Bindung an den Grundsatz der Verhältnismäßigkeit[13]. Es wäre grotesk, wenn Europa irgendwann einmal die Wahrung des Grundsatzes der Verhältnismäßigkeit zum Ausgleich grundrechtlicher Defizite ausgerechnet in der Bundesrepublik Deutschland einfordert, also dort, wo der hehre rechtsstaatlich und grundrechtlich verankerte Verfassungsgrundsatz seine Heimstatt findet und von wo er seinen erfolgreichen Weg nach Europa angetreten hat. Diesem Grundsatz der Verhältnismäßigkeit kommt im regulatorischen Zusammenhang maßgebliche Bedeutung zu. Zulassungsschranken und andere Regulierungen des Landesrundfunkrechts müssen diesem Grundsatz genügen.

---

[12]Hierzu eingehend *Gersdorf*, Legitimation und Limitierung von Onlineangeboten des öffentlich-rechtlichen Rundfunks. Konzeption der Kommunikationsverfassung des 21. Jahrhunderts, 2009, S. 59 ff.

[13]Hierzu eingehend *Gersdorf*, Legitimation und Limitierung von Onlineangeboten des öffentlich-rechtlichen Rundfunks. Konzeption der Kommunikationsverfassung des 21. Jahrhunderts, 2009, S. 67 ff.

III. Sekundärrechtliche Konzeption der EU zur Regulierung der audiovisuellen Medien: Zeitgleicher Empfang als maßgebliches Differenzierungskriterium

Bevor auf die für die Rundfunkregulierung maßgeblichen Richtlinien eingegangen wird, sollen zunächst die das Verhältnis von Unionsrecht und nationalem Recht regelnden Grundsätze in Erinnerung gerufen werden.

Im Kollisionsfall kommt Unionsrecht im Verhältnis zu nationalem (Verfassungs-)Recht im Interesse der Funktionsfähigkeit der Union (vgl. Art. 23 Abs. 1 S. 1 GG) Anwendungsvorrang zu,[14] solange und soweit die Struktursicherungsklausel des Art. 23 Abs. 1 S. 1 GG und insbesondere ein dem Grundgesetz im Wesentlichen vergleichbarer Grundrechtsschutz gewährleistet ist. Das bedeutet zum einen, dass es dem Gesetzgeber verwehrt ist, gemeinschaftswidrige Rechtsnormen zu erlassen. Zum anderen sind entsprechende nationale Umsetzungsakte nicht am Maßstab der Grundrechte des Grundgesetzes zu messen, soweit sie auf zwingendem sekundärem Gemeinschaftsrecht ohne Umsetzungsspielraum beruhen.[15] Akte deutscher Staatsgewalt, die ausschließlich auf Unionsrecht beruhen, können nur anhand der Unionsgrundrechte gemessen werden. Demgegenüber sind nach der Rechtsprechung des Bundesverfassungsgerichts Regelungsspielräume, die das Unionsrecht den Mitgliedstaaten bei der Umsetzung unionsrechtlicher Richtlinien belässt, von Verfassungs wegen in einer grundrechtsschonenden Weise auszufüllen. Die nach Unionsrecht bestehenden Regelungsspielräume sind vom Gesetzgeber zu nutzen, um Verstöße gegen Grundrechte des Grundgesetzes zu vermeiden.[16]

Die maßgeblichen unionsrechtlichen Grundlagen für die Regulierung der elektronischen Medien sind die AVMD-RL[17] und die EC-RL[18]. Die AVMD-RL lässt die EC-RL unberührt. Nach Art. 3 Abs. 8 S. 1 AVMD-RL findet die EC-RL Anwendung, soweit in der AVMD-RL nichts anderes vorgesehen ist. Im Konfliktfalle ist hingegen die AVMD-RL maßgeblich (Art. 3 Abs. 8 S. 2 AVMD-RL).

Nach beiden Richtlinien ist zwischen drei Diensttypen zu unterscheiden.

---

[14] Vgl. nur BVerfGE 75, 223 (244 f. m.w.N.); 85, 191 (204); 106, 275 (295); 116, 202 (214); 116, 271 (314); 118, 79 (97).
[15] Grundlegend BVerfGE 117, 79 (95 ff.); BVerfG, NVwZ 2008, 543 (Rn. 135).
[16] Vgl. BVerfGE 113, 273 (300, 306).
[17] Richtlinie 2007/65/EG des Europäischen Parlaments und des Rates vom 11. Dezember 2007 zur Änderung der Richtlinie 89/552/EWG des Rates zur Koordinierung bestimmter Rechts- und Verwaltungsvorschriften der Mitgliedstaaten über die Ausübung der Fernsehtätigkeit, ABl. EU L 332 vom 18.12.2007, S. 27.
[18] Richtlinie 2000/31/EG des Europäischen Parlaments und des Rates vom 8. Juni 2000 über bestimmte rechtliche Aspekte der Dienste der Informationsgesellschaft, insbesondere des elektronischen Geschäftsverkehrs, im Binnenmarkt („Richtlinie über den elektronischen Geschäftsverkehr"), ABl. EG L 178 vom 17.07.2000, S. 1.

Erstens: (Abruf-)Dienste der Informationsgesellschaft, die ausschließlich der EC-RL unterfallen. *Zweitens*: Mediendienste auf Abruf, die der EC-RL *und* der AVMD-RL unterfallen. Und *drittens*: Lineare Fernsehdienste, die ausschließlich von der AVMD-RL erfasst sind. Im Einzelnen: Von der AVMD-RL werden nur audiovisuelle Dienste erfasst. Der Begriff „audiovisuell" bezieht sich auf bewegte Bilder mit oder ohne Ton (Erwägungsgrund 22 AVMD-RL und Art. 1 lit. b)). Hörfunksendungen unterfallen – in Fortschreibung der nach der vormaligen Fernseh-RL geltenden Rechtslage – nicht der AVMD-RL. Der linear verbreitete Hörfunk ist unionsrechtlich überhaupt nicht geregelt, während (Audio-)Abrufdienste der EC-RL unterliegen. Ebenso wenig unterfallen eigenständige Textdienste (Texte, Grafiken, stehende Bilder) als Lesemedien der AVMD-RL (Erwägungsgrund 22 AVMD-RL). Dementsprechend stellt Erwägungsgrund 21 AVMD-RL klar, dass elektronische Ausgaben von Zeitungen und Zeitschriften nicht in den Anwendungsbereich der Richtlinie fallen. Bei multimedialen Mischformen bestehend aus Video- und Textelementen soll es auf den Annex bzw. auf den Hauptzweck des Dienstangebots ankommen (Erwägungsgründe 18 und 22 AVMD-RL).

Audiovisuelle Mediendienste unterfallen dem Anwendungsbereich der AVMD-RL. Der Begriff der audiovisuellen Mediendienste fungiert als Oberbegriff für den linearen audiovisuellen Mediendienst (Fernsehprogramm) und für den audiovisuellen Mediendienst auf Abruf. Im Gegensatz zur vormaligen Fernseh-RL unterfallen die audiovisuellen Mediendienste auf Abruf der AVMD-RL. Für Fernsehprogramme und Mediendienste auf Abruf gelten die in der AVMD-RL geregelten Mindeststandards. Fernsehprogramme müssen darüber hinaus weitergehenden Regulierungsstandards genügen (System der abgestuften Regulierungstiefe),[19] und zwar in den Feldern der Berichterstattung von Großereignissen, der Kurzberichterstattung, der Quotenregelung, der Werbung und des Teleshoppings, des Kinder- und Jugendschutzes sowie der Gegendarstellung.

Zur Rechtfertigung dieses Konzepts der abgestuften Regulierungstiefe heißt es in Erwägungsgrund 42 der AVMD-RL: „Audiovisuelle Mediendienste auf Abruf unterscheiden sich von Fernsehprogrammen darin, welche Auswahl- und Steuerungsmöglichkeiten der Nutzer hat und welche Auswirkungen sie auf die Gesellschaft haben." In den Legaldefinitionen wird hierzu weiter ausgeführt, dass bei linear verbreiteten Fernsehprogrammen der Zeitpunkt der Ausstrahlung und damit der Zeitpunkt des zeitgleichen Empfangs von Sendungen durch den Veranstalter festgelegt werde, während bei audiovisuellen Mediendiensten auf Abruf der Nutzer

---

[19]Vgl. hierzu *Dörr/Schwartmann*, Medienrecht, 2008, Rn. 457; *Heer-Reißmann/Dörr/Schüller-Keber*, in Dörr/Kreile/Cole (Hrsg.), Handbuch Medienrecht, 2008, S. 50 f.; *Schwartmann*, in ders. (Hrsg.), Praxishandbuch Medien-, IT- und Urheberrecht, 2008, 1.2. Rn. 25.

den Zeitpunkt des Empfangs selbst bestimme (Art. 1 Buchstabe e und g AVMD-RL). Auf dieser Grundlage sollen zu den Fernsehprogrammen analoges und digitales Fernsehen, Live Streaming, Webcasting sowie NVOD zählen, während etwa VOD ein audiovisueller Mediendienst auf Abruf sein soll (Erwägungsgrund 20 AVMD-RL).

Der europäische Normgeber orientiert sich bei der Regulierung erkennbar an dem tradierten Bild der Massenkommunikation. Gewählt wird ein pragmatischer Ansatz, der dem Umstand, dass sich Massenkommunikation zunehmend ausdifferenziert, nicht mehr gerecht wird. Das auf einer Differenzierung zwischen gleichzeitigem und nichtgleichzeitigem Empfang beruhende Unterscheidungsmerkmal verstößt gegen die grundrechtlich geschützte Medienfreiheit in Verbindung mit dem allgemeinen Gleichheitssatz (Art. 11 GRCh in Verbindung mit Art. 20 GRCh). Ich kann dies an dieser Stelle nur kurz skizzieren:

Zunächst möchte ich das Beispiel der regulatorischen Ungleichbehandlung von NVOD und VOD nennen. Der EuGH hat NVOD auf der Grundlage der vormaligen Fernseh-RL als Fernsehdienst eingestuft[20]. Er ist jedoch den Nachweis schuldig geblieben, ob eine solche sekundärrechtliche Ungleichbehandlung von NVOD und VOD mit den Gemeinschaftsgrundrechten, insbesondere mit dem allgemeinen Gleichheitssatz vereinbar ist. Dies ist erkennbar nicht der Fall. Denn bei NVOD verliert das in der einseitigen Festlegung des Sendezeitpunkts liegende (potenzielle) kommunikative Beeinflussungspotenzial des Veranstalters an Bedeutung, weil der Rezipient im Wesentlichen den Zeitpunkt selbst bestimmen kann, an dem er auf das „rollierende Angebot" zugreift und den gewünschten Inhalt empfängt. Je nach technischer Ausgestaltung des Dienstes kann bei VOD der Vorgang der Datenübertragung zuweilen sogar länger dauern als die zeitlichen Abstände zwischen den zyklischen Wiederholungsschleifen bei NVOD. NVOD und VOD sind funktional austauschbar und daher regulatorisch gleich zu behandeln. Insbesondere am Beispiel der IPTV-Haushalte, in denen Fernsehen und Internet über einen breitbandigen Internetzugang ins Haus gelangen und auf demselben (Fernseh-)Endgerät dargestellt werden, zeigt sich diese Notwendigkeit. Im Regelfall wird der Haushalt nicht einmal wissen, ob Spielfilme via NVOD- oder VOD-Technologie auf den Bildschirm gelangen. Darüber hinaus ist nicht erkennbar, dass von NVOD im Vergleich zu VOD größere Gefahren für die zu schützenden Rechtsgüter (vgl. Quotenregelung oder Kinder- und Jugendschutz) ausgehen. Es fehlt an einem die unterschiedliche Regulierung von NVOD und VOD legitimierenden Grund.

Nicht nur im besonderen Zusammenhang mit NVOD, sondern auch im Allgemeinen erweist sich das Differenzierungsmerkmal des gleichzeitigen

---

[20] *EuGH*, MMR 2005, 517 (517) – Media Kabel.

Empfangs von Angeboten als nicht sachgerecht. Zunächst ist zu berücksichtigen, dass sich in der Festlegung des Zeitpunkts für den zeitgleichen Empfang durch die Bevölkerung nicht stets eine besondere Bestimmungsmacht des Fernsehveranstalters manifestieren muss. Bei einer Live-Übertragung etwa eines Fußballspiels liegt diese zeitliche Dispositionsmacht letztlich nicht in den Händen des Fernsehveranstalters, sondern des Ereignisveranstalters. Vor allem aber ist maßgeblich, dass es im regulatorischen Zusammenhang auf die massenmediale Wirkung des Mediums ankommt. Diese massenmediale Wirkung richtet sich in erster Linie danach, wie viele Rezipienten bestimmte audiovisuelle Inhalte wie lange angesehen haben, kurzum: nach den (Zuschauer-)Reichweiten und der Verweildauer. Die massenkommunikative Wirkung etwa der „Tagesschau" wird dann nicht geringer, wenn ein Teil der Zuschauer diese Sendung nicht live, sondern zeitversetzt rezipiert. Entscheidend ist nicht, „wann" die Sendung, sondern „ob" sie gesehen wird, unabhängig davon, ob sie live oder zeitversetzt gesehen wird. Deshalb führt es in die Irre, wenn man für die Regulierung darauf abstellt, dass die Darbietungen zum gleichzeitigen Empfang durch die Allgemeinheit bestimmt sein müssen.

Auch kann die unterschiedliche Regulierung von linearem Fernsehen und Abruffernsehen nicht mit „unterschiedlichen Auswirkungen auf die Gesellschaft" (Erwägungsgrund 42 AVMD-RL) gerechtfertigt werden. Für die jüngeren Zuschauer der 14-29-Jährigen ist das Internet schon heute das im Vergleich zum Fernsehen wichtigere Informations- und Unterhaltungssystem, also das Leitsystem.[21] Darüber hinaus wünschen sich laut einer Studie von IBM Global Business Service zum Thema „Konvergenz oder Divergenz?" aus dem Jahre 2006 zwei Drittel aller Zuschauer in Deutschland, auch zeitversetzt fernsehen zu können. Das größte Interesse an Zeitsouveränität besteht bei den unter 20-Jährigen mit 89%; selbst bei den über 50-Jährigen sind es noch weit mehr als 50%.[22]

Alle diese Bedenken betreffen die Vereinbarkeit der AVMD-RL mit Unionsgrundrechten. Ungeachtet der grundsätzlichen Kritik an dem Kriterium des zeitgleichen Empfangs als maßgebliches Differenzierungskriterium ist das Konzept einer unterschiedlichen Regulierung von linearen Fernsehdiensten einerseits und audiovisuellen Mediendiensten auf Abruf andererseits im nationalen Recht zu berücksichtigen. Solange und soweit der Europäische Gerichtshof dieses Regulierungskonzept wegen Verstoßes gegen Unionsgrundrechte nicht verworfen hat, ist die Bundesrepublik Deutschland hieran gebunden.

---

[21] ARD/ZDF-Online-Studie 2007, vgl. *van Eimeren/Frees*, Media Perspektiven 2007, 362 (378).
[22] IBM Global Business Service, S. 15 (http://www-935.ibm.com/services/de/bcs/pdf/2006/konvergenz_divergenz_062006.pdf).

IV. Einzelne Regulierungsfragen

Im letzten Teil möchte ich auf einzelne Regulierungsfragen eingehen, die wiederum zunächst im Lichte des Vorrang beanspruchenden sekundären Unionsrechts zu beantworten sind.

1. Begriff des linearen Fernsehdienstes: Zeitgleiche Verbreitung eines Programms oder auch einzelner Sendungen?

Bevor ich den Fernsehbegriff nach der AVMD-RL weiter zu konturieren suche, möchte ich zunächst auf dessen Bedeutung für die nationale Regulierung eingehen. M.E. muss der landesgesetzliche Rundfunk- respektive Fernsehbegriff mit dem Begriff des Fernsehprogramms im Sinne der AVMD-RL nicht übereinstimmen. Das Prinzip vom Vorrang des Gemeinschaftsrechts fungiert lediglich als Normenkollisionsregel. Es drängt nur dann auf Verwirklichung, wenn nationales Recht dem Gemeinschaftsrecht widerspricht. Begriffliche Differenzen als solche führen noch nicht zu einer Normenkollision. Deshalb bleibt es den Mitgliedstaaten grundsätzlich unbenommen, eine von der AVMD-RL abweichende rechtliche Definition audiovisueller Dienste vorzunehmen.[23] Entscheidend ist allein, dass hierdurch keine Rechtsfolgen eintreten, die materiellen, prozeduralen oder organisatorischen Vorgaben des Gemeinschaftsrechts widersprechen.[24] Erst vor und unter diesen Voraussetzungen liegt ein Fall der Normenkollision, gelangt das Prinzip vom Vorrang des Gemeinschaftsrechts zur Anwendung.

Nicht eindeutig geregelt ist, ob an den Begriff des Fernsehprogramms neben seiner Linearität noch weitere Anforderungen zu stellen sind. Muss es sich um die lineare Ausstrahlung eines Programms im Sinne einer zeitlich und inhaltlich geordneten Abfolge mehrerer Sendungen handeln oder reicht die lineare Verbreitung *einer* Sendung aus (Übertragung eines Fußballspiels)? In der Legaldefinition des Begriffs des Fernsehprogramms in Art. 1 Buchstabe ec) AVMD-RL ist von dem zeitlichen Empfang von „Sendungen" (Plural) die Rede, so dass die lineare Ausstrahlung nur einer Sendung wohl nicht vom Fernsehprogrammbegriff erfasst sein dürfte. Außerdem fehlt es insoweit an der den klassischen linearen Rundfunk kennzeichnenden Bindungskraft eines Rundfunkprogramms, bei dem der Zuschauer gleichsam von Sendung zu Sendung geführt und auf diese Weise an den

---

[23] *Castendyk/Böttcher*, MMR 2008, 13 (17); *Pappi*, Teledienste, Mediendienste und Rundfunk. Ihre Abgrenzung im Recht der elektronischen Medien, 2000, S. 117; *Gersdorf*, Der Rundfunkbegriff. Vom technologieorientierten zum technologieneutralen Begriffsverständnis, 2007, S. 25.

[24] *Castendyk/Böttcher*, MMR 2008, 13 (17); *Gersdorf*, Der Rundfunkbegriff. Vom technologieorientierten zum technologieneutralen Begriffsverständnis, 2007, S. 25.

Sender gebunden wird. Die lineare Ausstrahlung einer einzelnen Sendung ist funktional eher mit dem Abruf eines bestimmten Beitrages vergleichbar und deshalb sub specie des allgemeinen Gleichheitssatzes (vgl. Art. 20 GRCh) wie ein audiovisueller Mediendienst auf Abruf zu regulieren. Folgte man dem, müssten auf die lineare Verbreitung einer Sendung die für Mediendienste auf Abruf geltenden Vorschriften *analoge* Anwendung finden.

Die beschriebene begriffliche Unklarheit in der AVMD-RL spiegelt sich auch im RStV wider. Nach der neuen durch den 12. RÄStV[25] eingefügten Legaldefinition ist Rundfunk die für die Allgemeinheit und zum zeitgleichen Empfang bestimmte Veranstaltung und Verbreitung von Angeboten entlang eines *Sendeplans* (vgl. § 2 Abs. 1 RStV). Der Begriff des Sendeplans taucht an späterer Stelle im Rahmen der Legaldefinition des Rundfunkprogramms auf. Danach ist Rundfunkprogramm eine nach einem Sendeplan zeitlich geordnete Folge von Inhalten (§ 2 Abs. 2 Nr. 1 [26] RStV). Die Pluralform („Inhalte") macht deutlich, dass sich ein Sendeplan stets auf eine Vielzahl von Sendungen bezieht, die im Rahmen eines Programms zeitlich und inhaltlich geordnet sind (vgl. auch § 2 Abs. 2 Nr. 2 RStV). Dementsprechend ist auch nach nationalem Recht der Rundfunkbegriff auf ein Rundfunk*programm* im Sinne einer inhaltlich und zeitlich geordneten Folge einer Vielzahl von Sendungen begrenzt.[27]

Daher ist die Übertragung eines Fußballspiels im Internet oder der Fußballbundesligaspiele im Rahmen des Mobile-TV der Mobilfunkunternehmen kein Rundfunk.

2. Notwendigkeit von De-minimis-Regelungen

Nicht zuletzt vor dem Hintergrund, dass die faktischen Zugangsschranken für die Verbreitung audiovisueller Medien einschließlich linearen Fernsehens unter den Bedingungen der modernen Kommunikationsordnung deutlich niedriger sind, also die Massenkommunikationsgrundrechte auch realiter eine Jedermann-Freiheit sind, stellt sich die Frage, ob die AVMD-RL entsprechende De-minimis-Grenzen für die Regulierung linearen Fernsehens enthält. Ausdrücklich findet sich in der AVMD-RL keine solche

---

[25] Zwölfter Staatsvertrag zur Änderung rundfunkrechtlicher Staatsverträge (Zwölfter Rundfunkänderungsstaatsvertrag – 12. RfÄndStV)); abrufbar unter http://www.stk.rlp.de.

[26] Zwölfter Staatsvertrag zur Änderung rundfunkrechtlicher Staatsverträge (Zwölfter Rundfunkänderungsstaatsvertrag – 12. RfÄndStV)); abrufbar unter http://www.stk.rlp.de.

[27] Vgl. auch *Dörr/Schwartmann*, Medienrecht, 2008, Rn. 138c: „Diese Neuregelung hätte zur Folge, dass nur ... eine nach einem Sendeplan zeitlich geordnete Folge von Rundfunkinhalten vom einfachgesetzlichen Rundfunkbegriff erfasst" wird.

De-minimes-Schwelle, die es den Mitgliedstaaten der EU erlaubt, Fernsehveranstalter mit vergleichsweise geringer Bedeutung für die gesellschaftliche Kommunikation von den für lineare Fernsehdienste geltenden Regulierungsstandards zu befreien. Gleichwohl ist es geboten, den Anwendungsbereich der AVMD-RL entsprechend zu begrenzen: Zunächst sind private Fernsehdienste, die aus ideellen, nicht-wirtschaftlichen Gründen verbreitet werden, von der AVMD-RL nicht erfasst, weil sich die der AVMD-RL zugrundeliegenden Vorschriften über die Dienstleistungsfreiheit nur auf solche Tätigkeiten beziehen, die im Regelfall gegen Entgelt erbracht werden (vgl. Art. 50 EG). Dementsprechend wird im Erwägungsgrund 16 AVMD-RL klargestellt, dass die Richtlinie auf vorwiegend nicht-wirtschaftliche Tätigkeiten im audiovisuellen Bereich keine Anwendung findet. Doch auch im kommerziellen Bereich sind Exemtionen vom Regulierungsregime möglich und nötig. Im Erwägungsgrund 16 AVMD-RL heißt es, dass die Richtlinie nur diejenigen audiovisuellen Mediendienste erfassen sollte, „bei denen es sich um Massenmedien handelt, das heißt, die für den Empfang durch einen wesentlichen Teil der Allgemeinheit bestimmt sind und bei dieser eine deutliche Wirkung entfalten könnten". Die AVMD-RL lässt damit – wenngleich recht zaghaft – anklingen, dass die Mitgliedschaften zur Setzung entsprechender De-minimes-Grenzen berechtigt sind, also nur solche lineare Fernsehdienste der vergleichsweise strengen Regulierung der AVMD-RL unterwerfen müssen, die entsprechende massenkommunikative Wirkung entfalten, also eine entsprechende tatsächliche (Zuschauer-)Reichweite erzielen. Das Gebot einer (unions-)grundrechtskonformer Auslegung bekräftigt diese Auslegung. Eingriffe in das Individualgrundrecht der Medienfreiheit des Art. 11 Abs. 2 GRCh sind nur im Interesse der Vielfaltsicherung (Art. 11 Abs. 2 GRCh) oder nichtkommunikationsbezogener Schutzgüter gerechtfertigt. Als Abwägungsmaßstab gilt der Grundsatz der Verhältnismäßigkeit, der einen Verzicht auf pauschalierende und nivellierende Einheitslösungen verlangt. Nur eine nach Maßgabe der massenkommunikativen Wirkungen, an den (Zuschauer-)Reichweiten orientierte, differenzierend abgestufte Regulierung der linearen Fernsehdienste vermag den Anforderungen des Grundsatzes der Verhältnismäßigkeit zu entsprechen. Für lineare Fernsehdienste, welche die von den Mitgliedstaaten festzulegende De-minimis-Grenze unterschreiten, müssen indes die für audiovisuelle Mediendienste auf Abruf geltenden Regulierungsstandards analog zur Anwendung kommen.

Mit dem RStV in seiner durch den 12. RÄStV herbeigeführten Fassung suchen die Bundesländer, diesem auch aus der Rundfunkfreiheit des Art. 5 Abs. 1 S. 2 GG folgenden Differenzierungsgebot zu genügen. Nach § 2 Abs. 3 RStV sind „Angebote, die jedenfalls weniger als 500 potenziellen Nutzern zum zeitgleichen Empfang angeboten werden" kein Rundfunk. Gegenüber der Entwurfsfassung vom 12. Juni 2008 erweist sich die von den Ministerpräsidenten verabschiedete Fassung als Fortschritt; dies unter zwei Gesichtspunkten. Zum einen ist positiv, dass sich die Bereichsausnahme nunmehr nicht nur auf Angebote im Internet, sondern auf alle Angebote bezieht. Es war kein sachlich rechtfertigender Grund für eine unterschiedliche Regulierung von Internetangeboten im Vergleich zu Angeboten in anderen Kommunikationsnetzen (Mobilfunknetzen etc.) ersichtlich. Zum anderen ist zu begrüßen, dass in der Entwurfsfassung vom 30. September 2008 nicht mehr von „weniger", sondern von „*jedenfalls* weniger als 500 potenziellen Nutzern" die Rede ist. Damit erhalten die Landesmedienanstalten die Möglichkeit, auch lineare Angebote, die mehr als 500 potenzielle Nutzer haben, von der Rundfunkregulierung zu befreien[28]. Auf diese Weise kann den Erfordernissen des Verhältnismäßigkeitsgrundsatzes entsprochen werden.

3. Zulassungspflicht

Zur Frage der Zulassungspflicht macht das Unionsrecht nur für die audiovisuellen Mediendienste auf Abruf verbindliche Vorgaben. Art. 4 Abs. 1 EC-RL schreibt die Zulassungs- und Anmeldefreiheit der Dienste der Informationsfreiheit vor, also für audiovisuelle Mediendienste auf Abruf, die der AVMD-RL unterfallen. Die EC-RL bleibt durch die AVMD-RL unberührt (vgl. Art. 3 Abs. 8 AVMD-RL). Die sogenannte Aufwärtsklausel des § 20 Abs. 2 RStV, die ein Zulassungserfordernis für elektronische Informations- und Kommunikationsdienste vorsieht, wenn und soweit ein solcher Dienst dem Rundfunk zuzuordnen ist, ist auf audiovisuelle Mediendienste auf Abruf sub specie des Vorrangs der EC-RL unanwendbar. Kurzum: Sie ist (faktisch) gegenstandslos.

Zur Frage der Lizenzpflicht für linear verbreitete Fernsehdienste äußert sich die AVMD-RL nicht ausdrücklich. Nur an versteckter Stelle, im Erwägungsgrund 15 AVMD-RL heißt es, dass durch diese Richtlinie die Mitgliedstaaten weder verpflichtet noch ermuntert werden, neue Lizenz- oder Genehmigungsverfahren im Bereich audiovisueller Mediendienste einzuführen. Diese Ausführungen können sich bei Lichte betrachtet nur auf lineare Fernsehdienste, nicht aber auf audiovisuelle Mediendienste auf Abruf beziehen, weil diese Dienste nach Art. 4 Abs. 1 EC-RL ohnehin keiner Lizenzpflicht unterstellt werden dürfen.

Für den Bereich des Hörfunks wird dieser Deregulierungsgedanke durch den Gesetzgeber aufgegriffen. Nach § 20b RStV unterliegt die Verbreitung von Hörfunk ausschließlich im Internet keiner Lizenzpflicht mehr; vielmehr sind entsprechende Internet-Hörfunkprogramme lediglich der zuständigen

---

[28] So ausdrücklich die Begründung zu § 2 Abs. 3 RfÄndStV-E; abrufbar unter http://www.stk.rlp.de.

Landesmedienanstalt anzuzeigen. Der Gesetzgeber verzichtet damit – im Gegensatz zu einer De-minimis-Regelung – nicht zur Gänze auf eine rundfunkrechtliche Regulierung, sondern nur auf die Zulassungspflicht. Die Begrenzung dieser Liberalisierung auf den Internet-Hörfunk ist allerdings unter Gleichheitsgesichtspunkten nicht zu rechtfertigen. Ein sachlich rechtfertigender Grund für die Diskriminierung des Kabel- oder Satellitenhörfunks ist nicht ersichtlich.

Das Zulassungsregime bedarf im gesamten Rundfunkbereich einer kritischen Überprüfung. Welchem Regulierungsziel dient die Lizenzpflicht, nachdem der Gesetzgeber bereits seit langem einem außenpluralistischen Ordnungsmodell vertraut? Die wenigen Fälle, in denen konzentrationsrechtliche Zulassungsprobleme entstehen, rechtfertigen keine pauschale Lizenzpflicht. Wenn der Gesetzgeber nicht gänzlich auf eine Lizenzpflicht verzichtet, ist er in jedem Fall zu weiteren Differenzierungen verpflichtet, die sich an der (potenziellen) publizistischen Wirkkraft des Senders orientieren. Freilich stellt sich diese Frage nicht mit gleicher Intensität, wenn der Gesetzgeber durch eine großzügige De-minimis-Regelung weite Bereiche von der Rundfunkregulierung insgesamt befreit.

V. Schlussbemerkungen

Ich komme zum Schluss. Unter den Bedingungen der modernen Kommunikationsordnung, die auch faktisch jedermann den Zutritt zum Massenkommunikationsmedium Rundfunk erlauben, bedarf die Rundfunkregulierung der kritischen Überprüfung. Rundfunkregulierung muss dem Ziel der Vielfaltsicherung dienen und darf sich nicht in ihr Gegenteil verkehren. Es gilt, die kommunikativen Energien zur Entfaltung gelangen zu lassen und nicht diese zu behindern. Die regulatorischen Rezepte der Vergangenheit sind unter den Voraussetzungen des „Mitmach-Netzes" nicht die Rezepte der Gegenwart und Zukunft.

Presserecht im Internet – Drei Thesen und eine Frage zur Einordnung, Privilegierung und Haftung der „elektronischen Presse"

KARL-NIKOLAUS PEIFER

I. Einleitung	47
II. Die technische Konvergenz hat nicht zu einer rechtlichen Konvergenz geführt.	49
III. Die Übertragung landespresserechtlicher Maßstäbe auf Telemedien hat zu einer nicht beherrschbaren „Zwei-Klassen-Gesellschaft" für meinungsbildende Dienste im Netz geführt.	51
IV. Die Haftungserleichterungen der E-Commerce-Richtlinie belasten die Pressefreiheit und privilegieren den Geschäftsverkehr	54
V. Ergebnis und Ausblick	58

I. Einleitung

Die Erscheinungsformen der „Presse im Internet" sind bekannt.[1] Seit den 1990er Jahren gibt es kaum noch ein etabliertes Presseprintprodukt, das nicht parallel Text- und auch Bildangebote im Netz bereitstellt. Das betrifft selbstverständlich nicht nur E-Paper-Ausgaben. Neben die etablierten Anbieter treten reine Internetzeitungen, zu denen man auch Anbieter wie „Heise Online" rechnen darf.[2] Mit den sendungs- und programmbezogenen Angeboten der Rundfunkveranstalter und den schon länger etablierten Nachrichtenportalen der Zugangsdienstleister treffen sich erstmals in der Entwicklung elektronischer Massenkommunikationsdienste alle Inhalteanbieter auf einer Plattform. Konvergieren die getrennten Angebotswege deshalb?

---

[1] Einen Überblick über die Aktivitäten und Angebote enthält die Homepage des Bundesverbandes Deutscher Zeitungsverleger e.V., www.bdzv.de/zeitungen_online.html.

[2] Allerdings verlegt der Heise Zeitschriften Verlag auch Printprodukte, wie etwa die Computerzeitschrift „c't".

„Konvergenz der Medien – man mag es kaum noch hören". So begann *Carl-Eugen Eberle* sein Referat zu einem der Generalthemen des 64. Deutschen Juristentages im Jahre 2002.[3] Eines der Modeworte der 1990er Jahre[4] wird von Medienschaffenden und Medienrechtlern in seiner heutigen Relevanz immer noch kontrovers beurteilt. Medienschaffende argumentieren (oder befürchten), dass die alten Medien, vor allem die Tageszeitungen, auf Dauer in eine Nische abwandern werden. Auch der den *lean-back*-Rezipienten ansprechende Rundfunk soll – jedenfalls für jüngere Rezipienten – der Vergessenheit anheimfallen. Medienrechtler bezweifeln das vielfach. Sie gehen davon aus, dass es im Feld der Massenkommunikation noch eine beträchtliche Zeit bei der Dreiteilung der Nutzungswege Rundfunk – Internet – Presse bleiben wird. Das wesentliche Ergebnis der Gesetzgebung der späten 1990er Jahre bis heute ist daher, dass Rundfunk im einfachgesetzlichen Sinne etwas anderes ist als es Telemedien sind und auch die Presse als körperliches Produkt im engeren Sinne noch etwas anderes ist als die „elektronische Presse". Diese Annahme liegt auch dem neuen Telemediengesetz und dem 9. RfÄndStV zugrunde. In den genannten Regelungswerken finden sich zwar neue Begriffe, doch gibt es noch die bekannte abgestufte Regelung innerhalb der elektronischen Informations- und Kommunikationsdienste, ferner verbleibt es bei einer getrennten Regelung für die körperhafte Presse. Die Frage des 64. DJT: „Sollte das Recht der Medien harmonisiert werden?" ist im Grundsatz verneint worden.[5] Insbesondere sind die Regelungen zu den genannten drei Säulen der Massenkommunikation nicht in einem einheitlichen Medienstaatsvertrag miteinander verschmolzen worden. Die Frage, ob das Presserecht im Internet gilt, kann man damit an sich kurz beantworten, nämlich verneinen, wenn man davon ausgeht, dass Telemedien mehr sind als Presse. Das führt mich zu meiner ersten These:

---

[3] Verhandlungen des 64. Deutschen Juristentages, Band II/1, 2002, S. M 11.

[4] Der Konvergenzbericht war im Anschluss an den sog. Bangemann-Bericht aus dem Jahr 1994 Gegenstand des Grünbuchs der EG-Kommission zur Konvergenz der Branchen Telekommunikation, Medien und Informationstechnologie und ihren ordnungspolitischen Auswirkungen, KOM (1997) 623.

[5] *Gounalakis* kritisierte im Hauptgutachten nicht die Trennung der Dienste, sondern lediglich deren mangelhafte gesetzliche Abgrenzung voneinander, vgl. *Gounalakis*, Konvergenz der Medien, Gutachten C zum 64. DJT, 2002, C 142; *Eberle*, Referat, M 28 plädierte dafür, die bereichsspezifische Regulierung beizubehalten; *Soehring* Referat, M 41 hielt die Behandlung der Konvergenz mit Ausnahmen in Einzelfällen für gelungen und befürwortete Anpassungen im Bereich des Zeugnisverweigerungs-, Gegendarstellungs- und Umsatzsteuerrechts. Lediglich *Spindler*, Referat, M 174 befürwortete eine stärkere Berücksichtigung der Meinungsbildungsrelevanz bei der Behandlung einzelner Dienste.

II. Die technische Konvergenz hat nicht zu einer rechtlichen Konvergenz geführt.

Der 9. RfÄndStV hat nicht zu einer Konvergenz der Regulierung für den Bereich geführt, den wir bei weitestem Verständnis der Pressefreiheit noch als Presse bezeichnen können. Der sog. formale oder formalistische Pressebegriff des Verfassungsrechts verbietet es, das einheitliche Presseprodukt in einen Anzeigen- und einen redaktionellen Teil, die Pressetätigkeit in redaktionelle und pressebezogene Hilfstätigkeiten aufzuspalten. Der formale Pressebegriff verbietet es letztlich aber auch, den Vertriebsweg eines Presseproduktes auf körperhafte Erzeugnisse festzulegen und die unkörperliche Verbreitung entweder der allgemeinen Meinungsfreiheit (Art. 5 Abs. 1 S. 1 GG) zu überantworten oder aber dem Rundfunkregime zu unterwerfen. Beides wird der Besonderheit der Presse nicht gerecht. Das Rundfunkregime ist im Medienrecht der am stärksten regulierte Bereich. Die entscheidende Abgrenzung aus verfassungsrechtlicher Sicht hängt immer noch an der Suggestivkraft der bewegten Bild- und Tonfolgen, in europarechtlicher und einfachgesetzlicher Hinsicht an der Entscheidung des Programmverantwortlichen, ein Programm in linearer Folge anzubieten. Auch die Interaktivität des blätternden und manches ignorierenden Lesers eines Presseproduktes ist höher als die Einflussmöglichkeiten des Rundfunkrezipienten. Die Möglichkeit, durch Zapping sein eigenes Programm zu gestalten, ist keine relevante interaktive Einflussnahme, weil sie nur Unerwünschtes unterdrückt, nicht aber Gewünschtes abrufbar macht oder beliebig neu ordnet.

Diese Einschätzung mag sich künftig ändern. Das würde allerdings entweder eine geänderte verfassungsrechtliche Einschätzung der Suggestivkraft von Bildern erfordern. Oder es erforderte phänomenologisch andere Presseangebote, nämlich solche, die im Netz auf das bewegte Bild und nicht auf das geschriebene Wort setzen, also ein Verschwinden der Wortpresse. Hinzutreten müsste zudem die Aufgabe der Beschränkung solcher – im wahrsten Sinne des Wortes – „Bild-Zeitungen" auf Abrufaktivitäten des Lesers. Solange dies nicht passiert, ist Presse etwas anderes als Rundfunk, der Vertrieb von Presse im Netz, in welcher Form auch immer, kein Rundfunk im verfassungsrechtlichen Sinne. Das hat der Gesetzgeber des 9. RfÄndStV im Prinzip ebenso gesehen.[6] Der 64. DJT kam zu keiner anderen Einschätzung.

---

[6] Allerdings wird dies durch die Begründung nicht immer deutlich. Sie nimmt nicht Bezug auf den Rundfunk im einfachgesetzlichen Sinne, sondern auf einen verfassungsrechtlichen Rundfunkbegriff, der jedenfalls nach der Rechtsprechung des Bundesverfassungsgerichts Rundfunk i.e.S. und massenkommunikative Medien umfasst, vgl. BVerfGE 74, 297 (350); 83, 238 (302); also auch Telemedien, vgl. BVerfGE 119, 181 (214) = MMR 2007, 770 (771) – 12. Rundfunkurteil („technologische Neuerungen der letzten Jahre").

Wenn Presse im Internet kein Rundfunk ist, so stellt sich die Frage, ob die starke Regulierung des Rundfunks auch die Telemedien, und damit die elektronische Presse, erfassen kann und soll, nicht. Die Frage, ob man eine andersgeartete Regulierung, etwa Zugangsrechte, eine medienkonzentrations- oder eine privatrechtliche Regulierung für das benötigt, was die elektronische Presse phänomenologisch ist oder sein wird, wird allerdings ein Dauerthema des Rechts bleiben, weil die Sicherung der Meinungsvielfalt ein solches Dauerthema darstellt. Die Frage einer Rundfunkregulierung für die Presse ist allerdings nicht mehr zeitgemäß.

Die nächste Frage ergibt sich daraus: Sind die elektronischen Angebote der FAZ, der Welt, Bild-Online ebenso wie Heise wirklich Presse? Oder sind sie etwas drittes, wie es der Begriff der Telemedien auf den ersten Blick anzudeuten scheint? Verfassungsrechtlich gilt weiterhin der formale Pressebegriff, der eine Differenzierung nach Vertriebswegen nicht zulässt. Die Frage, ob das Landespresserecht[7] analog auf die elektronische Presse, anzuwenden ist, ist - wie bereits erwähnt - durch den 9. RfÄndStV obsolet geworden. Bereits der MDStV hatte allerdings presserechtliche Regelungen für Mediendienste eingeführt und sich dabei an den Inhalten der formal nicht anwendbaren Landespressegesetze orientiert.[8] Die Abgrenzung zwischen meinungsbildenden und sonstigen Diensten bleibt auch nach der Verschmelzung von MDStV und RStV und nach der Umbildung des TDG in das TMG bestehen. Die Abgrenzungsfrage wurde hierdurch aber verschärft, denn im RStV gibt es mehrere Kategorien von Telemedien, nämlich die journalistisch-redaktionellen, die „an die Allgemeinheit gerichteten" Telemedien,[9] die nicht auf die genannte Weise qualifizieren und schließlich diejenigen Telemedien, die „nicht ausschließlich persönlichen oder familiären Zwecken dienen" (§ 55 Abs. 1 RStV).[10] Die „elektronische Presse" soll

---

[7] Nunmehr das Presserecht im engeren Sinne, *Löffler/Bullinger*, Presserecht, 3. Aufl. 2007, Einl. Rn. 7.

[8] LT-Dr. NRW 12/1954, S. 35 f., 38 f. Vgl. auch *Gounalakis*, Gutachten C zum 64. DJT, C 56: „einige dem Presseordnungsrecht nachempfundene Vorgaben". Eine inhaltsgleiche Entsprechung liegt jedoch nicht vor, vgl. zum Gegendarstellungsrecht *Soehring*, Referat zum 64. DJT, M 61 f.

[9] So § 50 RStV in der Fassung des 10. RfÄndStV = dem Rundfunk vergleichbare Telemedien nach § 52 in der Fassung des 9. RfÄndStV. Darunter fallen nicht Meinungsforen und die im TMG geregelten Angebote, die der Individualkommunikation dienen, z.B. Mehrwertdienste, letztere wurde früher als Teledienste bezeichnet.

[10] Der Gegenbegriff hierzu sind geschäftsmäßige Angebote, für welche ergänzende Informations- und Datenschutzpflichten nach dem TMG gelten. Unter die weitgehend unregulierten privaten oder familiären Zwecken dienenden Angebote fallen nach der Begründung zum 9. RfÄndStV, S. 17 Meinungsäußerungen in Foren, Gelegenheitsverkäufe über die eigene Seite oder über einen Marktplatz. Umstritten war und ist, ob private Homepages geschäftsmäßige Angebote sind, ablehnend *Spindler/Schuster/ Waldenberger*, Recht der Elektronischen Medien, 1. Aufl. 2008, Presserecht, Rn. 41; befürwortend *Schulte*, CR 2004, 55 (57); vgl. auch *Kitz*, ZUM 2007, 368 (371) (im Ergebnis ablehnend).

unter die journalistisch-redaktionell gestalteten Angebote fallen.[11] Dieser Begriff ist als gesetzliche Kategorie im RStV neu,[12] er wurde allerdings auch früher schon zur Abgrenzung der Medien- von den Telediensten verwendet.[13]

Entscheidend für die weitere Betrachtung ist, was unter journalistisch-redaktionelle Angebote fällt, was mithin „elektronische Presse" im allgemeinen Sprachgebrauch von sonstigen meinungsbildenden Angeboten, wie insbesondere Foren, abgrenzt. Das führt zur zweiten These.

III. Die Übertragung landespresserechtlicher Maßstäbe auf Telemedien hat zu einer nicht beherrschbaren „Zwei-Klassen-Gesellschaft" für meinungsbildende Dienste im Netz geführt.

Die Frage, was journalistisch-redaktionelle und was sonstige meinungsbildende Medien genau unterscheidet, ist alles andere als trivial. Gedruckte Presse lebt von Privilegien und Pflichten.[14] Die Frage, ob beides – Privilegien und Pflichten – nur auf die elektronische Presse oder auch auf sonstige meinungsbildende Telemedien übertragen werden sollten, ist durch das TMG bzw. den RStV letztlich nicht beantwortet.[15]

---

[11] BT-Dr. 13/7385, S. 19. Entsprechend der Vorgabe des § 2 Abs. 4 Nr. 3 TDG sollte nach überwiegender Ansicht die „im Vordergrund stehende redaktionelle Gestaltung zur Meinungsbildung" das maßgebliche, auch auf kompetenzrechtliche Erwägungen gestützte Abgrenzungskriterium sein, vgl. *OVG Münster*, MMR 2003, 348 (349); *Spindler/Schmitz/Geis*, Tediensstegesetz u.a., 1. Aufl. 2004, § 2 TDG, Rn. 11 – 16.

[12] Verwendet wird der Begriff in §§ 54 Abs. 2, 55 Abs. 2, 56 Abs. 1, 57, 59 Abs. 1 S. 2, 59 Abs. 3 S. 6 RStV.

[13] Das war (und ist, vgl. § 59 Abs. 3 S. 6 RStV) wichtig für die Frage, ob Sperrungsverfügungen gegen einen Dienst zulässig waren, vgl. *OVG Münster*, MMR 2003, 348 (349); *Spindler/Schmitz/Geis*, Tediensstegesetz u.a., 1. Aufl. 2004, § 2 TDG Rn. 11 – 16.

[14] Zu den Privilegien gehören das Zeugnisverweigerungsrecht, § 53 Abs. 1 S. 1 Nr. 5 StPO, etwas schwächer § 102 Abs. 1 Nr. 4 AO, § 383 Abs. 1 Nr. 5 ZPO, besondere Bestimmungen über Sperrungsverfügungen, § 59 Abs. 3 S. 6 RStV, Informationsansprüche gegen Behörden, §§ 55 Abs. 3 mit 9a RStV, die Möglichkeit einer vertikalen Preisbindung im Vertrieb, § 30 GWB; die Umsatzsteuerermäßigung nach § 12 Abs. 2 Nr. 1 UStG auf 7%; die Haftungsprivilegierung in § 9 S. 2 UWG 2004, der Redaktionsdatenschutz gem. § 41 Abs. 1 BDSG und § 57 RStV und die Sonderstellung der Presse im Betriebsverfassungsrecht (Tendenzschutz), § 118 BetrVG.

[15] TMG und RStV konkurrieren nach dem neuen Konzept nicht mehr mit-, sondern ergänzen einander. Tele- und Mediendienste werden demgemäß als Telemedien unter dem Oberbegriff der elektronischen Informations- und Kommunikationsdienste - neben Rundfunk und Telekommunikation - zusammengefasst, vgl. nur § 1 Abs. 1 TMG. Während das TMG in Ablösung des TDG die wirtschaftsbezogenen Anforderungen an Telemedien regelt, ergeben sich die an die Inhalte von Telemedien zu richtenden besonderen Vorgaben aus dem RStV (vgl. § 1 IV TMG).

Bei dieser Abgrenzung steht die Frage zur Disposition, wie weit die objektivrechtliche Gewährleistung der Pressefreiheit im Netz reicht. Im Hinblick auf die Antwort auf diese Frage sitzen Presse und Rundfunk in einem Boot. Auch wenn man – wie etwa *Bullinger* – fordert, das Konzept einer „dienenden Rundfunkfreiheit" nur noch für die Beurteilung des öffentlichrechtlichen Rundfunks heranzuziehen,[16] darf man nicht übersehen, dass auch die „öffentliche Aufgabe" der Presse einen institutionellen Charakter hat,[17] den man entweder allen meinungsbildenden (massenkommunikativen) Diensten zubilligt oder aber als Denkfigur aufgibt. Die Übertragung der „öffentlichen Aufgabe" auf alle meinungsbildenden Dienste im Internet würde allerdings dazu führen, dass auch jeder Forenbetreiber Privilegien erhält.[18]

Die Bestimmung dessen, was ein journalistisch-redaktionell gestaltetes Angebot genau ist, erscheint aus zwei Gründen heikel. Knüpft man die Begriffe journalistisch-redaktionell an inhaltliche Kriterien,[19] so kehrt man zu einem wertbezogenen Pressebegriff zurück,[20] den zwar in Ansätzen auch der EGMR in der Caroline-Entscheidung vertreten hat,[21] der aber hierzulande vom BVerfG in einer langen Reihe von Entscheidungen marginalisiert wurde[22] und allenfalls in kritischen Situationen auf der Abwägungsebene

---

[16] *Bullinger*, ZUM 2007, 337 (342).
[17] BVerfGE 10, 118 (121); 20, 162 (174-176) = NJW 1966, 1603 – Spiegel; *Löffler/Bullinger*, Presserecht, 3. Aufl. 2006, Einl. Rn. 3.
[18] Von Verfassung wegen für sogar geboten hält dies *Schulz*, CR 2008, 470 (470 ff.) (in Bezug auf Intermediäre, z.B. Suchmaschinenanbieter). Dahinter steckt die Frage, ob die Presse- oder Rundfunkfreiheit zugunsten einer allgemeinen (institutionell abgesicherten) Medienfreiheit erweitert werden soll, dafür wohl *Mangoldt/Klein/Starck*, GG, 5. Aufl. 2005, Art. 5 Abs. 1 GG, 2 Rn. 107.
[19] So z.B. *Gounalakis/Rhode*, Persönlichkeitsschutz im Internet, 2002, Rn. 313; *Lorenz*, Die Anbieterkennzeichnung im Internet, 2007. S. 122; *Spindler*, Referat zum 64. DJT, M 113; *Spindler/Schmitz/Geis*, Teledienstegesetz u.a., 1. Aufl. 2007, § 2 TDG Rn. 13; *Weiner/Schmelz*, K&R 2006, 453 (457); siehe auch die Schlussanträge der Generalanwältin in der Rechtssache C-73/07 zur Auslegung des Merkmals „journalistisch": „Eine Abgrenzung allein anhand der Form der Informationsvermittlung reicht allerdings heute nicht mehr aus, um journalistische Zwecke zu identifizieren". Auf kommunikationswissenschaftliche (und damit ebenfalls inhaltliche) Kriterien stellt ab *Beckscher Kommentar zum Rundfunkrecht/Held*, 2. Aufl. 2008, § 54 Rn. 49 – 56; *Korte*, Das Recht auf Gegendarstellung, 2002, S. 101 ff, *Schulz/Korte*, Kritische Vierteljahresschrift 2001, 113 (138-143).
[20] So die Kritik von *Rumyantsev*, ZUM 2008, 33 (33 ff.).
[21] EGMR (III. Sektion), 59320/00, NJW 2004, 2647 - Tz. 63 – Caroline von Hannover/Deutschland: Grundsätzlich sei zu unterscheiden zwischen Berichterstattung über Tatsachen, die einen Beitrag zu einer Diskussion in einer demokratischen Gesellschaft leisten, und Personen des politischen Lebens zum Beispiel bei Wahrnehmung ihres Amtsgeschäfts betreffend und einer Berichterstattung über Einzelheiten des Privatlebens einer Person, die zudem keine solchen Aufgaben hat; Tz. 66: „Unter diesen Umständen ist die Freiheit der Meinungsäußerung weniger weit auszulegen."
[22] Grundlegend BVerfGE 34, 269 (283) = NJW 1973, 1223 (1224): „Der Begriff Presse ist weit und formal auszulegen; er kann nicht von einer – an welchen Maßstäben auch

noch eine Rolle spielt.²³ Dahinter steht bekanntlich die Überzeugung, dass Gerichte mediale Äußerungen nicht bewerten sollen. „Selbst in der ‚Bildzeitung' gibt es Presse....", wie es *Friedrich Klein*, der einem wertbezogenen Pressebegriff anhing, im Jahre 1966 formuliert hat.²⁴

Knüpft man die Begriffe journalistisch-redaktionell jedoch nur an formale Kriterien an (wie es ein formaler verfassungsrechtlicher Pressebegriff gebieten würde), so wird das Feld für diejenigen Angebote, die eine öffentliche Aufgabe erfüllen, sehr weit. So wird zur gedruckten Presse formal vertreten, dass nicht journalistisch-redaktionell der Anzeigenteil einer Zeitung ist.²⁵ Dieser formale Maßstab lässt sich bei der gedruckten Presse durchhalten, weil dort ein formalistischer Pressebegriff ohnehin das einheitliche Produkt einschließlich der Werbung erfasst, jedenfalls solange dieses Gesamterzeugnis noch einen rudimentären redaktionellen Teil enthält.²⁶ Bei Telemedien ist zwar eine räumliche Trennung von Werbung und Redaktionellem am Bildschirm möglich. Allerdings würde diese formale Kategorie sämtliche Elemente neben der Werbung als redaktionell einstufen müssen. In der Tat ist es schwer denkbar, die anhand eines Themas oder eines youtube-Videos gruppierte Ansammlung von Weblog-Einträgen anders zu beurteilen als das entsprechende offene Leserbriefforum eines „etablierten" Presseunternehmens. Die Trennlinie zwischen gewichtigen tagesaktuellen Textangeboten und aktiv gestalteten Blogs ist anhand des Kriteriums der journalistisch-redaktionellen Gestaltung kaum durchführbar, es sei denn man wollte versuchen, nach dem Grad der Meinungsbildung zu differenzieren. Diese Differenzierung versucht man zwar zur Abgrenzung von Rund-

---

immer ausgerichteten – Bewertung des einzelnen Druckerzeugnisses abhängig gemacht werden. Die Pressefreiheit ist nicht auf die seriöse Presse beschränkt".

²³ BVerfGE 30, 336 (347): Differenzierung nach sittlicher Qualität unvereinbar mit der grundlegenden Bedeutung des Grundrechts und praktisch oft auch unmöglich; das Fehlen eines Informationsinteresses der Öffentlichkeit sowie die Motivation der Presse wirken sich nur bei der Abwägung ihrer grundrechtlichen Position und des Persönlichkeitsrechts des Betroffenen, nicht bei der Inhaltsbestimmung der Pressefreiheit aus.

²⁴ *Mangoldt/Klein*, Das Bonner Grundgesetz, 2. Aufl. 1966, Art. 5 GG, S. 245. Auf derselben Seite des Kommentars formuliert *Klein*: Presse im verfassungsrechtlichen Sinne umfasse „nur die Veröffentlichung politisch-kulturell-weltanschaulicher Nachrichten und Stellungnahmen sowie die sonstige sachliche Berichterstattung in Zeitungen und Zeitschriften".

²⁵ Vgl. insoweit die Entscheidung des *KG*, NJW 1984, 1133, das unter Bezugnahme auf die Gesetzgebungsmaterialien einen Leserbrief vorrangig im Ausschlussverfahren dem redaktionellen Teil zuordnet; *Spindler/Schuster/Waldenberger*, Recht der Elektronischen Medien, 1. Aufl. 2008, Presserecht, Rn.13: „Der „redaktionelle Teil" eines Blatts steht im Gegensatz zum Anzeigenteil,...".

²⁶ Unzweifelhaft sind auch redaktionelle Anzeigenblätter von der Pressefreiheit und vom Pressebegriff umfasst. Doch sollen auch reine Anzeigen- und Offertenblätter an der objektivrechtlichen Verbürgung der Pressefreiheit teilhaben, *OLG Köln*, NJW 1984, 1121 (1121): „grundsätzlich auch Offertenblätter durch Art. 5 I 2 GG geschützt"; ebenso, wenngleich mit starken Einschränkungen *Kübler*, AfP 1988, 309 (319) („allenfalls in ganz geringem Maße") und (321).

funk und Telemedien durchzuführen, doch steht dort als Abgrenzung noch das suggestiv wirkende Bewegtbild als formale Kategorie zur Verfügung.

Man hat also bei der Abgrenzung zwischen journalistisch-redaktionellen und sonstigen meinungsbildenden Telemedien die Wahl zwischen Skylla und Charybdis: Entweder man schützt jede im Netz organisierte Meinung institutionell oder man muss wertbezogene Kriterien zulassen, die Gift für das Grundrecht der Meinungsfreiheit sind. Die etablierte Presse befindet sich hier zwischen den Mühlsteinen: Betont sie den formalen Charakter der Pressefreiheit, so öffnet sie die Schleusentore für vieles, was nicht mit der herkömmlichen Vorstellung von einer öffentlichen Aufgabe einher geht. Ruft sie nach einer klareren Abgrenzung von der „Jedermann-Presse", so riskiert sie, über inhaltliche Kriterien genau das einzubüßen, was sie über Jahrhunderte erkämpft und verteidigt hat, nämlich auch ihre Privilegien. Das Dilemma ist kein politisches, es ist ein verfassungsrechtliches.

Das Dilemma setzt sich auf der haftungsrechtlichen Seite fort, wenn auch unter leicht veränderten Vorzeichen. Das betrifft die dritte These.

IV. Die Haftungserleichterungen der E-Commerce-Richtlinie belasten die Pressefreiheit und privilegieren den Geschäftsverkehr

Nach den §§ 8 – 10 TMG sollen Diensteanbieter von der Haftung nach den allgemeinen Gesetzen weitgehend freigestellt werden, soweit sie den Zugang zu fremden Informationen anbieten und nicht besondere Umstände hinzutreten. Auch allgemeine Überwachungspflichten sollen sie nicht treffen (§ 7 Abs. 2 S. 1 TMG).

Im allgemeinen Presserecht ist der Haftungsmaßstab potentiell strenger. Das wiederum hängt damit zusammen, dass der Fall der bloßen technischen Übermittlung fremder Äußerungen bei Presseunternehmen die Ausnahme, nicht die Regel ist. Der intellektuelle Verbreiter, d.h. der Redakteur oder Journalist, macht sich einen fremden Inhalt bereits zueigen, wenn er sich von ihm nicht distanziert.[27] Auch für die Verbreitung einer erkennbar fremden Behauptung muss der Presseanbieter grundsätzlich einstehen.[28]

---

[27] *BGH*, GRUR 1969, 147 (150) - Korruptionsverdacht (Onkel Aloys): Entscheidend bei der Weitergabe von Zitaten ist, ob der Täter die wiedergegebenen Tatsachen als nach seiner eigenen Überzeugung richtig hingestellt und sich die die Behauptung der Zitierten zu eigen gemacht hat.

[28] *BGH*, NJW 1977, 1288 (1289) - Abgeordnetenbestechung: Für die Verantwortlichkeit ohne Bedeutung sei, dass die Beklagte die Beschuldigungen nicht selbst erhoben, sondern als Behauptungen eines Dritten „nur" verbreitet habe; das könne allenfalls für die Art und Weise der Beseitigung der Ehrenkränkung eine Rolle spielen, nicht für den Haftungsgrund.

Allenfalls für die Dokumentation des Meinungsstandes im Rahmen von Live-Sendungen gibt es Privilegien.[29]

Die für die Haftungsprivilegierung von Telemedien entscheidende Frage, ob nämlich eigene oder fremde Inhalte bereitgestellt werden, wird für den redaktionellen Inhalteverbreiter nur selten den Spielraum eröffnen, den reine Host-Provider potentiell erhalten. Ob nämlich eigene oder fremde Inhalte bereitgestellt werden, wird auch im Telemedienrecht anhand eines medienrechtlichen Maßstabes beurteilt. Auch hier werden fremde Inhalte als eigene zugerechnet, sobald keine Distanzierung erfolgt.[30] Daher können klassische Presseunternehmen auch im Netz kaum einmal in den Genuss der Privilegierung kommen, sobald sie das tun, was journalistisch-redaktionelle Tätigkeiten erfordern, nämlich inhaltlich gestalten.

An dieser Stelle sind wenig oder gar nicht moderierte Plattformen zunächst im Vorteil. Wer sich auf technische Zugangswege beschränkt, wer ein Forum nicht moderiert, wer – wie etwa „youtube" oder „rottenneighbourhood" – nur das „virtuelle Papier" ins Netz stellt, auf das sodann jeder schreiben kann, was ihm beliebt, der scheint äußerstenfalls dem Kioskverkäufer vergleichbar zu sein. Während jener allerdings noch durchaus einem Unterlassungsanspruch unterliegen kann, wenn er rechtsverletzende Inhalte zwar nicht aufstellt, aber verbreitet,[31] ist die entsprechende Tätigkeit im Netz nach der Konzeption der E-Commerce-Richtlinie bis zur ersten Abmahnung freigestellt. So jedenfalls sehen es diejenigen, die in Art. 12 – 15 der Richtlinie auch eine Privilegierung für den Unterlassungsanspruch sehen.[32]

Die entscheidende Frage ist letztlich auch hier, welches Maß an Einfluss für die Haftung nach den allgemeinen Gesetzen, also den Verlust des Hosting-Privilegs, relevant sein soll. Diese Frage ist auch zu der Hosting-Vorschrift des Art. 14 der EC-RL diskutiert worden. Während eine Ansicht eine aktive Einflussnahmemöglichkeit voraussetzt, die bloßen Plattformbetreibern fehle,[33] beschränken andere den Anwendungsbereich der Hostingprivilegierung auf rein technische Dienstleister wie klassische Rechenzentren.[34] Die letztere Ansicht lässt sich auf Erwägungsgrund 42 der

---

[29] BGHZ 66, 182 (188) – Panorama.
[30] Begr. RegE BT-Dr. 14/6098, 23; *BGH*, NJW 2004, 3102 (3103); kritisch insoweit *Spindler/Schmitz/Geis*, a.a.O., § 8 TDG Rn. 5-9, § 11 TDG Rn. 8-9 auf der einen und *Jürgens*, CR 2006, 188, (191 f.) auf der anderen Seite.
[31] *BGH*, NJW 1976, 799 (800): Alleinimporteur einer jugoslawischen Wochenzeitschrift, die unwahre verletzende Tatsachenbehauptungen enthielt.
[32] Vgl. nur *Waldenberger* in Spindler/Schuster (Hrsg.), Presserecht, 2008, Rn. 66 m.w.N.
[33] *Spindler/Schmitz/Geis*, a.a.O., § 8 TDG Rn. 5-9, § 11 TDG Rn. 8-9.
[34] *Jürgens*, CR 2006, 188 (191 f.); *Jürgens/Veigel*, Anm. zu LG Hamburg, AfP 2007, 277 (279); *Lement*, GRUR 2005, 210, (210 f.); vgl. auch die Anmerkung von *Hoeren* zu OLG Köln, MMR 2002, 110 (113 f.); vgl. auch *Jürgens/Köster*, AfP 2006, 219 (221);

E-Commerce-Richtlinie stützen. Danach muss die privilegierte Tätigkeit „rein technischer, automatischer und passiver Art" sein. Der Anbieter darf weder „Kenntnis noch Kontrolle" über die gespeicherte Information haben.

Genau hier liegt die Abgrenzung zwischen journalistisch-redaktionellen und sonstigen Angeboten. Eine journalistisch-redaktionelle Gestaltung vermittelt nämlich eine Kontrollmöglichkeit, die über das bloße (passive) „Hosting" im Sinne der EC-RL hinausgeht. Auch über das Ausmaß solcher Kontrollmöglichkeit entscheidet der Grad der inhaltlich-redaktionellen Verantwortung, die der Anbieter auf das Portal ausübt.[35] Auch hier spielt die aus dem Presserecht bekannte Unterscheidung zwischen technischen und intellektuellen Verbreitern eine Rolle.

Das zeigt die jüngste Rechtsprechung zum Problemkreis: So hat der BGH in seiner bekannten Entscheidung zur Haftung des Betreibers eines Meinungsforums diesen Betreiber nicht etwa mit einem rein technischen Verbreiter wie einem Drucker oder einem Kiosk gleichgesetzt,[36] sondern ihn vielmehr in Anlehnung an einen Verleger und ein Sendeunternehmen als „Herren des Angebots"[37] qualifiziert.[38] Die den Betreibern bescheinigte vorrangige rechtliche und faktische Zugriffsmöglichkeit[39] auf die eingestellten Inhalte wird im Schrifttum auch als „Dispositionshoheit"[40] bezeichnet und bedingt letztlich eine herrschaftsähnliche Kontrollbefugnis. Das Kriterium der Dispositionshoheit wird nicht nur im inhaltebezogenen Medienrecht, sondern auch bei technisch geprägten Sachverhalten im Datenschutzrecht als Zuordnungsmaßstab herangezogen. Dort bestimmt die „Dispositionsbefugnis" die nach dem BDSG verantwortliche Stelle, beispielsweise bei einem funktional mit einem Forum vergleichbaren brancheninternen Warnsystem, in das Mitteilungen der angeschlossenen Unternehmen eingestellt werden.[41]

---

unklar jedoch *dies.*, Anm. zu BGH – Jugendgefährdende Medien bei eBay, MMR 2007, 639, (641).

[35] Die Kontrollmöglichkeit ist auch für *Schulz/Heilmann*, IRIS-Spezial 2008, 10 (17) das maßgebliche Kriterium.

[36] Vgl. jedoch *Wimmers/Heymann*, MR Int 2007, 222 (222 ff.), die Plattformbetreiber entsprechend einordnen.

[37] *BGH*, GRUR 2007, 724 (725), *Jürgens/Köster*, AfP 2006, 219 (222); Vgl. auch *Korte*, Das Recht auf Gegendarstellung, 2002, S. 115 – 118; *Löffler*, Presserecht, 3. Aufl. 2006, BZ Anz, Rn. 150, vergleicht eBay „im Ausgangspunkt" mit Offertenblättern.

[38] Die Einordnung der Betreiber von Wikipedia als Verleger lehnen ab: *Kaufmann/Köcher*, Anm. zu AG Charlottenburg MMR 2006, 254 (256 f.); für die presserechtliche Verlegerposition ist jedoch vorrangig die Verfügungsberechtigung maßgeblich, *Löffler/Löhner*, Presserecht, 3. Aufl. 2006, § 8 LPG, Rn. 56, 58. Vgl. auch *BayObLG*, NJW 1976, 435 (436): Verleger „ist ein Unternehmer, der ein von ihm selbst oder von einem anderen hergestelltes Druckwerk erscheinen lässt und seine Verbreitung bewirkt".

[39] Kritisch zu dem „rechtlichen Zugriff": *Schuppert*, Anm. zu BGH, CR 2007, 586 (589).

[40] *Jürgens*, CR 2006, 188 (192).

[41] *Simitis/Walz*, BDSG, 8. Aufl. 2001, § 11 BDSG, Rn. 20 m.w.N. Der Vergleich zum

Die Beurteilung des „Hostings", die Abgrenzung zwischen technischer und inhaltlicher Verbreitung am Maßstab der Dispositionshoheit ist tragfähig. Sie ist auch angebracht, wenn und soweit die Betreiber die Privilegien des Presserechts für sich reklamieren wollen.

Möchte man einen wertbezogenen Pressebegriff vermeiden, so kann eine aktive Einflussmöglichkeit, eine Eignung zur Meinungsbeeinflussung nicht nur in inhaltlichen Stellungnahmen gesehen werden. Portale wie „Meinprof.de" oder „rottenneighbour.com" enthalten nicht ausschließlich „usergenerated-content" (also fremde Inhalte), der nur technisch zugänglich gemacht wird. Die Angebote werden vielmehr auch in solchen Portalen durch die inhaltlichen und gestalterischen Vorgaben der Betreiber und damit durch aktive Einflussnahme in „strukturierte Bahnen gelenkt". Entsprechend wird für Portale wie youtube[42] vorgeschlagen, als redaktionell verantwortet auch diejenige Kontrolle anzusehen, die durch (vom Betreiber) gesteuerte Selbstselektion der Teilnehmer ausgeübt wird. Eine entsprechende Steuerung der Auswahl kann danach auch durch die Vorgabe von Rubriken oder den Einsatz von Tagging-Systemen erfolgen.[43] Gerade die Steuerung durch Indexierung wird zunehmend im Medienrecht als meinungsrelevant angesehen. Das zeigt die Regulierung von Plattformen und Navigatoren, wenn diese Rundfunkangebote betreffen. Die Gleichstellung einer solchen Steuerung mit einer redaktionellen Verantwortlichkeit bzw. Kontrollmöglichkeit erscheint daher auch unter Berücksichtigung der durch Navigatorenherrschaft ausgeübten potentiellen Meinungsmacht und des damit einhergehenden Gefährdungspotentials entsprechend strukturierter Angebote konsequent.

Allerdings verkleinert die Konkretisierung solcher Verkehrspflichten für

---

Datenschutzrecht erscheint auch im Hinblick auf das nationale Recht gerechtfertigt, da beispielsweise die Anbieterkennzeichnung nach dem TMG nach einer verbreiteten Ansicht ein Spezialfall der die datenschutzrechtlich verantwortliche Stelle nach dem BDSG treffenden Informationspflichten ist, vgl. *Lorenz*, Die Anbieterkennzeichnung, 2007, S. 65 f. m.w.N.

[42] Nach *Schulz/Heimann*, IRIS-Spezial 2008, 10 (10), seien nur schwer Fälle vorstellbar, „in denen ein Anbieter redaktionelle Verantwortung trägt, aber nach Art. 12 ff. ECRL von der Haftung für Rechtsverletzungen zwingend freizustellen wäre." Bezogen auf youtube scheinen die Verfasser aber letztlich doch keine redaktionelle Verantwortung anzunehmen, vgl. S. 24 und S. 26 f. Vgl. auch *Castendyk/Böttcher*, MMR 2008, 13 (16 f.), die davon ausgehen, dass youTube „irgendwann als Rundfunk angesehen werden" kann. Während *Gersdorf*, Der Rundfunkbegriff – vom technologieorientierten zum technologieneutralen Begriffsverständnis, 2007, S. 71, youtube als redaktionell gestaltet einordnet, lehnt *Rösler*, EuZW 2007, 417 (417) eine Zuordnung zur AVMD-Richtlinie grundsätzlich ab.

[43] Unter „tagging" versteht man das Zuordnen von Inhalten nach Schlagworten, also die Indexierung und dadurch bedingt die Strukturierung des Angebots; zum Teil wird angenommen, dass in einer solchen Kontrolle bereits eine redaktionelle Verantwortung liegen kann, vgl. *Schulz/Heilmann*, IRIS-Spezial 2008, 10 (27) (allerdings mit Zurückhaltung).

Portalbetreiber die Haftungsoase erheblich. Das mag aber angesichts der Haftungslage für klassische Medien angemessen sein. Gleichwohl ist anzunehmen, dass hierdurch gewöhnliche Geschäftsmodelle der Informationsverbreitung in ihrem Entstehens- und Wachstumsprozess behindert werden. Die E-Commerce-Richtlinie hat dies zu verhindern gesucht. Nach ihrem Erwägungsgrund 18 sollen Online-Informationsdienste ebenso wie kommerzielle Kommunikation in den Anwendungsbereich der Richtlinie einbezogen werden.[44] Auch das Setzen von Hyperlinks und die Tätigkeit von Suchmaschinenbetreibern (seien sie redaktionell aktiv, wie etwa der Dienst von „Yahoo", oder bloß durch *robots*, also technisch betrieben) sollen jedenfalls potentiell einbezogen werden (vgl. das „Moratorium" in Art. 21 Abs. 2 EC-RL).[45] Fordert man nunmehr für alle diese Dienste auch den vollen medialen, möglicherweise gar den objektiv-rechtlich institutionalisierten grundrechtlichen Schutz, so wird man bei der Verantwortlichkeit nicht hinter den dafür geltenden Standards zurückbleiben dürfen. Privilegierung und Lasten hängen zusammen. Die Forderung „Wasch mir den Pelz, aber mach mich nicht nass" ist nicht umsetzbar.

V. Ergebnis und Ausblick

Die technische Konvergenz ist zwar vielfach eingetreten, die rechtliche Konvergenz wird allerdings durch die bestehenden Regelungen verhindert. Die Frage, ob journalistisch-redaktionell gestaltete Angebote von der institutionellen Pressefreiheit profitieren können, insbesondere also auch landespresserechtliche Privilegien genießen sollten, ist äußerst schwierig zu beantworten, weil die Abgrenzung journalistisch-redaktioneller von sonstigen meinungsbildenden Telemedien ausgesprochen heikel ist. Grenzt man nach inhaltlichen Kriterien ab, droht man inhaltlich bewerten zu müssen. Grenzt man nach formalen Kriterien ab, so fallen viele Dienste unter die Privilegierung, die mit dem herkömmlichen Verständnis von einer „öffentliche Aufgaben" erfüllenden Presse nicht in Einklang stehen. Setzt man sich darüber hinweg, müsste auf der Haftungsseite jedoch der Maßstab auch für Portalbetreiber an presserechtliche Haftungsmaßstäbe angepasst werden. Solche Dienste wären danach nicht mehr bloße technische, sondern intellektuelle Verbreiter, denn auch die Gestaltung durch Indexierung und Strukturierung ist in formaler Hinsicht bereits journalistisch-redaktionelle Tätigkeit, jedenfalls nicht dem Anzeigenteil eines gedruckten Erzeugnisses vergleichbar. Kann das sein? Darf das (nicht) sein? Muss nunmehr auch

---

[44] Das betrifft auch elektronische Ausgaben von Zeitungen und Zeitschriften, wie die Richtlinie über audiovisuelle Mediendienste 2007/65/EG in Erwägungsgrund Nr. 21 klarstellt.

[45] Suchmaschinen werden nach Erwägungsgrund Nr. 18 der AVMD-Richtlinie 2007/65/EG nicht als audiovisuelle Mediendienste angesehen.

jenseits der Abgrenzung zwischen Rundfunk und „rundfunkähnlich" eine Abgrenzung zwischen „Presse" und „presseähnlich" für Telemedien gefunden werden?

Presse und Internet – Einige Anmerkungen zum Referat von Karl-Nikolaus Peifer

JÖRG P. SOEHRING

I. Vorbemerkung 61
II. Elektronische Presse 62
   1. Regulierungsbedarf? 62
   2. Bestandsgarantie 62
III. Haftungsrahmen 63
   1. Verbreiterhaftung 63
   2. Inhaltshaftung 63
IV. DJT – Beschlüsse 64

I. Vorbemerkung

Die medienrechtliche Abteilung des Deutschen Juristentags („DJT") in Berlin 2002 hat sich bei der Behandlung des Themas Konvergenz der Medien aus Gründen des reinen Realismus dazu entschlossen, das Grundübel der legislatorischen Misere im Medienbereich, die Gesetzgebungskompetenz der Länder für das Medien- und diejenige des Bundes für das Kommunikationsrecht, nicht zu problematisieren, weil politische Mehrheiten für eine wünschenswerte Verfassungsreform in diesem Punkt nicht vorstellbar waren. Daran hat sich nichts geändert. Dennoch sei gesagt, dass die Gemengelage in diesem Punkt für eine Konvergenz dort, wo sie sinnvoll und erstrebenswert wäre, weiterhin vermutlich eines der größten, wenn nicht das größte Innovationshindernis sein dürfte. Die Schnittstelle zwischen Telemediengesetz und dem Rundfunkstaatsvertrag in der aktuell geltenden Fassung ist beredtes Beispiel hierfür: Der Bund muss wegen der inhaltlichen Ausgestaltung des Regelungsgegenstands auf die Regeln des Rundfunkstaatsvertrags verweisen (§ 1 Abs. 4 TMG), über die sich zuvor in mühsamen Prozessen 16 Bundesländer verständigen müssen. Legislatorischer Spielraum sieht anders aus. Mit der Abschaffung der Rahmenkompetenz des Bundes durch die Föderalismusreform 2006 hat sich diese Situation vermutlich unumkehrbar perpetuiert. Aus der Sicht des Medienrechts wünschenswert gewesen wäre demgegenüber die Ausweitung der niemals genutzten und nun abgeschafften Rahmenkompetenz des Bundes für das Pressewesen in eine generellere medienrechtliche Rahmenkompetenz.

II. Elektronische Presse

1. Regulierungsbedarf?

Ich stimme mit Herrn Peifer überein, dass sich die Frage nach einer dem Rundfunk angepassten Regulierung der elektronischen Presse zur Zeit nicht stellt. Ich widerspreche aber mit Nachdruck seinen Thesen, diese Frage könne sich in etwaigen Situationen erheblicher Konzentration (erneut) stellen und die Zurückhaltung der Normsetzer bei der inhaltlichen Regulierung der elektronischen Presse sei „rechtspolitisch zweischneidig". In einer Zeit, in der die (Landes-)Gesetzgeber dem öffentlich-rechtlichen Rundfunk die Möglichkeit einräumen, sich durch Online-Angebote nahezu uneingeschränkt weiter zu entwickeln und damit im Ergebnis in einen durch öffentliche Mittel geförderten unmittelbaren Wettbewerb mit den privat finanzierten Anbietern elektronischer Presse zu treten, sollte sich – so meine jedenfalls ich – jeder Gedanke an eine Erstreckung rundfunktypischer Regulierung auf den Bereich der Presse definitiv verbieten; und die Vorstellung einer inhaltlichen Regulierung der (elektronischen) Presse über dasjenige hinaus, was Zivil- und Strafrecht an Schranken bereit halten, halte ich schlicht für erschreckend. Beides wäre auch mit den hergebrachten verfassungsrechtlichen Prinzipien des Presserechts nicht zu vereinbaren.

2. Bestandsgarantie

Ein Beschluss des DJT 2002 lautet:

> „Die elektronische Presse ist den Regeln für Printmedien zu unterwerfen."

Diese Forderung ist durch §§ 54 ff des Rundfunkstaatsvertrags in der Fassung des 9. Rundfunkänderungsstaatsvertrags vom 7. Februar 2007 zu guten Teilen erfüllt.

In meinem Referat zu diesem Thema vor dem DJT habe ich seinerzeit weitergehend gefordert: Art. 5 Abs. 1 S. 2 GG sollte der Bedeutung der elektronischen Presse dadurch Rechnung tragen und der Presse in diesem Punkt dieselbe Qualität einer Bestandsgarantie zukommen lassen, wie sie der öffentlich-rechtliche Rundfunk genießt, dass andere der Unterrichtung der Öffentlichkeit oder der Meinungsbildung dienende Informations- und Kommunikationsdienste ausdrücklich in die institutionelle Garantie der Pressefreiheit einbezogen werden. Dieser Beschlussvorschlag hat im Abstimmungsprozess seinerzeit keine Mehrheit gefunden, und dem mag die Überlegung zugrunde gelegen haben, dass Verfassungsänderungen schon prinzipiell auf das Unumgängliche reduziert werden sollten. Von der Rechtsprechung insbesondere des Bundesverfassungsgerichts ist aber zu fordern, dass sie die verfassungsrechtliche Verankerung der elektronischen Presse in Art. 5 Abs. 1 GG im Wege einer Bestandsgarantie ebenso klar postuliert wie sie dies für den öffentlich-rechtlichen Rundfunk immer wieder getan hat; beruhigend mag sein, dass jedenfalls Gegenteiliges bisher offenbar nicht judiziert wurde.

III. Haftungsrahmen

Den Thesen von Herrn Peifer entnehme ich die Auffassung, es herrsche ein „Haftungsgefälle" zwischen den elektronischen Medien einerseits und den haftungsrechtlich privilegierten sonstigen Telemedien andererseits. Ich meine, dass dieser Feststellung ein Missverständnis zugrunde liegt.

1. Verbreiterhaftung

Richtig ist, dass §§ 8 bis 10 TMG diejenigen Telemedien, die – verkürzt gesagt – fremde Inhalte transportieren, unter dem rechtlichen Aspekt der Verbreiterhaftung privilegieren und die elektronischen Pressemedien von dieser Privilegierung ausnehmen. Das entspricht nach meinem Verständnis den Vorgaben des Europäischen Rechts sowie der Rechtslage, die auch vor Inkrafttreten des TMG geherrscht hat.

Eine Diskriminierung der elektronischen Presse wird man hierin nicht sehen können. Denn diese Mediengattung lebt von den Inhalten, die sie nicht nur transportiert, sondern eben auch gestaltet, und die Vorstellung, sie sei für ihre Inhalte nicht verantwortlich, müsste einem seriösen Selbstverständnis der Anbieter elektronischer Presse diametral zuwider laufen.

2. Inhaltshaftung

Wo aber Telemedien, die nicht (elektronische) Presse sind, für von ihnen verbreitete Inhalte haften, wo also die Privilegierung der §§ 8 - 10 TMG nicht greift, kann ich in der Praxis ein Haftungsgefälle zur elektronischen Presse nicht erkennen. Ich glaube also nicht, dass die Gerichte den von Herrn Peifer genannten Portalen wie „youtube" Verleumdungen, Persönlichkeitsrechtsverletzungen oder Verletzungen des Rechts am eigenen Bild durchgehen lassen, die sie der Presse verbieten würden, wenn die Voraussetzungen der Freistellung von Inhaltshaftung nach den genannten Bestimmungen des TMG nicht vorliegen.

IV. DJT – Beschlüsse

Als Praktiker habe ich im Rahmen meines Referats vor dem DJT 2002 die Frage nach der Relevanz der Konvergenz-Diskussion für die medienrechtliche Praxis in das Zentrum meiner Überlegungen gestellt und eine Reihe von Vorschlägen formuliert, die im Beschlussverfahren überwiegend angenommen wurden. Die erneute Diskussion des Konvergenz-Themas und darin insbesondere diejenige des Themas „Presserecht im Internet" legitimiert aus meiner Sicht eine aktuelle Bestandsaufnahme. Der DJT hat seinerzeit u. a. beschlossen:

> „Die an Funktionen ausgerichtete, bereichsspezifische Medienregulierung wird durch Konvergenzerscheinungen nicht in Frage gestellt und sollte beibehalten werden".

Das erscheint mir nach wie vor richtig und kaum kontrovers.

> „Das bestehende dreistufige Regulierungssystem – Rundfunk, Mediendienste, Teledienste – sollte auf ein zweistufiges Regulierungssystem zurückgeführt werden, das nur zwischen Rundfunk und sonstigen elektronischen Diensten unterscheidet. Für die elektronischen Dienste sind lediglich inhaltliche Regelungen zum Jugend-, Persönlichkeits- und Datenschutz, Verbraucherschutz, zum Schutz vor irreführenden Werbepraktiken und Verantwortlichkeitsregelungen vorzusehen."

Mir scheint, dass dieses Postulat durch das TMG und den Rundfunkstaatsvertrag in seiner aktuellen Fassung weitgehend, wenn auch nicht vollständig umgesetzt worden ist; verbleibende Unterschiede dürften aber überwiegend segmenttypisch und daher nicht zu vermeiden sein.

> „Die umsatzsteuerliche Ungleichbehandlung der Vertriebserlöse der Printmedien und ähnlicher neuer vertriebsgeeigneter Medien (Videokassetten, Pay-TV, Mediendienste) sollte beseitigt und durch einheitliche Berücksichtigung in steuerlichen Privilegierungstatbeständen ersetzt werden."

Der Gesetzgeber ist insoweit nicht tätig geworden, und mit fortschreitender Kommerzialisierung über das Internet verbreiteter Inhalte erscheint mir der Regelungsbedarf zu diesem Punkt zunehmend aktuell.

> „Die Harmonisierung des Preisbindungsrechts für Medien sollte durch Einbeziehung bisher nicht erfasster Medienformen wie Pay-TV und Video-On-Demand in das Sonderrecht der Medien vollendet werden."

Im Preisbindungsrecht hat der Bundesgesetzgeber schon im Jahre 2002 die Weichen für eine nahezu mustergültige Umsetzung des Konvergenz-Postulats in geschriebenes Recht gestellt, indem er sowohl in § 2 BuchPrG als auch in § 15 (heute: § 30) GWB den dort regulierten Verlagserzeugnissen solche Produkte gleichgestellt hat, die sie „reproduzieren oder substituieren und bei Würdigung der Gesamtumstände als überwiegend verlags- oder buchhandelstypisch anzusehen sind".

Das weitergehende Postulat des DJT nach Gleichstellung bisher nicht erfasster Medienformen wie Pay-TV und Video-On-Demand wurde bisher nicht erfüllt; da diese Angebote in der Regel nicht über verschiedene Handelsstufen vertrieben werden, mag der Regulierungsbedarf hier nicht als drückend empfunden werden.

> „Der betriebsverfassungsrechtliche Tendenzschutz ist auf die elektronische Presse auszudehnen."

Der Gesetzgeber bleibt aufgerufen, insoweit tätig zu werden.

> „Das Zeugnisverweigerungsrecht, das redaktionelles und journalistisches Wissen privilegiert, ist in §§ 102 Abs. 1 Nr. 4 AO und 383 Abs. 1 Nr. 5 ZPO an § 53 Abs. 1 Nr. 5 StPO anzugleichen."

Auch hier bleibt der Gesetzgeber zum Handeln aufgefordert; die Ungleichheit der Regelung in der StPO einerseits und den übrigen Verfahrensordnungen andererseits ist weder zu rechtfertigen noch auch nur zu verstehen.

> „Das Haftungsprivileg der Medienverantwortlichen gemäß § 13 Abs. 6 Nr. 1 UWG sollte einheitlich für alle Medien gelten und auf den Rundfunk ausgedehnt werden."

Anlässlich der erneuten Novellierung des UWG ist der Gesetzgeber auch insoweit nicht tätig geworden – sieht man von der Verschiebung des Regelungsgehalts von § 13 Abs. 6 in § 9 Satz 2 UWG n.F. ab; die Ausgrenzung des Rundfunks und der elektronischen Medien aus dem dort statuierten Presseprivileg erscheint weiterhin nicht vertretbar.

> „Die straf- und presserechtliche Verantwortlichkeit eines verantwortlichen Redakteurs, wie sie das Presserecht und das Rundfunkrecht teilweise vorsehen, ist auf alle Medien mit redaktionellem Inhalt gleichmäßig auszudehnen."

Eine Rechtsangleichung ist nicht erfolgt. Ich habe seinerzeit dafür plädiert, sie durch Abschaffung der Figur des Verantwortlichen Redakteurs im Presserecht zu vollziehen, und würde es wieder tun, stünde mehr Zeit (oder Raum) zur Verfügung. Für die aus polizeistaatlichem Denken geborene Rechtsfigur des Verantwortlichen Redakteurs gibt es unter den heutigen Verhältnissen kein praktisches Bedürfnis mehr; in der forensischen Praxis spielt sie in der Regel keine und in Ausnahmefällen eher eine problematische Rolle; für die elektronische Presse hat sie § 55 RStV allerdings unverständlicherweise und ohne praktische Konsequenz übernommen – im Gegensatz zu § 56, der, anders als die Landespressegesetze, eine Haftung des verantwortlichen Redakteurs für Gegendarstellungen mit Recht nicht vorsieht.

> „Das Medienprivileg für Daten, die zu redaktionell-journalistischen Zwecken erhoben, verarbeitet und benutzt werden, muss für Rundfunk, Printmedien und Mediendienste einheitlich gelten, was durch Gesetzgebung sicherzustellen ist."

Insoweit ist der Gesetzgeber durch § 57 RStV dem Postulat des DJT jedenfalls für die elektronische Presse gefolgt.

> „Das Verbot unmittelbarer redaktioneller Erwiderung auf eine Gegendarstellung soll auch beim Rundfunk abgeschafft werden."

Hier besteht weiterhin legislatorischer Handlungsbedarf.

Konvergenz der Medien und Konkurrenz um Übertragungswege: Der Streit um die „digitale Dividende"

Peter M. Huber

I. Einleitung 67
II. Konvergenz der Medien und das Konfliktpotential der „digitalen Dividende" 68
III. Tatsächliche Grundlagen 69
    1. Zum Umfang der „digitalen Dividende" 69
    2. Nachteile für Rundfunk und Rundfunkveranstalter 70
    3. Knappheitsprobleme: politische, wirtschaftliche und soziale Aspekte 72
IV. Rechtliche Maßstäbe 74
    1. Verfassungsrechtliche Vorgaben 74
    2. Unionsrechtliche Vorgaben und Europäisierung des Telekommunikationsrechts 77
    3. Einfach-gesetzlicher Rahmen 78
V. Fazit 80

I. Einleitung

Grundlage für die "digitale Dividende" ist die Entscheidung des deutschen Gesetzgebers – für die anderen Mitgliedstatten der EU gilt mutatis mutandis das Gleiche[1] – das analoge Fernsehen bis 2010 außer Betrieb zu nehmen und die entsprechenden Frequenzzuweisungen zu widerrufen. Für den analogen Rundfunk soll dies bis 2015 geschehen (§ 63 Abs. 5 TKG). Dementsprechend ermächtigt § 19a RStV i.d.F. des 12. RfÄndStV[2] die in der ARD zusammengeschlossenen Landesrundfunkanstalten, das ZDF und

---

[1] Mitteilung der Kommission über die Beschleunigung des Übergangs vom analogen zum digitalen Rundfunk, KOM (2005), 204 endg., 10.
[2] Bayern: GVBl. 2009, 502.

das Deutschlandradio, die analoge terrestrische Versorgung zu angemessenen Bedingungen schrittweise einzustellen, um Zug um Zug den Ausbau und die Zuweisung digitaler terrestrischer Übertragungskapazitäten zu ermöglichen. Die analoge terrestrische Fernsehversorgung kann auch dann eingestellt werden, wenn der Empfang der Programme über einen anderen Übertragungsweg gewährleistet ist.

Auch wenn der Begriff der „digitalen Dividende" bislang keine allzu klaren Konturen aufweist,[3] so kann man vor diesem Hintergrund mit der Europäischen Kommission doch jene Frequenzen darunter verstehen, „die in einem vollständig digitalen Umfeld nach Deckung des Frequenzbedarfs der bestehenden Rundfunkdienste einschließlich gemeinwirtschaftlicher Verpflichtungen *zusätzlich verfügbar*[4] sind."[5]

Durch die Umstellung auf die Digitaltechnik werden Frequenzen frei, die in den „besten Frequenzbändern zwischen 200 MHz und 1 GHz"[6] liegen und deshalb besonders attraktiv sind. Es kann daher nicht verwundern, dass Streit um die Nutzung der frei werdenden Frequenzen entbrannt ist.

II. Konvergenz der Medien und das Konfliktpotential der „digitalen Dividende"

Ein erster Interessengegensatz ergibt sich daraus, dass die frei werdenden Frequenzen sowohl für Zwecke der Telekommunikation als auch für solche des Rundfunks genutzt werden können, wobei die Unterscheidung angesichts der fortschreitenden Konvergenz der Medien zunehmend problematisch wird. Zutreffend formuliert *Victor Janik* insoweit:

> „Durch die zusätzliche, meist komplementäre Nutzung weiterer Übertragungsoptionen entstehen neue Möglichkeiten und Formen der Wertschöpfung. So werden Programminhalte in Zukunft nicht mehr nur auf den herkömmlichen Übertragungswegen ... Satellit, Kabel und Terrestrik verbreitet werden, sondern zunehmend auch über alternative Übertragungswege wie DSL-Verbindungen (z. B. für IP-TV), Mobilfunknetze sowie über DVB-H oder DMB-Frequenzen."[7]

---

[3] *Zagouras*, CR 2006, 819 (819).
[4] Hervorheb. d. Verf.
[5] Mitteilung der Kommission „Ausschöpfung der digitalen Dividende in Europa: ein gemeinsames Konzept für die Nutzung der durch die Digitalisierung frei werdenden Frequenzen", KOM (2007), 700 endg., 3.
[6] KOM (2007), 700 endg., 4.
[7] *Janik*, in: Schiwy/Schütz/Dörr (Hrsg.), Medienrecht, 4. Aufl., 2006, 94 – Eintrag zu Digitalisierung.

Die zweite Konfliktlinie wird dadurch markiert, dass Verleger und Telekommunikationsunternehmen ins Rundfunkgeschäft drängen, namentlich die Deutsche Telekom AG.[8] Im April 2006 wollte sie sich erstmals mit einer Fondsgesellschaft, der T-Online Venture Fund GmbH & Co. KG, an einer Rundfunkveranstalterin, der Deluxe Television GmbH, beteiligen.[9] Ebenfalls im Jahre 2006 hat sie gemeinsam mit der Premiere Fernsehen GmbH & Co. KG das IP-TV-Format „Bundesliga auf Premiere powered by T-Com" entwickelt und verbreitet auf der Grundlage der für die Spielzeiten 2006/07 bis 2008/09 erworbenen Bundesligarechte für IP-TV-Übertragungen die von Premiere produzierten Fußballübertragungen und -berichterstattungen über ihre Plattform T-Home.[10]

Schließlich, und das ist der dritte Interessengegensatz, befürchten die Rundfunkveranstalter von einer Liberalisierung der Frequenznutzung in und längs Leitern einen geringeren Schutz des Rundfunks vor Störungen und damit auch der Empfangsqualität.[11]

III. Tatsächliche Grundlagen

1. Zum Umfang der „digitalen Dividende"

Derzeit nutzt der Rundfunk im VHF-Band den Bereich zwischen 174 und 230 MHz und im UHF-Band das Spektrum zwischen 470 und 862 MHz. Auf letzteres bezogen will der – bislang nicht verabschiedete – Entwurf einer Zweiten Verordnung zur Änderung der Frequenzbereichszuweisungsplanverordnung (2. FreqBZPÄndV) die Frequenzbereiche 470-790 MHz und 790-862 MHz veränderten Anforderungen unterwerfen. Die „digitale Dividende" dürfte dabei größer ausfallen als die Frequenzkapazität, die der-

---

[8] Zum Problem der Staatsferne bei der Deutschen Telekom *Huber*, Die Staatsfreiheit des Rundfunks – Erosion und Neujustierung, in: FS für Bethge, 2009, S. 497 (499 f.).

[9] Die Beteiligung scheiterte letztlich daran, dass die KEK die Staatsfreiheit des Rundfunks beeinträchtigt sah, KEK, Beschluss vom 11.04.2006 – KEK 319 und KEK 321.

[10] Ob die Deutsche Telekom AG dafür eine eigene Zulassung benötigt, ist umstritten. Die Direktorenkonferenz der Landesmedienanstalten (DLM) hat dies verneint und Premiere als die eigentliche Rundfunkveranstalterin angesehen. Dagegen hat die KEK mit Beschluss vom 7. November 2006 Zweifel an der Veranstaltereigenschaft von Premiere geäußert, weil diese nicht über die erforderlichen Programmrechte verfügt, sondern auf der Basis einer Sublizenz der Deutschen Telekom tätig wird (KEK 348, 350, 359). Auch wird das Programm nicht von Premiere angeboten; vielmehr vermittelt diese lediglich den Abschluss von „T-Home"-Verträgen mit der Deutschen Telekom AG, KEK 348, 350, 359, KEK, 10. Jahresbericht 2006/2007, S. 303 f.).

[11] Media Broadcast, Schreiben an das Bundesministerium für Wirtschaft und Technologie vom 03.09.2008; Stellungnahme an das Bundesministerium für Wirtschaft und Technologie, Referat VI A 7, vom 14.02.2008 zum Entwurf der SchuTSEV.

zeit für GMS-Mobilfunksysteme verfügbar ist.[12] Bei der Verwendung von HDTV[13] wird sie allerdings entsprechend kleiner sein.

a) Frequenzbereich 470 - 790 MHz

Der Frequenzbereich 470-790 MHz soll in Zukunft für die Bereitstellung von Internetanschlüssen insbesondere im ländlichen Raum mitgenutzt werden. Deshalb soll auch die NB [Nutzungsbestimmung] D296 gestrichen werden, die aktuell lautet: „Die Nutzung des Frequenzbereichs 470-790 MHz durch den mobilen Landfunkdienst ist auf Anwendungen im Zusammenhang mit Rundfunk beschränkt." Allerdings sollen diese Nutzungen keinerlei Schutz gegenüber dem Rundfunkdienst genießen und dürfen auch keine schädlichen Störungen des Rundfunkdienstes verursachen (NB 28).

b) Frequenzbereich 790-862 MHz

Für den Frequenzbereich 790-862 MHz geht der Entwurf der Rechtsverordnung davon aus, dass die Nutzung durch den Rundfunkdienst ausläuft, während der Umstellung auf die digitale Übertragungstechnik aber noch benötigt wird. Das lässt anderweitige Nutzungen nur in sehr begrenztem Umfang zu. Zudem bedarf jede Nutzung außerhalb des Frequenzbereichs 814-838 der Abstimmung mit dem Bundesministerium der Verteidigung.

2. Nachteile für Rundfunk und Rundfunkveranstalter

a) (Befürchtete) Störungen

Bis Ende 2008 waren nach Schätzungen der Gesellschaft für Unterhaltungs- und Kommunikationselektronik (gfu) und der Gesellschaft für Konsumforschung (GfK) ca. 16 Millionen DVB-T-Empfänger im deutschen Markt. Diese haben nach Darstellung der Rundfunkveranstalter keinerlei Schutzmechanismen gegen neuartige Inband-Störungen durch Funksysteme für die Bereitstellung von Internetanschlüssen. Ein Schutz des DVB-T-Empfangs vor solchen Interferenzstörungen, beispielsweise durch Einbau entsprechender Filter in die DVB-T-Empfänger, sei praktisch unmöglich, da die Anwendungen im gesamten UHF-Bereich liegen können.[14] Im Einzelnen führt Media Broadcast in ihrer Stellungnahme zu den im o. a. Entwurf der Rechtsverordnung vorgesehenen Änderungen aus:

---

[12] KOM (2007), 700 endg., 4.
[13] Hochauflösendes Fernsehen.
[14] Media Broadcast, Schreiben an das Bundesministerium für Wirtschaft und Technologie vom 03.09.2008.

„Wie erste Untersuchungen zeigen, ist bereits heute mit erheblichen Störungen zumindest in dem Fall zu rechnen, dass teilnehmerseitige Sender wie z. B. Mobiltelefone oder Wi-Max-Terminals in der Nähe von DVB-T Empfangseinrichtungen aktiviert werden. Darüber hinaus wurde festgestellt, dass in einigen Störungsszenarien durch die zeitliche Struktur der Signale systembedingt deutlich höhere Störwirkungen auftreten, als nach Feldstärkebetrachtungen erwartet wurde. Alle in den oben genannten Untersuchungen genutzten DVB-T-Empfänger waren dabei bezüglich ihrer Empfangseigenschaften absolut konform mit den aktuellen Standards und haben die dort gesetzten Mindestanforderungen teilweise sogar deutlich übererfüllt. Auf Basis der aktuellen Erkenntnisse ist mit verstärkten Interferenzstörungen zu rechnen, wenn die vorgeschlagene NB 28 angewendet wird.

Durch die vorgeschlagene Änderung der NB 28 und der NB D296 werden die Entwicklungsmöglichkeiten des Rundfunks z. B. beim weiteren Ausbau der Sendernetze für bereits bestehende Versorgungsbedarfe oder zur Realisierung neuer bzw. qualitativ oder quantitativ geänderter Versorgungsbedarfe mit sehr großer Wahrscheinlichkeit erheblich eingeschränkt. Zusätzlich ist zu berücksichtigen, dass auch Funksysteme für die Bereitstellung von Internetanschlüssen ihrerseits einen Schutz vor Interferenzstörungen durch Rundfunksender benötigen. Die in NB 28 gemachte Erklärung: Diese *Nutzungen genießen keinerlei Schutz gegenüber dem Rundfunkdienst und dürfen keine schädlichen Störungen des Rundfunks verursachen*, ist angesichts der oben dargestellten ungeklärten Störungsproblematik auf Basis der gegenwärtigen Erkenntnisse nicht realistisch. Die vordringliche Lösung der bisher ungeklärten Interferenzprobleme ist daher im Interesse aller potentiellen Anwendungen."[15]

Aus der ungeklärten Störungsproblematik hat die Medienwirtschaft die Forderung abgeleitet, auf eine Verwendung des UHF-Bandes für Telekommunikationsdienste in Deutschland im Interesse von bestehenden und künftigen Rundfunknutzungen, Verbraucherinteressen und getätigten Investitionen vorerst gänzlich zu verzichten, die „digitale Dividende" m.a.W. gar nicht in Anspruch zu nehmen.

---

[15] Media Broadcast, Schreiben an BMWi vom 03.09.2008.

b) Weitere Nachteile bei Auslaufen der Rundfunknutzung im Frequenzbereich 790-862 MHz bzw. 814-838 MHz

Das geplante Auslaufen der Rundfunknutzung vor allem im Frequenzbereich 814-838 MHz stößt auch deshalb auf Einwände der Rundfunkveranstalter, weil bisher zulässige Nutzungen für die nicht öffentliche, ortsfeste Übertragung innerhalb eines Grundstücks ohne Übergangsfrist verlagert werden müssten. Auch die bislang für DVB-T Sender in Frankfurt am Main, München, Nürnberg, am Wendelstein und in Berlin verwendeten Kanäle 64, 65 und 66 müssten verlagert werden. Das hat nachteilige Auswirkungen für Sender und Zuschauer, weil es Umbauten erforderlich macht und die Kosten erhöht. In einigen grenznahen Regionen Deutschlands gäbe es nach dem derzeitigen Stand dann bis zum Ende des Schutzes analoger Dienste in den Nachbarstaaten in den nächsten Jahren keine oder nur extrem eingeschränkte Möglichkeiten für die Implementierung privater Multiplexe.[16]

3. Knappheitsprobleme: politische, wirtschaftliche und soziale Aspekte

a) Allgemeines

Die Nutzung der „digitalen Dividende" wird das Knappheitsproblem bei den Frequenzen freilich nicht lösen. Obwohl die Digitaltechnik einen sehr hohen Datenfluss ermöglicht, steigt die Nachfrage nach Frequenzen schneller als das Angebot. Zudem kollidieren die Nutzungsinteressen.

Für die Bundesregierung ist vor allem die Verbesserung der Breitbandversorgung des ländlichen Raumes ein wichtiges sozialpolitisches Anliegen, geht sie insoweit doch von einer Unterversorgung von 10% aus.

Die Europäische Kommission verfolgt hingegen einen technologie- und diensteneutralen Ansatz. Das bedeutet, dass die Nutzung einer bestimmten Technologie weder vorgeschrieben noch diskriminiert werden sollte. Der Ansatz hindert die Mitgliedstaaten aber nicht daran, im Interesse einer effizienteren Frequenznutzung angemessene Schritte zur Förderung spezifischer Technologien für die Übertragung digitaler Programmsignale zu unternehmen.[17] Vor diesem Hintergrund betont die Kommission, dass die Vorteile der "digitalen Dividende" nur dann „umfassend genutzt werden [können], wenn das Hauptaugenmerk unvoreingenommen auf die Er-

---

[16]Media Broadcast, Schreiben an BMWi vom 03.09.2008
[17]Siehe KOM (2005) 204 endg., 6, unter Hinweis auf Erwägungsgrund 18 der Rahmenrichtlinie, RL 2002/21/EG des Europäischen Parlaments und des Rates vom 7. März 2002 über einen gemeinsamen Rechtsrahmen für elektronische Kommunikationsnetze und -dienste (Rahmenrichtlinie), ABl. EU Nr. L 108 vom 24.4.2002, S. 33.

mittlung der wertvollsten Arten der Frequenznutzung gelegt wird."[18] Die vielversprechendsten Nutzungsmöglichkeiten sieht sie pauschal im Bereich der „elektronischen Kommunikationsdienste", was die drahtlose Breitbandkommunikation ebenso erfasst wie zusätzliche terrestrische Rundfunkdienste (unter Einschluss von Tele- und Mediendiensten) oder multimediale Mobilfunkdienste.[19]

b) Rundfunk vs. Individualkommunikation

Probleme bereitet vor allem die Verflechtung von Rundfunk- und Individualkommunikation bei der Nutzung der Frequenzen. Sie ist auch geeignet, eine Ausschöpfung der „digitalen Dividende" zu verhindern:

- In tatsächlicher Hinsicht sind die in Betracht kommenden Frequenzen als „relativ schmale Bänder über viele Frequenzbereiche verteilt und zudem mit digitalen Rundfunkkanälen durchsetzt".[20]

- In rechtlicher Hinsicht erweist sich der Vorrang von Rundfunk, Tele- und Mediendiensten bei der Verteilung knapper Frequenzen als problematisch, weil dieser Vorrang auch dann besteht, wenn innovative Dienste auf dasselbe Frequenzspektrum angewiesen sind. Das gilt etwa für das sog. Handy-TV, das die Übertragung von Rundfunksignalen auf Mobiltelefone ermöglicht.[21]

- Hinzu kommt, dass die Bedarfsanmeldepraxis der Länder mitunter Züge eines Hortens auf Vorrat trägt. Die Bundesnetzagentur bemängelt insoweit deren Neigung, „die relevanten Ressourcen für den Rundfunk einzufordern und damit ihre Nutzung für moderne Dienste zu verhindern, was unter betriebswirtschaftlichen Gesichtspunkten im Widerspruch zu einer optimierten Nutzung des bestehenden Frequenzpotentials" steht.[22]

Nicht zum Rundfunk rechnen dabei Technologien wie UMTS oder BWA. Sie können zwar grundsätzlich auch für die Übertragung von Rundfunk eingesetzt werden. Wegen der Möglichkeit der individuellen Adressierung gehen sie aber über die für Rundfunkdienste konstitutive Adressierung der Inhalte an die Allgemeinheit hinaus. Das hat manche zu dem resignativen Fazit bewogen, dass für Techniken wie UMTS de facto kaum etwas vom „Kuchen der digitalen Dividende" übrig bleiben dürfte.[23]

---

[18] KOM (2007), 700 endg., 3.
[19] KOM (2007) 700 endg., 5 f.
[20] KOM (2007), 700 endg., 4.
[21] *Zagouras*, CR 2006, 819 (820).
[22] *Zagouras*, CR 2006, 819 (824) unter Hinweis auf BNetzA, Eckpunktepapier.
[23] *Zagouras*, CR 2006, 819 (824 f.).

IV. Rechtliche Maßstäbe

1. Verfassungsrechtliche Vorgaben

a) Von der „dienenden Funktion" des Telekommunikationsrechts zum frequenzrechtlichen Gebot der Rücksichtnahme

Zu den (vermeintlichen) Gewissheiten der Rundfunk- und Telekommunikationsordnung in Deutschland gehört die These von der dienenden Funktion des Telekommunikations- gegenüber dem Rundfunkrecht. Auf dieser Grundlage hat das Bundesverfassungsgericht die ausschließliche Gesetzgebungskompetenz des Bundes für das Fernmeldewesen bzw. die Telekommunikation (Art. 73 Abs. 1 Nr. 7 GG) von Anfang an restriktiv verstanden und auf „sendetechnische Angelegenheiten" beschränkt.[24]

Diese Zuordnung von Telekommunikations- und Medienrecht, die ihre Grundlage in der verfassungsrechtlichen Kompetenzverteilung findet, trägt modernen Anforderungen freilich kaum mehr Rechnung. Sie lässt es insbesondere nicht zu, die Konvergenz der Medien und Kommunikationsplattformen angemessen zu erfassen und zu regulieren,[25] und steht der Entwicklung eines problemadäquaten Medienrechts im Wege. Zu Recht stellt *Georgios Zagouras* vor diesem Hintergrund fest:

> „Da die Konvergenz der Medien und Kommunikationsplattformen vor der Kompetenzverteilung des Grundgesetzes nicht Halt macht, erweist sich die Zuständigkeitsverteilung in eine Bundeskompetenz für technische Regulierung und eine Länderzuständigkeit für die Inhalte als eine der größten verfassungsrechtlichen Herausforderungen der Informationsgesellschaft. Speziell im Hinblick auf die Frequenzplanung ist mitunter die Rede vom `Spannungsgebiet´ des kooperativen Föderalismus."[26]

Hinzu kommt, dass sich Medien- und Telekommunikationsrecht seit den 1980er Jahren in ganz unterschiedliche Richtungen entwickelt haben. Während das Bundesverfassungsgericht im Medienrecht seine – den 1970er Jahren verhafteten – Vorstellungen von einer dualen Rundfunkordnung kontinuierlich präzisierte und mit Blick auf den „Public Service"- Gedanken immer weiter ausziseliert hat,[27] war die Entwicklung des Telekommunikationsrechts vor allem durch die Privatisierung der Bundespost und

---

[24] BVerfGE 12, 205 (237).
[25] Siehe etwa v. *Herget*, Rundfunk und Grundgesetz. Die Auswirkungen der Digitalisierung elektronischer Massenmedien auf den Rundfunkbegriff und die Folgen für die Rundfunkhoheit und Rundfunkordnung in Deutschland und Europa, 2005.
[26] *Zagouras*, CR 2006, 819 (820 f.).
[27] Zuletzt BVerfGE 119, 181 (181 ff.) – 9. Rundfunkurteil (Rundfunkgebühren).

die anschließende Liberalisierung der Märkte gekennzeichnet. Selbst seine Entlassung aus der Regulierung wird diskutiert. Damit unterscheiden sich nicht nur die Regulierungsziele, sondern auch Maßstäbe und Instrumente.

Haben sich die Medien- und Telekommunikationswelt in ihren tatsächlichen, d. h. technischen Voraussetzungen aber seit den Zeiten des 1. Rundfunkurteils (1961) grundlegend gewandelt, kann die – interpretatorisch gewonnene – These von der ausschließlich dienenden Funktion des Fernmelde- und Telekommunikationsrechts und, als Teil davon, des Frequenzregulierungsrechtes, nicht mehr (uneingeschränkt) aufrecht erhalten werden.[28] Überzeugend führen *Wolfgang Hoffmann-Riem* und *Dirk Wieddekind* insoweit aus:

> „Das Verhältnis von Telekommunikation und Rundfunk kann ... nicht mehr nur im Wege einer einseitigen Abhängigkeit beschrieben werden. Eine durch immer neue Innovationen geprägte, sich dynamisch entwickelnde Infrastrukturtechnologie kann nicht einer bestimmten Nutzungsart (wie dem Rundfunk) in dem Sinne untergeordnet sein, dass sie lediglich eine Transportleistung zur Verfügung zu stellen habe. Vielmehr ist zu berücksichtigen, dass die technische Innovation zu neuen Übertragungsformen und neuen Nutzungsmöglichkeiten führt und das Netz damit zunehmend auch Leistungen für andere Nutzer bereitstellen kann, die ihrerseits Grundrechtsschutz für sich beanspruchen (Art. 5, 12, 2 GG)".[29]

Gefordert ist also ein schonender Ausgleich – praktische Konkordanz – zwischen kollidierenden Interessen grundrechtlicher Provenienz, den herzustellen Aufgabe des Gesetzgebers ist – auf Bundes- wie auf Landesebene. Den norminternen Direktiven[30] von Art. 5, 12 und 2 GG ist sowohl beim Vollzug des TKG als auch des Landesmedienrechts Rechnung zu tragen.

Damit tritt an die Stelle der strikt „dienenden Funktion" des Fernmelde-, Telekommunikations- und Frequenzverwaltungsrecht ein – flexibleres, aber auch schwächeres – „Gebot der Rücksichtnahme der Technikgestaltung auf die Folgen der Medienentwicklung".[31] Dieses frequenzrechtliche „Gebot der Rücksichtnahme" schließt es aus, bei der Entscheidung über die Nutzung neuer oder zusätzlicher Übertragungswege, -kapazitäten und Frequenzen etwa im Bereich von Handy-TV oder IP-TV die Ausstrahlungswirkung der Rundfunkfreiheit aus Art. 5 Abs. 1 S. 2 GG unberücksichtigt zu lassen.

---

[28] *v. Herget*, a.a.O.; *Hoffmann-Riem/Wieddekind*, in: FS f. Hoppe, 2000, S. 745 (756); *Zagouras*, CR 2006, 819 (820 f.).

[29] *Hoffmann-Riem/Wieddekind*, in: FS f. Hoppe, 2000, S. 745 (756).

[30] Zum Begriff *Huber*, Allgemeines Verwaltungsrecht, 2. Aufl., 1997, S. 116 ff.

[31] *Zagouras*, CR 2006, 819 (820).

b) Vorgaben für die Verteilung

Eine Entziehung vom Rundfunk benötigter Frequenzspektren zur Ausschöpfung der „digitalen Dividende" und ihre ausschließliche Überlassung für Telekommunikationsdienste wie UMTS oder Wi-Max kommen vor diesem Hintergrund nicht in Betracht.[32]

Die von der BNetzA kritisch beobachtete Neigung der Länder, Frequenzen zu horten und eine Ausschöpfung der digitalen Dividende damit zu verhindern, widerspricht allerdings dem Art. 87f GG zu entnehmendem Gebot einer ressourcenschonenden Frequenzverwaltung.[33] Darüber hinaus ist zu berücksichtigen, dass die Erweiterung der Übertragungswege für die Programmveranstalter zu einer Vergrößerung der Reichweite beiträgt und damit mittelbar auch ihre Werbeeinnahmen erhöht. Gleichzeitig wächst durch die steigende Zahl (möglicher)[34] Rundfunkveranstalter der sog. publizistische Wettbewerb um die Aufmerksamkeit der Zuschauer.[35] Der öffentlich-rechtliche Rundfunk partizipiert auf der Grundlage der ihm zuerkannten Bestands- und Entwicklungsgarantie[36] im Rahmen des RStV (§ 11 f.) zudem an der Weiterentwicklung der Übertragungstechniken. Auch die Internetversorgung kommt dem Rundfunk zugute.

c) Exkurs: "Digitale Dividende" und Rundfunkgebühren

Eine besondere Querverbindung reicht von der „digitalen Dividende" bis ins Recht der Rundfunkgebühren. Der Gesetzgeber des Rundfunkgebührenstaatsvertrages war 2005 unter anderem deshalb von der von der KEF vorgeschlagenen Erhöhung der Rundfunkgebühren um 21 ct abgewichen, weil diese das mit der Digitalisierung verbundene Einsparpotential (noch) nicht berücksichtigt hatte. Dazu war er nicht nur berechtigt, sondern im Hinblick auf den Eingriffscharakter der Gebührenentscheidung zu Lasten der Rezipienten auch verpflichtet:[37]

> „Der Grundsatz bedarfsgerechter Finanzierung wird ... [daher] nicht in Frage gestellt, wenn es sich bei einer Abweichung von der Bedarfsfeststellung der KEF um die Korrektur eines offensichtlichen Fehlers ... handelt oder wenn sich seit dem Gebührenvorschlag die der Bedarfsberechnung zugrunde gelegten

---

[32] *Gounalakis/Zagouras*, Medienkonzentrationsrecht, 2008, § 4, S. 14.

[33] *Holznagel*, MMR 2008, 207 (209).

[34] Zu den konzentrationsrechtlichen Beschränkungen siehe § 26 RStV sowie pars pro toto KEK, Elfter Jahresbericht 1. Juli 2007 bis 30. Juni 2008, 2008, S. 6 ff.

[35] *Janik*, in: Schiwy/Schütz/Dörr (Hrsg.), Medienrecht, 4. Aufl. 2006, S. 94 – Eintrag zu Digitalisierung.

[36] BVerfGE 90, 60 (91) unter Hinweis auf BVerfGE 73, 118 (158); 74, 297 (324 f.); 83, 238 (298); *Huber*, in: Festskrift f. Hans-Heinrich Vogel, 2008, S. 171 (173).

[37] *Huber*, in: Festskrift f. Hans-Heinrich Vogel, S. 171 (185 ff.).

Verhältnisse wesentlich verändert haben und die Abweichung
diesem Befund Rechnung trägt."[38]

Allerdings greifen die prozeduralen Sicherungen der Rundfunkfreiheit
auch hier, so dass den Rundfunkveranstaltern und der KEF vor einer Abweichung Gelegenheit zur Stellungnahme zu geben ist. Zudem trifft den
Staatsvertragsgeber eine Darlegungslast:

„Für eine Abweichung vom Gebührenvorschlag der KEF müssen nachprüfbare Gründe angegeben werden (...). ... Der Gesetzgeber hat die seine Abweichung rechtfertigenden Tatsachenannahmen nachvollziehbar zu benennen und seine daran geknüpfte Bewertung offen zu legen. ... Beansprucht der Gesetzgeber, auch die fachliche Bedarfsfeststellung als solche zu korrigieren (...), muss die Begründung nachvollziehbar machen, dass die Gebührenentscheidung auch nach dieser Korrektur auf einer fachlich abgesicherten und transparenten Bedarfseinschätzung gründet."[39]

Daran hat es im konkreten Fall auch mit Blick auf die finanziellen Auswirkungen der „digitalen Dividende" auf den öffentlich-rechtlichen Rundfunk gefehlt.

2. Unionsrechtliche Vorgaben und Europäisierung des Telekommunikationsrechts

Die unionsrechtlichen Grundlagen für den Umgang mit der „digitalen Dividende" sind gering. Auf der Grundlage der Binnenmarktkompetenz des Art. 95 EG hat die EU die Rahmenrichtlinie 2002/21/EG über die elektronische Kommunikation[40] erlassen und die RL 2007/65/EG über audiovisuelle Medien.[41] Sie stecken den geltenden Rechtsrahmen auch für die

---

[38] BVerfGE 119, 181 (228 f.) – 9. Rundfunkurteil.
[39] BVerfGE 119, 181 (228 f.) – 9. Rundfunkurteil.
[40] Richtlinie 2002/21/EG des Europäischen Parlaments und des Rates vom 7. März 2002 über einen gemeinsamen Rechtsrahmen für elektronische Kommunikationsnetze und -dienste (Rahmenrichtlinie), ABl. EU Nr. L 108 vom 24.4.2002, S. 33.
[41] Richtlinie 2007/65/EG des Europäischen Parlaments und des Rates vom 11. Dezember 2007 zur Änderung der Richtlinie 89/552/EWG des Rates zur Koordinierung bestimmter Rechts- und Verwaltungsvorschriften der Mitgliedstaaten über die Ausübung der Fernsehtätigkeit über audiovisuelle Medien, ABl. EU Nr. L 332 vom 18.12.2007; siehe ferner Vorschlag der Kommission für eine Richtlinie des Europäischen Parlaments und des Rates zur Koordinierung bestimmter Rechts- und Verwaltungsvorschriften der Mitgliedstaaten über die Bereitstellung audiovisueller Mediendienst, KOM (2009), 185 endg.

Frequenzverwaltung und -verteilung ab, enthalten angesichts des bereits angesprochenen Grundsatzes der Technologieneutralität jedoch keine spezifischen Vorgaben für die Ausschöpfung der „digitalen Dividende".

Vor diesem Hintergrund bemüht sich die Europäische Kommission um einen neuen – zentralistischeren – Ansatz in der Frequenzverwaltung. Die Marktteilnehmer sollen dadurch bessere Möglichkeiten für eine flexible Frequenznutzung erhalten, zugleich aber auch mehr Verantwortung für die Gewährleistung nahtloser und interoperabler Kommunikationssysteme übernehmen. Die dazu notwendige Zusammenarbeit will die EU-Kommission „aktiv und vorausschauend unterstützen".

Am 13. November 2007 hat sie die Mitteilung „Ausschöpfung der digitalen Dividende in Europa: ein gemeinsames Konzept für die Nutzung der durch die Digitalisierung frei werdenden Frequenzen"[42] veröffentlicht. Darin äußert sie die Befürchtung, dass viele potenzielle Nutzungsmöglichkeiten der „digitalen Dividende" ungenutzt bleiben, falls die Nutzung der Frequenzen grenzüberschreitend nicht besser koordiniert werde.[43] Zu diesem Zweck will sie schrittweise einen gemeinsamen Frequenznutzungsplan auf EU-Ebene entwickeln, im Bereich des multimedialen Mobilfunks eine Koordinierungszuständigkeit erhalten und die Netze für festen und mobilen Breitbandzugang flexibel harmonisieren.

Zugleich hat sie den Vorschlag für eine Verordnung des Europäischen Parlaments und des Rates zur Errichtung der Europäischen Behörde für die Märkte der elektronischen Kommunikation vorgelegt, der zunächst die Errichtung einer Agentur mit ca. 40 Mitarbeitern[44] vorsah. Das stieß bei den anderen Organen freilich nicht auf Gegenliebe, so dass in der überarbeiteten Version nur mehr von einer „Stelle der europäischen Regulierungsbehörden für Telekommunikation" die Rede ist.[45]

3. Einfach-gesetzlicher Rahmen

a) Grundlagen

Aus nationaler Sicht lassen sich die entscheidenden Anforderungen an den Umgang mit der „digitalen Dividende" dem TKG entnehmen. Dieses erkennt zunächst den Vorrang des Rundfunks beim Zugriff auf (frei werdende) Frequenzen an. Nach § 57 Abs. 1 S. 1 TKG ist für die Zuteilung von Frequenzen zur Übertragung von Rundfunk im Zuständigkeitsbereich der Länder neben den Voraussetzungen des § 55 TKG auf der Grundlage

---

[42] KOM (2007), 700 endg.
[43] KOM (2007), 700 endg., 7.
[44] KOM (2007), 699 endg.; KOM (2008), 720 endg.
[45] KOM (2008), 720 endg., 3 ff.

der rundfunkrechtlichen Festlegungen das „Benehmen" mit der zuständigen Landesbehörde herzustellen. Dabei teilt die jeweilige Landesbehörde der Bundesnetzagentur (BNetzA) den Versorgungsbedarf für Rundfunk im Zuständigkeitsbereich der Länder mit (S. 2).

§ 57 Abs. 1 S. 5 TKG gestattet in diesem Zusammenhang allerdings eine subsidiäre Nutzung der für Rundfunk reservierten Frequenzen. Wörtlich heißt es insoweit:

> „Die dem Rundfunkdienst zugewiesenen und im Frequenznutzungsplan ausgewiesenen Frequenzen können für andere Zwecke als der Übertragung von Rundfunk im Zuständigkeitsbereich der Länder genutzt werden, wenn dem Rundfunk die auf der Grundlage der rundfunkrechtlichen Festlegungen zustehende Kapazität zur Verfügung steht".

Auch insoweit ist ein Benehmen zwischen der BNetzA und den zuständigen Landesbehörden vorgesehen.

b) Umgang mit Unsicherheiten

Ein gewisses Problem ergibt sich nun daraus, dass die Prognosen über das mit der Ausschöpfung der „digitalen Dividende" verbundene Störpotential für den Rundfunk erheblich divergieren. Während EU-Kommission und Bundesregierung insoweit kaum Probleme erwarten, geht die Medienwirtschaft von nachhaltigen Störungen des Rundfunkbetriebs aus. Diese Divergenz zwingt die BNetzA freilich nicht zur Untätigkeit. Vielmehr hat sie bei der Ausschöpfung der "digitalen Dividende" die Möglichkeit, entsprechende Störungen von Rundfunkprogrammen in Rechnung zu stellen und etwa durch Nebenbestimmungen bei der Frequenzzuteilung nach § 55 TKG zu gewährleisten, dass keine vollendeten Tatsachen geschaffen werden.[46] Erweisen sich die Befürchtungen als begründet, kann sie entsprechend nachsteuern.

c) Zum Benehmen zwischen BNetzA und Landesbehörden

Über die Ausschöpfung der „digitalen Dividende" und die Zuteilung einzelner Frequenzen entscheidet verbindlich die BNetzA (§ 55 TKG). Dass dies mit Blick auf für den Rundfunk beanspruchte Frequenzen im „Benehmen" mit der zuständigen Landesbehörde geschieht (§ 57 Abs. 1 S. 1

---

[46] Grundlegend zu Risikoentscheidungen *Di Fabio*, Risikoentscheidungen im Rechtsstaat, 1994; ferner *Huber*, in: Woodman/Klippel (ed.), Risk and the Law, 2009, S. 23 (32 ff.).

und 6 TKG), ändert daran nichts Grundsätzliches. Die Herstellung des „Benehmens" geht zwar über eine bloße „Anhörung" hinaus. Während diese lediglich auf eine gutachterliche oder interessenwahrende Einflussnahme des Anzuhörenden auf die Entscheidung abzielt, wird mit dem Erfordernis des „Benehmens" eine begrenzte Einbindung in die Entscheidungsverantwortung statuiert,[47] so dass die BNetzA die Position und Argumente der Landesbehörde zur Kenntnis nehmen und in ihre Abwägung einstellen muss. Gebunden ist sie an Antrag und Auffassung der Landesbehörden jedoch nicht.

V. Fazit

Auch wenn ihr Umfang alles andere als klar ist, weckt die Aussicht auf eine Ausschöpfung der „digitalen Dividende" Begehrlichkeiten – bei den Regulierern ebenso wie bei den potentiellen Nutzern. Im Mehr-Ebenen-System der Europäischen Union versuchen daher EU-Kommission, Bundesregierung und die für den Rundfunk zuständigen Landesbehörden ihre Vorstellungen von einer angemessenen Nutzung der „digitalen Dividende" möglichst durchzusetzen.

De lege lata ist freilich vor allem der nationale Gesetz- und Verordnungsgeber aufgerufen, die widerstreitenden Interessen in einen verhältnismäßigen Ausgleich zu bringen und sendetechnische, sozialpolitische und rundfunkspezifische Gesichtspunkte mit- und gegeneinander abzuwägen. Bei der Konkretisierung dieses Ausgleichs verfügt die nationale Regulierungsbehörde, die BNetzA, ungeachtet ihrer Einbindung in das Netzwerk der europäischen Regulierungsbehörden, über einen nicht unerheblichen Beurteilungs- oder Regulierungsspielraum. Da trifft es sich gut, dass der 12. RfÄndStV dem öffentlich-rechtlichen Rundfunk mit dem "Drei-Stufen-Test" die Hände ein wenig gebunden hat.

---

[47] KEK 383-3 vom 9. 10. 2007 – st. Spruchpraxis.

Konvergenz der Medien und neue Informationsangebote öffentlich-rechtlicher Rundfunkveranstalter: Hilft der Public-Value-Test?

CHRISTOPH DEGENHART

I. Ausgangssituation und Problemstellung 81
II. 12. RfÄndStV als Umsetzung des Beihilfekompromisses 82
III. Vorgaben des Gemeinschaftsrechts – die Notwendigkeit des Drei-Stufen-Tests... 84
    1. Rundfunkgebühr als Beihilfe...................... 84
    2. Erfordernis einer Auftragsdefinition................. 85
IV. Beihilfekompromiss und Drei-Stufen-Test................ 87
V. Auftragsdefinition: der Rundfunkauftrag als Ausgangspunkt des Drei-Stufen-Tests - Umsetzung des Beihilfekompromisses im 12. RfÄndStV 88
    1. Aufgabenbeschreibung, Sendungsbezug und zeitlicher Zusammenhang – Verfassungsrecht und Gemeinschaftsrecht in Konkordanz?... 88
    2. Aufgabenbezug und Online-Ermächtigung 89
    3. Überschießender Inhalt des Staatsvertrags? 90
VI. Inhalt und verfahrensmäßige Ausgestaltung des Drei-Stufen-Tests .. 91
    1. Die Ausgestaltung der Stufen 91
    2. Rechte privater Wettbewerber 92

I. Ausgangssituation und Problemstellung

Die öffentlich-rechtlichen Rundfunkanstalten, in der für sie neuen und ungewohnten Lage, sich für ihre Aktivitäten unter Rechtfertigungszwang zu sehen, empfinden die rechtlichen Vorgaben, insbesondere die im 12. Rundfunkänderungsstaatsvertrag vorgesehenen Bindungen für ihre neuen Informationsangebote im Bereich der Telemedien als ein zu enges Korsett, sehen sich in der Wahrnehmung ihres öffentlich-rechtlichen Auftrags gehindert, ihre verfassungsgerichtlich zugesicherte Entwicklungsgarantie verkürzt. Private Medienunternehmen als Anbieter insbesondere von Telemedien beklagen eine ungebremste und aus ihrer Sicht auf Grund der Gebührenfinanzierung wettbewerbsverzerrende Expansion der öffentlich-rechtlichen Rundfunkanstalten in eben diesem Bereich der Telemedien. Private Medienunternehmen, dies sind sowohl Presseunternehmen mit ihrem zusehends breitgefächerten Online-Angebot als auch private Rundfunkveranstalter. Medienpolitik und Mediengesetzgebung sehen sich zwischen Scylla und Charybdis der Vorgaben der Europäischen Kommission[1] einerseits, des Bundesverfassungsgerichts andererseits.[2] Sie sehen sich einerseits dem Gebührenzahler verpflichtet,[3] andererseits den Rundfunkanstalten, und sie sehen sich in ihrer Gestaltungskompetenz zusehends verdrängt. Die einfache Ausgangsfrage, ob der Public-Value-Test „hilft", erweist sich als durchaus vielschichtig – Hilfserwartungen und Hilfsbedürftigkeit der Beteiligten sind unterschiedlich.

II. 12. RfÄndStV als Umsetzung des Beihilfekompromisses

Die im 12. Rundfunkänderungsstaatsvertrag vorgesehenen Kriterien für digitale Zusatzangebote der öffentlich-rechtlichen Rundfunkanstalten und hier insbesondere für Telemedien sollen nun die Zusagen im Beihilfekompromiss[4] umsetzen und den Funktionsauftrag des öffentlich-rechtlichen Rundfunks als Bezugspunkt auch der Gebührenfinanzierung in der gemeinschaftsrechtlich geforderten und in einer verfassungsrechtlich zulässigen Weise definieren. Der Gesetzgeber begab sich hier auf eine schmale Gratwanderung. Denn einerseits musste den Vorgaben des Beihilfekompromisses zwischen der Bundesrepublik und der Kommission der Europäischen Gemeinschaften Rechnung getragen werden,[5] andererseits aber auch

---

[1]Vgl. Brief der Europäischen Kommission – GD Wettbewerb vom 03.03.2005 – D/51650 betr. Staatliche Beihilfen E 3/2005 (ex CP 232/2002, CP 2/2003, CP 43/2003, CP 195/2004 und CP 243/2004) - Die Finanzierung der öffentlich-rechtlichen Rundfunkanstalten – Deutschland und Mitteilung der Bundesregierung an die Europäische Kommission vom 06.05.2005; s. hierzu *Libertus*, in: Hahn/Vesting, Kommentar zum Rundfunkrecht, 2. Aufl. 2008, § 13 RStV Rn. 53; *Hain*, in: Neue Mediendienste und öffentlich-rechtlicher Rundfunk, Institut für Rundfunkrecht der Universität zu Köln, 2009, S. 7 (44 ff.); *Sokoll*, NJW 2009, 885 ff.

[2]Vgl. hierzu etwa *Hain* a.a.O, S. 7 ff.

[3]Vgl. zum Kriterium der angemessenen Belastung der Gebührenzahler BVerfGE 119, 181 (223 f.) unter Verweis auf BVerfGE 90, 60 (103 f.).

[4]Entscheidung der Europäischen Kommission vom 27. April 2007 K (2007) 1761 endg. im Verfahren E 3/2005; der Entscheidung liegt eine Einigung mit der Bundesregierung zugrunde (sog. „Beihilfekompromiss"); vgl. hierzu *Krausnick*, ZUM 2007, 806 (806 ff.).

[5]Vgl. zur Bedeutung der Zusagen der Bundesregierung *Hain*, a.a.O., S. 36 ff.

den Anforderungen des Art. 5 Abs. 1 S. 2 GG, der Anstalts- und Programmautonomie.[6] Der Drei-Stufen-Test ist ein Versuch, hier einen nach beiden Seiten hin schonenden Ausgleich vorzunehmen und die Definition des Rundfunkauftrags einer Konkretisierung im Verfahren zuzuführen.

Eine Schlüsselrolle wird hierbei dem sog. Drei-Stufen-Test zugewiesen. Drei-Stufen-Test und Public-Value-Test bedeuten nicht notwendig das Gleiche;[7] der Public-Value-Test wurde unter ganz anderen verfassungsrechtlichen und rundfunkrechtlichen Rahmenbedingungen von der BBC eingeführt und war auch nicht europarechtlich induziert; Public value[8] als Kriterium für neue Angebote bedeutet hiernach Wert für die Gebührenzahler als Individuen, Wert für die Gesellschaft als Ganzes und ökonomischer Gegenwert. Der Gedanke, für neue Angebote als Korrelat der Gebührenfinanzierung einen spezifischen Mehrwert für die Allgemeinheit zu fordern, einen „public value", wird mit dem Drei-Stufen-Test, wie er im Beihilfekompromiss in den Blick genommen wird, auch für die öffentlichrechtlichen Rundfunkanstalten fruchtbar gemacht. Gerade auch diese Forderung nach dem spezifischen Mehrwert belegt, dass die Anforderungen des Europarechts und des Verfassungsrechts keineswegs unvereinbar sind – fordert doch auch das Bundesverfassungsgericht in seinem Gebührenurteil vom 11. September 2007 sehr dezidiert, einer Gefahr der Erosion der Identifizierbarkeit öffentlich-rechtlicher Programme entgegenzuwirken.[9]

Für die Ausgangsfrage, ob der Public-Value-Test in der Ausgestaltung als Drei-Stufen-Test „hilft", ist also danach zu differenzieren, wer der Hilfe bedarf, wem und wozu der Drei-Stufen-Test helfen kann. So ist aus der Sicht der öffentlich-rechtlichen Rundfunkanstalten die nähere Fragestellung dahingehend zu konkretisieren, ob der Drei-Stufen-Test für sie hilfreich sein kann, ihre neuen Informationsangebote – im weitesten Sinn – auf eine gesicherte rechtliche Grundlage zu stellen und damit vor allem auch deren Finanzierung aus Rundfunkgebühren rechtlich abzusichern. Wenn sich andererseits private Veranstalter Hilfe vom Drei-Stufen-Test erhoffen, so ist die nähere Fragestellung dahingehend zu konkretisieren, ob und unter welchen Voraussetzungen ein derartiges Verfahren geeignet sein kann, eine duale Rundfunkordnung zu stabilisieren, gebührengestützten Wettbewerbsverzerrungen zu Lasten privater Medienunternehmen entgegenzuwirken, die Aktivitäten öffentlich-rechtlicher Rundfunkanstalten zu begrenzen. Schließlich geht es aus der Sicht der Medienpolitik, der Me-

---

[6]Vgl. *Wiedemann*, ZUM 2007, 800 (804 f.).
[7]Vgl. *Schulz*, Der Programmauftrag als Prozess seiner Begründung. Vorschläge zu Verfahren und Organisation des »Drei-Stufen-Tests« zur Selbstkonkretisierung des Funktionsauftrags öffentlich-rechtlicher Rundfunkanstalten, Kurzstudie im Auftrag der Friedrich-Ebert-Stiftung, 2008, S. 5.
[8]Vgl. *Held*, Online-Angebote öffentlich-rechtlicher Rundfunkanstalten, 2008, S. 140 ff.; *Schulz* a.a.O., S. 5 f.
[9]BVerfGE 119, 181 (220).

diengesetzgebung, vor allem darum, den Vorgaben aus dem Beihilfekompromiss nachzukommen, gleichzeitig aber die grundrechtliche Autonomie der Rundfunkanstalten zu wahren.

III. Vorgaben des Gemeinschaftsrechts – die Notwendigkeit des Drei-Stufen-Tests

1. Rundfunkgebühr als Beihilfe

Die Notwendigkeit einer genaueren Definition des Rundfunkauftrags insbesondere – aber keineswegs nur – für neue digitale Kanäle und neue Online-Angebote wird in erster Linie gemeinschaftsrechtlich begründet. Wenn die Rundfunkgebühren unter den Beihilfebegriff des Art. 87 Abs. 1 EGV fallen, wovon die Kommission ausgeht,[10] sind sie nur unter den Voraussetzungen des Art. 86 Abs. 2 EGV zulässig.[11] Gefordert ist dann eine klare Auftragsdefinition, gefordert sind Beauftragung der Anstalt und Kontrolle; schließlich darf die Gebührenfinanzierung nicht zu Wettbewerbsverzerrungen führen, muss verhältnismäßig sein.[12]

Klare Beauftragung wird an sich bereits im Amsterdamer Protokoll gefordert,[13] doch glaubten Rundfunkanstalten und Rundfunkgesetzgeber dies bis zum aktuellen Beihilfeverfahren umgehen zu können. Ob nun die Rundfunkgebühr unter den Beihilfebegriff fällt, hierüber besteht offener Dissens, doch hatte die Bundesrepublik letztlich den europäischen Standpunkt zu akzeptieren. Im Übrigen war die öffentlich-rechtliche Euphorie nach PreussenElektra[14] und Altmark-Trans[15] verfrüht. Der EuGH hat in anderem Zusammenhang die Einwände des staatsfernen Gebührenfestsetzungsverfahrens und der nicht unmittelbar aus Haushaltmittel erfolgenden Gebührenfinanzierung der Rundfunkanstalten beiseite geschoben, als

---

[10] Entscheidung der Europäischen Kommission vom 27. April 2007 K (2007) 1761 endg. Tz. 74 ff.

[11] Zur umstrittenen Frage der Beihilfequalität s. *Degenhart*, Öffentlich-rechtlicher Rundfunk und Freizeitparks, 2001, S. 118 ff.; *ders.* AfP 2005, 493 (495 ff.); *Storr*, K&R 2002, 464 (466 ff.), dort auch zur Praxis der EU-Kommission; zu den Konsequenzen aus *EuGH*, Slg. 2001, I-2099 – PreussenElektra sowie aus *EuGH*, EuZW 2003 S. 496– Altmark Trans, s. z.B, *Koenig/Haratsch*, ZUM 2003, 804 (804 ff.); tatsächlich bezieht sich *EuGH*, EuZW 2003, 496 – Altmark Trans nicht auf das Merkmal des staatlichen Charakters der Beihilfe, sondern auf die Frage des notwendigen wirtschaftlichen Vorteils, ebenso die in diesem Zusammenhang gelegentlich erwähnte Entscheidung *EuGH*, Slg. 2001, I-9067 – Ferring SA.

[12] Vgl. Rundfunkmitteilung der Kommission: „Mitteilung über die Anwendung der Vorschriften über staatliche Beihilfen auf den öffentlich-rechtlichen Rundfunk, 2001/C 320/04, ABl. vom 15.11.2001, C320.

[13] Näher *Degenhart*, AfP 2005, 493 (493 ff.).

[14] *EuGH*, Slg. 2001, I-2099 – PreussenElektra.

[15] *EuGH*, Slg. 2003, I-7747 – Altmark.

es um die Frage überwiegend staatlicher Finanzierung der Rundfunkanstalten ging.[16] Rechtsgrundlage der Gebühr ist, so der EuGH, der Rundfunkstaatsvertrag, also ein staatlicher Akt und nicht ein Rechtsgeschäft – hierin unterscheidet sie sich von der Einspeisungsvergütung in der Sache PreussenElektra.[17] Sie wird zudem unabhängig von der Inanspruchnahme einer Leistung der Rundfunkanstalt geschuldet: allein das Bereithalten eines Rundfunkempfangsgeräts löst die Gebührenpflicht aus. Ob die Finanzmittel den öffentlichen Haushalt durchlaufen, ist nicht entscheidend[18]; entscheidend ist vielmehr allein, dass die Gebühr durch staatlichen Akt eingeführt wurde, staatlich garantiert wird und hoheitlich geltend gemacht wird.[19] Es scheint eher fernliegend, dass der EuGH in der Beihilfefrage einen prinzipiell anderen Standpunkt einnehmen würde.

2. Erfordernis einer Auftragsdefinition

Damit aber gelten die genannten Kriterien – Auftragsdefinition, Beauftragung und Kontrolle, Verhältnismäßigkeit für die Angebote des öffentlich-rechtlichen Rundfunks. Bei der genaueren Definition des Rundfunkauftrags insbesondere für neue digitale Kanäle und neue Online-Angebote[20] soll nun der Drei-Stufen-Test helfen. Nur ein nachvollziehbar gefasster Rundfunkauftrag, dessen Grenzen eingehalten werden, wird auf Dauer die Akzeptanz der Gebührenfinanzierung bei den Rundfunkteilnehmern sichern, diese andererseits aber europafest machen,[21] stellt einerseits sicher, dass sie nach Primärrecht der EG, nach der Protokollerklärung zum Vertrag von Amsterdam gemeinschaftsrechtlich unbedenklich ist, weil sie dem öffentlich-rechtlichen Auftrag, „wie er von den Mitgliedstaaten den Anstalten über-

---

[16] *EuGH*, JZ 2008, 564 (564 ff.) m. Anm. *Degenhart*, JZ 2008, 568 (568 f.) – Bayerischer Rundfunk u.a. ./. GEWA.

[17] *EuGH*, Slg. 2001, I-2099 – PreussenElektra; v. *Koenig/Kühling*, ZUM 2001, 537 (537) vorschnell als Schlusspunkt unter der Kontroverse eingeschätzt; vgl. *Degenhart*, AfP 205, 493 (496); *ders.*, SächsVBl 2005, 129 (131); *Thum*, NVwZ 2007, 521 (524); *Grzeszick*, NVwZ 2008, 608 (611 ff.).

[18] *EuGH*, JZ 2008, 564 (564 ff.) m. Anm. *Degenhart*, JZ 2008, 568 (568 f.) – Bayerischer Rundfunk u.a. ./. GEWA.

[19] Bund und Länder haben ebenso wie die Rundfunkanstalten stets für die Bestimmung des § 98 Nr. 2 GWB ebenso wie für die Vorläuferbestimmung des § 57 a Abs. 1 Nr. 2 HGrG die Auffassung vertreten, dass deren Tatbestandsmerkmale der überwiegenden staatlichen Finanzierung bzw. der staatlichen Aufsicht über die Leitung der Anstalten nicht erfüllt sind, hierzu die Begründung zum Entwurf eines Zweiten Änderungsgesetzes zum HGrG, BT-Dr. 12/436, S. 20 sowie Begründung zum Entwurf des VgRÄG, BT-Dr. 13/4390 zu § 107; kritisch hierzu *Schröder*, ZUM 2000, 209 (226); *Motzke/Pietzcker/Prieß/Marx*, VOB-Kommentar, 1. Aufl. 2001, § 98 GWB, Rn. 34.

[20] Hierfür auch *Grzeszick*, NVwZ 2008, 608 (614).

[21] So auch *Bullinger*, Die Aufgaben des öffentlichen Rundfunks, 1999, S. 31 ff.

tragen, festgelegt und ausgestaltet wird, dient",[22] kann andererseits dazu beitragen, die grundrechtlich fundierte Rundfunkordnung mit Gemeinschaftsrecht in Konkordanz zu bringen.[23]

Während nun die allgemein gehaltene Auftragsdefinition für den öffentlich-rechtlichen Rundfunk, wie sie in § 11 Abs. 1 RStV formuliert und im Wege einer Selbstregulierung durch die Anstalten näher konkretisiert wird, als in gemeinschaftsrechtlicher Hinsicht hinreichend tragfähig anerkannt wird,[24] bestehen Defizite hinsichtlich der Telemedien[25] (Mediendienste) und digitalen Zusatzkanäle – für sie tritt der öffentlich-rechtliche Auftrag, sollte er denn gegeben sein,[26] nicht gleichermaßen deutlich zutage, wie im Bereich des herkömmlichen, des „klassischen" Rundfunks.[27]

Die Kommission bestreitet nicht, dass der öffentliche Auftrag, der die Gebührenfinanzierung erst rechtfertigt, auch neue Dienste umfassen kann, sofern diese denselben demokratischen, sozialen und kulturellen Bedürfnissen der Gesellschaft dienen,[28] hält andererseits das Kriterium des vorwiegenden Programmbezugs[29] für nicht hinreichend aussagekräftig. Die Auftragsdefinition ist Sache der Mitgliedstaaten, solange sie nicht schwerwiegend fehlerhaft erfolgt. Sie ist aber auch Verpflichtung der Mitgliedstaaten. Deshalb ist es nicht ausreichend, wenn sie ausschließlich den öffentlich-rechtlichen Rundfunkanstalten und ihren internen Aufsichtsgremien, etwa auch im Wege von Selbstverpflichtungserklärungen überlassen bleibt.[30] Denn wenn es auch den Rundfunkanstalten obliegt, im Rahmen des öffentlichen Auftrags nach publizistischen Kriterien über den Inhalt der Angebote zu entscheiden,[31] muss es gleichwohl zu Konflikten führen, wenn die internen Aufsichtsgremien einerseits positiv den Auftrag der Rundfunkanstalten in Programmleitlinien zu definieren haben, insoweit an den Programmfunktionen der Anstalten teilhaben, andererseits die Einhaltung des Programmauftrags zu kontrollieren haben und hierbei

---

[22] Ebenso *Hoffmann-Riem*, Regulierung der dualen Rundfunkordnung, 2000, S. 191; kritisch zur mangelnden Berücksichtigung des Amsterdamer Protokolls durch die Kommission *Krausnick*, ZUM 2007, 806 (812 f.).

[23] So auch *Schulz*, Der Programmauftrag als Prozess seiner Begründung. Vorschläge zu Verfahren und Organisation des »Drei-Stufen-Tests« zur Selbstkonkretisierung des Funktionsauftrags öffentlich-rechtlicher Rundfunkanstalten, Kurzstudie im Auftrag der Friedrich-Ebert-Stiftung, 2008.

[24] Vgl. Entscheidung der Europäischen Kommission K (2007) 1761 endg. Tz. 224 f.

[25] Vgl. *Grzeszick*, NVwZ 2008, 608 (613 f.).

[26] Vgl. *Degenhart*, Der Funktionsauftrag des öffentlich-rechtlichen Rundfunks in der „digitalen Welt", 2001, S. 73 ff.

[27] *Grzeszick*, NVwZ 2008, 608 (613).

[28] Vgl. hierzu *Hain* a.a.O. S. 28 ff.

[29] Für weite Auslegung *Grzeszick*, NVwZ 2008, 608 (610).

[30] Kritisch zu Selbstverpflichtungserklärungen *Krausnick*, ZUM 2007, 806 (808); s. auch *Degenhart*, K&R 2005, 295 (298); zum 12. RfÄndStV s. *Klickermann*, MMR 2008, 793 (795).

[31] Entscheidung der Europäischen Kommission K (2007) 1761 endg. Tz. 251.

als Organe der Anstalt sich deren institutionstypischen Expansionsinteressen,[32] ihrem Selbstbehauptungs- und Ausweitungsinteresse[33] nicht ohne weiteres zu entziehen vermögen. Die Struktur der Aufsicht über öffentlich-rechtlichen Rundfunk stammt aus der Zeit des öffentlich-rechtlichen Monopols.[34] Sie ist der Wettbewerbssituation der dualen Ordnung nur mehr bedingt adäquat, wenn die Aufsichtsorgane sich primär ihrer Anstalt verpflichtet fühlen – auch diesen Rollenkonflikt zu überwinden, sollte der Drei-Stufen-Test Hilfestellung bieten.

IV. Beihilfekompromiss und Drei-Stufen-Test

Um den Einwänden der Kommission Rechnung zu tragen, hat die Bundesrepublik unter Beibehaltung ihres Rechtsstandpunktes bestimmte Vorgehensweisen vorgeschlagen, insbesondere ein Verfahren der Auftragsdefinition, innerhalb dessen dem Drei-Stufen-Test eine Schlüsselrolle zugewiesen wird.[35] Die Kommission hat diese Vorschläge akzeptiert. Die Zusagen der Bundesrepublik sind nunmehr umzusetzen. Der Drei-Stufen-Test ist seinerseits eingebunden in ein wiederum auf drei Ebenen zu realisierendes Verfahren: auf einer ersten legislativen Ebene soll die gesetzliche Auftragsdefinition erfolgen; diese wird auf einer zweiten Ebene durch die Anstalten näher konkretisiert; auf einer dritten Ebene endet das Verfahren mit der Prüfung und Feststellung durch die Länder im Rahmen ihrer Rechtsaufsicht.

Auf der Ebene der Konkretisierung des gesetzlichen Auftrags soll dann der Drei-Stufen-Test eingreifen. Für alle neuen und veränderten Telemedienangebote werden die Rundfunkanstalten verpflichtet, einen dreistufigen Test durchzuführen. Zur Feststellung, wann ein neues oder verändertes Angebot vorliegt, haben die Rundfunkanstalten in Richtlinien und Satzungen transparente und überprüfbare Kriterien zu entwickeln und niederzulegen, § 11f Abs. 2 S. 1 RStV i.d.F. d. 12. RfÄndStV.[36] Von einem veränderten Angebot ist nach der gesetzlichen Vorgabe in § 11f Abs. 3 S. 2 RStV i.d.F. d. 12. RfÄndStV insbesondere dann auszugehen, wenn die inhaltliche Gesamtausrichtung des Angebots oder die angestrebte Zielgruppe verändert wird.

---

[32]Vgl. BVerfGE 87, 181 (200 ff.).
[33]So erneut BVerfGE 119, 181 (218 f.). unter Bestätigung von BVerfGE 87, 181 (200 ff.).
[34]Vgl. näher *Degenhart*, ZUM 1997, 153 (153 ff.).
[35]Vgl. hierzu *Schulz*, Der Programmauftrag als Prozess seiner Begründung Vorschläge zu Verfahren und Organisation des »Drei-Stufen-Tests« zur Selbstkonkretisierung des Funktionsauftrags öffentlich-rechtlicher Rundfunkanstalten, Kurzstudie im Auftrag der Friedrich-Ebert-Stiftung, 2008.
[36]Vgl. Entscheidung der Europäischen Kommission K (2007) 1761 endg. Tz. 329 f.

Für jedes neue Angebot ist nach § 11f Abs. 4 RStV i.d.F. d. 12. RfÄndStV zum Ersten zu prüfen,

(1) inwieweit es den demokratischen, sozialen und kulturellen Bedürfnissen der Gesellschaft entspricht; dies ist aus europäischer Sicht entscheidende Voraussetzung dafür, dass das Angebot vom Rundfunkauftrag umfasst wird und damit aus Gebühren finanziert werden darf. Das Angebot muss Bestandteil des Auftrags sein; um dies feststellen zu können, muss der Auftrag selbst gesetzlich, also staatsvertraglich, näher definiert werden.[37]

Zu prüfen ist zum Zweiten, (2) in welchem Umfang das Angebot in qualitativer Hinsicht zum publizistischen Wettbewerb beiträgt. Einzubeziehen sind Umfang und Qualität der vorhandenen Angebote einerseits, marktrelevante Auswirkungen und meinungsbildende Funktion des vorgesehenen Angebots andererseits; diese Kriterien sind in Abwägung zueinander zu bringen.

Schließlich ist zum Dritten zu prüfen, (3) welcher finanzieller Aufwand für die Erbringung des Angebots erforderlich ist.

Der so vorgesehene Drei-Stufen-Test orientiert sich also am Vorbild des Public-Value-Tests, ist mit diesem aber nicht gleichzusetzen.[38] Er ist auch auf Angebote auszudehnen, die über den 31.05.2009 hinaus fortgeführt werden, wie sich aus der Überleitungsvorschrift in Art. 7 Abs. 1 des 12. RfÄndStV ergibt.

V. Auftragsdefinition: der Rundfunkauftrag als Ausgangspunkt des Drei-Stufen-Tests - Umsetzung des Beihilfekompromisses im 12. RfÄndStV

1. Aufgabenbeschreibung, Sendungsbezug und zeitlicher Zusammenhang – Verfassungsrecht und Gemeinschaftsrecht in Konkordanz ?

Der 12. Rundfunkänderungsstaatsvertrag dient der Umsetzung dieses Beihilfekompromisses – auch er ist ein Kompromiss zwischen den Forderungen des Gemeinschaftsrechts und denen des öffentlich-rechtlichen Rundfunks. Der vorliegende 12. Rundfunkänderungsstaatsvertrag erfährt Kritik von Seiten der Rundfunkanstalten wie ihrer privaten Konkurrenten, hat also die Vermutung einer gewissen Ausgewogenheit für sich. § 11d RStV

---

[37]Vgl. *Schulz,* Der Programmauftrag als Prozess seiner Begründung. Vorschläge zu Verfahren und Organisation des »Drei-Stufen-Tests« zur Selbstkonkretisierung des Funktionsauftrags öffentlich-rechtlicher Rundfunkanstalten, Kurzstudie im Auftrag der Friedrich-Ebert-Stiftung, 2008, S. 5 ff.
[38]Näher *Schulz* a.a.O., S. 5 f.; *Sokoll* NJW 2009, 885 ff.

i.d.F. d. 12. RfÄndStV soll nun die geforderte Auftragsdefinition für Telemedien vornehmen. Dies ist entscheidende Voraussetzung für einen funktionsfähigen Drei-Stufen-Test; er setzt eine hinreichend klare normative Auftragsdefinition voraus. Der vorliegende 12. Rundfunkänderungsstaatsvertrag enthält eine allgemein gehaltene Aufgabenbeschreibung in jenem leicht idealisierenden Duktus, wie er auch die Rechtsprechung des Bundesverfassungsgerichts beherrscht und den öffentlich-rechtlichen Rundfunk in die Nähe einer medialen Volkshochschule rückt – Orientierungshilfe, Medienkompetenz und Teilhabe am Informationszeitalter für alle Bevölkerungsgruppen und Generationen sind zweifellos zu begrüßen, inhaltlich ist damit nicht sonderlich viel gewonnen.

Damit belässt es der 12. Rundfunkänderungsstaatsvertrag jedoch nicht. Mit dem Kriterium des Sendungsbezugs wird das des Programmbezugs, das sich nicht als sonderlich trennscharf erwiesen hatte,[39] weiter konkretisiert; mit den vorgesehenen zeitlichen Grenzen[40] wird eine typisierende Ausgestaltung des Online-Auftrags des öffentlich-rechtlichen Rundfunks unter dem Gesichtspunkt des Sendungsbezugs vorgenommen. Wenn hier die Detailliertheit dieser Regelungen kritisiert wurde, so ist dem zu entgegnen: Eine gewisse Detailliertheit ist notwendig, auch aus verfassungsrechtlichen Gründen, als Grundlage auch für die Tragweite der Finanzierungsgarantie für den öffentlich-rechtlichen Rundfunk, als Grundlage also für die Bedarfsermittlung durch die KEF.

2. Aufgabenbezug und Online-Ermächtigung

Die gesetzliche Auftragsdefinition in § 11d RStV i.d.F. d. 12. RfÄndStV hält am Programmbezug fest – der Entwurf gebraucht nunmehr den Begriff des Sendungsbezugs. Ein eigenständiger und programmunabhängiger Online-Auftrag[41] ist aus dieser Auftragsdefinition nicht herleitbar. Er wird auch im Gebührenurteil des Bundesverfassungsgerichts vom 11. September 2007 nicht gefordert und folgt auch nicht aus der Entwicklungsgarantie für öffentlich-rechtlichen Rundfunk. Auch eine Entwicklungsgarantie für neue Inhalte und neue Verbreitungsformen, wie sie im Gebührenurteil in der Tat angesprochen wird,[42] bleibt programmbezogen[43] und ist strikt funktionsgebunden zu sehen. Der Senat spricht von der Aktualität des Hör- und

---

[39] Vgl. *Grzeszick*, NVwZ 2008, 608 (613).
[40] Vgl. hierzu *Hain* a.a.O., S. 53 ff.
[41] S. für Online-Dienste *Hoffmann-Riem*, Regulierung der dualen Rundfunkordnung, 2000, S. 229 ff.; *Jarass*, Online-Dienste und Funktionsbereich des Zweiten Deutschen Fernsehens, 1997, S. 12 ff., 21 ff.; *Degenhart*, Online-Angebote öffentlich-rechtlicher Rundfunkanstalten, 1998, S. 55 ff. sowie *ders.*, Der Funktionsauftrag des öffentlich-rechtlichen Rundfunks in der „digitalen Welt", 2001, S. 56 ff., 62 ff.
[42] BVerfGE 119, 181 (218 f.).
[43] So auch *Grzeszick*, NVwZ 2008, 608 (613 f.).

Fernsehfunks und der besonderen Suggestivkraft des Mediums auf Grund des Anscheins hoher Authentizität.[44] Er betont durchweg den Programmbezug und spricht etwa im zweiten Rundfunkgebührenurteil von neuen programmbezogenen Diensten.[45] Wenn diesen Wirkungsmöglichkeiten zusätzliches Gewicht auf Grund neuer Technologien, die eine Vergrößerung und Ausdifferenzierung des Angebots und der Verbreitungsformen und -wege gebracht sowie neuartige programmbezogene Dienstleistungen ermöglicht haben, zugeschrieben wird, so wird damit am Leitbild des Rundfunkprogramms festgehalten. Eine programmunabhängige Expansionsermächtigung folgt hieraus nicht.[46]

Verfassungsrechtlich bestehen hiergegen keine durchgreifenden Einwände. Die Gesetzgebung ist zur Ausgestaltung der Rundfunkordnung nicht nur befugt, sondern verpflichtet – von diesem Verfassungsauftrag ist auch der Funktionsauftrag des öffentlich-rechtlichen Rundfunks erfasst. Der Gesetzgeber ist keineswegs gehalten, den öffentlich-rechtlichen Rundfunkanstalten plein pouvoir zu geben – quantitativ orientierte, klar berechenbare und objektive Auftragsdefinitionen wie die zeitlichen Grenzen des § 11d RStV i.d.F. des 12. RfÄndStV wirken dabei jener Gefahr manipulativen Einwirkens am besten entgegen, die durch die Ausgestaltung der Rundfunkordnung vermieden werden soll, deshalb sind auch Programmzahlbegrenzungen zulässig. Die in § 11d RStV i.d.F. des 12. RfÄndStV vorgesehenen Auftragsbegrenzungen in zeitlicher Hinsicht sind zudem funktionsadäquat, da es gerade Aktualität und Breitenwirkung des Mediums sind, die die verfassungsrechtliche Sonderstellung des Rundfunks begründen. Da andererseits auch nach Ablauf der Verweildauer unter den näheren Voraussetzungen des § 11d RStV i.d.F. des 12. RfÄndStV und nach Maßgabe der Telemedienkonzepte nach § 11f RStV i.d.F. des 12. RfÄndStV Angebote aus dem Kernbereich des öffentlich-rechtlichen Rundfunkauftrags eröffnet sind, ebenso wie die Bereithaltung von Archivangeboten, ist auch den Erfordernissen der Verhältnismäßigkeit genügt, soweit sie auf der Ebene der Grundrechtsausgestaltung zu beachten sind (was das Bundesverfassungsgericht im Urteil zu Medienbeteiligungen politischer Parteien bekanntlich bestätigt).[47]

3. Überschießender Inhalt des Staatsvertrags?

Der Einwand, der Gesetzgeber gehe im Rahmen des Drei-Stufen-Tests damit ohne Not über die Festlegungen im Beihilfekompromiss hinaus, ist schon deshalb unter verfassungsrechtlichen Gesichtspunkten unerheblich:

---

[44] BVerfGE 119, 181 (214 f.) unter Verweis auf BVerfGE 97, 228 (256).
[45] BVerfGE 119, 181 (214 f.).
[46] Vgl. *Grzeszick*, NVwZ 2008, 608 (614).
[47] *BVerfG*, NVwZ 2008, 658 (658 ff.).

die Auftragsdefinition ist Sache des mitgliedstaatlichen Gesetzgebers. Dass eine konkrete Auftragsdefinition vorzunehmen ist, dies allerdings wird durch Gemeinschaftsrecht zwingend gefordert. Dies ist Voraussetzung für die europarechtliche Akzeptanz der Gebührenfinanzierung[48]. Denn nur dann ist sie nach der Protokollerklärung zum Vertrag von Amsterdam gemeinschaftsrechtlich unbedenklich, wenn sie dem öffentlich-rechtlichen Auftrag, „wie er von den Mitgliedstaaten den Anstalten übertragen, festgelegt und ausgestaltet wird, dient"[49]. Eben deren klare Festlegung kann dazu beitragen, die grundrechtlich fundierte Rundfunkordnung mit Gemeinschaftsrecht in Konkordanz zu bringen. Die Sieben-Tage-Regel des § 11d Abs. 2 RStV i.d.F. des 12. RfÄndStV ist in dieser Form sicher nicht im Beihilfekompromiss festgelegt. Dessen Forderungen sind allgemeiner gefasst. Sie müssen gleichwohl realisiert werden. Die Bestimmungen der §§ 11 d – f RStV i.d.F. des 12. RfÄndStV bezeichnen eine mögliche Ausgestaltung der Rundfunkordnung, um diesen Forderungen nachzukommen, andere Gestaltungen mögen denkbar sein. Fraglich könnte allenfalls sein, ob mit den zahlreichen Ausnahmen die Auftragsdefinition nicht bereits wieder die geforderte Klarheit verliert.

VI. Inhalt und verfahrensmäßige Ausgestaltung des Drei-Stufen-Tests

1. Die Ausgestaltung der Stufen

Die Ausgestaltung der ersten Stufe des Drei-Stufen-Tests beruht auf der gesetzlichen Aufgabenbeschreibung des Rundfunkstaatsvertrags durch den 12. RfÄndStV. Sie ist zweifellos hilfreich für den öffentlich-rechtlichen Rundfunk – dies insbesondere dadurch, dass Rechtssicherheit begründet wird. Im Ablauf des Prüfverfahrens sind es die Rundfunkanstalten, die Auftragskonformität und public value zu beurteilen haben. Es geht also darum, was der öffentlich-rechtliche Rundfunk innerhalb des dualen Systems zu leisten hat. Der Rundfunkstaatsvertrag sieht nunmehr vor, dass die Anstalten in Satzungen und Richtlinien nachvollziehbare Kriterien festlegen, die sie in jedem Einzelfall bei der Entscheidung der Frage anzuwenden haben, in welchen Fällen ein neues oder verändertes Telemedienangebot vorliegt, wie auch generell Satzungen und Richtlinien für die Durchführung ihres Auftrags. Dies läuft auf Selbstverpflichtungen der Anstalten hinaus, deren Effizienz bislang nicht verifiziert ist.[50] Welches nun

---
[48] So auch *Bullinger*, Die Aufgaben des öffentlichen Rundfunks, 1999, S. 31 ff.
[49] Ebenso *Hoffmann-Riem*, Regulierung der dualen Rundfunkordnung, 2000, S. 191.
[50] Vgl. die differenzierte Einschätzung bei *Schulz*, Der Programmauftrag als Prozess seiner Begründung. Vorschläge zu Verfahren und Organisation des »Drei-Stufen-Tests« zur Selbstkonkretisierung des Funktionsauftrags öffentlich-rechtlicher Rundfunkanstal-

die „demokratischen, sozialen und kulturellen Bedürfnisse" der Gesellschaft sind, dazu machen weder Beihilfekompromiss noch Rundfunkstaatsvertrag nähere Angaben.[51] Insofern dürfte auf der ersten Prüfungsstufe keine entscheidende Eingrenzung möglich sein, der Drei-Stufen-Test in erster Linie für die Anstalten hilfreich sein.

Der entscheidende Prüfungsschritt dürfte auf Stufe (2) erfolgen: Hier geht es um den Beitrag des öffentlich-rechtlichen Angebots zum Wettbewerb in qualitativer Hinsicht; insofern geht es auch um public value. Die hier zu treffende Beurteilung ist bestimmend für die Wettbewerbssituation und damit für die Belange der privaten Akteure. Hier wird die entscheidende Zuordnung im dualen System getroffen, erfolgt dessen Ausgestaltung. Entscheidende Frage in der Verfahrensgestaltung ist daher die Entscheidungszuständigkeit auf Stufe (2). Sie im Binnenbereich der Anstalten zu belassen, dürfte die Zielerreichung nachhaltig schwächen.[52] Es bedurfte immer wieder der Anstöße von außen, um problematische Aktivitäten öffentlich-rechtlicher Rundfunkanstalten wie die vielzitierte „Dritte Programmsäule" Internet[53] und weitere Funktionsüberschreitungen oder doch exzessive Auftragsdefinitionen auf ein mit dem Programmauftrag des öffentlich-rechtlichen Rundfunks verträgliches Maß zurückzuführen – auch wenn nicht zu verkennen ist, dass die binnenpluralen Gremien der Rundfunkanstalten problembewusster geworden sind und auch selbstbewusster agieren.[54]

2. Rechte privater Wettbewerber

Der Gesetzgeber ist nicht gehindert, den privaten Akteuren Positionen im Verfahren einzuräumen. Eine andere Frage ist, ob aus der im Rahmen des Drei-Stufen-Tests vorgesehenen Verpflichtung, die marktrelevanten Auswirkungen öffentlich-rechtlicher Angebote zu prüfen, Abwehrrechte der durch eben jene marktrelevanten Auswirkungen betroffenen Wettbewerber hergeleitet werden können.

---

ten, Kurzstudie im Auftrag der Friedrich-Ebert-Stiftung, 2008, S. 25 ff.; kritisch auch *Grzeszick*, NVwZ 2008, 608 (613); *Klickermann*, MMR 2008, 793 (795).

[51] *Klickermann*, MMR 2008, 793 (796).
[52] Vgl. auch *Grzeszick*, NVwZ 2008, 608 (613).
[53] Vgl. kritisch zum Online-Auftrag *Müller-Terpitz*, AfP 2008, 335 (340).
[54] Zur Gremiendebatte s. *Lilienthal* (Hrsg.), Professionalisierung der Medienaufsicht, 2009, mit Beiträgen von *Eumann, Kleist, Reiter, Stadelmaier, Elitz, Bettin, Kepplinger, Huber, Doetz, Jarren, Otto, Raff, Degenhart, Hilker, Kunert, Kleinsteuber, Polenz, Giersch, Frahm, Hömberg.*

a) Verfassungsrecht: Bestandsschutz?

Grundsätzlich gilt für Abwehrrechte privater Dritter öffentlich-rechtlicher und wettbewerbsrechtlicher Natur, dass Schutz im Wettbewerb besteht, nicht Schutz vor dem Wettbewerb. Das Verfassungsrecht kennt nur ausnahmsweise negatorischen Bestandsschutz.[55] Was die Auswirkungen für die Wettbewerbssituation der privaten Konkurrenten, etwa der privaten Presse insbesondere in der Spielart der elektronischen Presse und der privaten Rundfunkveranstalter betrifft, so ist allerdings anzumerken, dass ein negatorischer Bestandsschutz, also ein Abwehrrecht gegen, ein Schutz vor Konkurrenz verfassungsrechtlich nur ganz ausnahmsweise begründet werden kann. Das Grundrecht der Pressefreiheit in Art. 5 Abs. 1 S. 2 GG schützt die Institution einer freien Presse. Ist die freie Presse als Institution gefährdet, dann erst darf der Gesetzgeber zugunsten der Presse in den Wettbewerb eingreifen, dann muss er aber auch eingreifen. Nichts anderes gilt im Blick auf den privaten Rundfunk im dualen System. Unterhalb dieser Schwelle einer Gefährdung der Institution der freien Presse aber können unmittelbar grundrechtlich abgeleitete Abwehrrechte nicht geltend gemacht werden.

b) Verwaltungsrecht: Schutznorm?

Der Gesetzgeber ist allerdings nicht gehindert, Abwehrrechte privater Wettbewerber zu begründen, jene Normen, die die Aktivitäten der öffentlich-rechtlichen Rundfunkanstalten begrenzen, also als drittschützende Normen i.S.d. Schutznormtheorie[56] auszugestalten. Die aktuelle Fassung des Rundfunkstaatsvertrags dürfte nicht zwingend für die Annahme einer Schutznorm zugunsten privater Wettbewerber sprechen. So bewegen sich die Beteiligungsrechte Dritter mit der „Gelegenheit zur Stellungnahme" auf niedriger Stufe, wie auch der Kreis der „Dritten" nicht näher spezifiziert wird; über die „marktlichen Auswirkungen" als Bewertungskriterium dürfte sich der begünstige Adressatenkreis nicht ohne weiteres hinreichend präzise abgrenzen lassen. Wenn andererseits nicht sendungsbezogene presseähnliche Angebote ausdrücklich ausgeschlossen werden, so kann eine Auslegung des § 11 f Abs. 5 RStV i.d.F. des 12. RfÄndStV im Sinn einer Schutznorm zugunsten der Presse nicht von vornherein als ausgeschlossen gelten – ersichtlich geht es mit der Beschränkung presseähnlicher Angebote um den Schutz der privaten Presse als Institution. Nach den Intentionen der Vertragsparteien jedoch sollten Rechtsstellungen Drit-

---

[55] Zur Frage eines Bestandsschutzes für die Presse s. *Degenhart*, AfP 1987,649 ff. sowie *BonnK/Degenhart*, GG, 122. EL 2006, Art. 5 I, II GG, Rn. 474.
[56] Zur Schutznormtheorie s. *Schoch/Schmidt/Aßmann/Pietzner*, VwGO, Bd. I, 16. Ergänzungslieferung 2008, Vorb. § 42 Abs. 2 VwGO, Rn. 94 ff. m. w. N.

ter nicht begründet werden.⁵⁷ Dies wird die Praxis der Rechtsanwendung und insbesondere die Rechtsprechung zu klären haben. Auch wenn der Bestimmung des § 11 f Abs. 5 RStV i.d.F. des 12. RfÄndStV Schutznormcharakter beigemessen werden sollte, bleibt zu klären, wann ein Angebot auf Grund seiner marktlichen Auswirkungen unzulässig wird. Dies könnte dann etwa erwogen werden, wenn auf Grund des öffentlich-rechtlichen Angebots andere Angebote verdrängt werden und hierdurch sich publizistische Vielfalt mindert.

c) Wettbewerbsrecht: Marktverhaltensregelung?

Ob wettbewerbsrechtliche Ansprüche bereits dann geltend gemacht werden können, wenn öffentlich-rechtliche Rundfunkanstalten sich über gesetzliche Auftragsbegrenzungen hinwegsetzen, erscheint nach neuem UWG nicht unproblematisch. Für die bis 2004 geltende Fassung des UWG war umstritten, ob es nur das „wie" oder auch das „ob" der wirtschaftlichen Betätigung der öffentlichen Hand erfasste.⁵⁸ Nach der Vorschrift des § 4 Nr. 11 UWG in der seit 2004 geltenden Fassung verhält sich derjenige unlauter, der „einer gesetzlichen Vorschrift zuwiderhandelt, die auch dazu bestimmt ist, im Interesse der Marktteilnehmer das Marktverhalten zu regeln". Damit soll, wie schon nach der bis 2004 geltenden Fassung des UWG, im Interesse der Lauterkeit des Wettbewerbs verhindert werden, dass einzelne Marktteilnehmer sich im Wettbewerb einen „Vorsprung durch Rechtsbruch" verschaffen. Allein die Missachtung von Marktzutrittsschranken dürfte damit nach der Neufassung des UWG noch keine wettbewerbsrechtlichen Abwehransprüche auslösen.⁵⁹ Andererseits kann auch Marktzutrittsregelungen eine auf die Lauterkeit des Wettbewerbs bezogene Schutzfunktion zukommen.⁶⁰ Dies kann dann insbesondere der Fall sein, wenn eine Regelung mit dem Marktzutritt auch die aufzunehmende Tätigkeit selbst erfasst. Es handelt sich dann um Regelungen mit „Doppelfunktion".⁶¹ Normen, die allgemein die wirtschaftliche Betätigung der öffentlichen Hand betreffen, können sich

---

⁵⁷Vgl. *Schulz*, Der Programmauftrag als Prozess seiner Begründung. Vorschläge zu Verfahren und Organisation des »Drei-Stufen-Tests« zur Selbstkonkretisierung des Funktionsauftrags öffentlich-rechtlicher Rundfunkanstalten, Kurzstudie im Auftrag der Friedrich-Ebert-Stiftung, 2008, S. 11.

⁵⁸Vgl. für die weitergehende letztere Ansicht *Emmerich*, Das Recht des unlauteren Wettbewerbs, 1998, S. 27; *Baumbach/Hefermehl*, Wettbewerbsrecht, 21. Aufl. 1999, § 1 UWG, Rn. 932 ff.

⁵⁹Für die seit 2004 geltende Fassung des UWG wird davon ausgegangen, dass allein gegen den Marktzutritt der öffentlichen Hand keine Abwehransprüche bestehen, vgl. *Lehmler*, UWG, 1. Aufl. 2007, § 4 Rn. 142 ff.

⁶⁰Vgl. hierzu *Harte-Bavendamm/Henning-Bodewig/v. Jagow*, UWG, 1. Aufl. 2004, § 4 Nr. 11 UWG, Rn. 47; *Piper/Ohly/Pieper*, UWG, 4. Aufl. 2006, § 4 Nr.11 UWG, Rn. 46.

⁶¹Vgl. *Hefermehl/Köhler/Bornkamm/Köhler*, Wettbewerbsrecht, 25. Aufl. 2007, § 4 UWG Rn. 11.49; *Piper/Ohly/Pieper*, UWG, 4. Aufl. 2006, § 4 Nr.11 UWG, Rn. 46.

also sowohl als Marktzutritts- als auch als Marktverhaltensschranken auswirken. Für die Anwendung des § 4 Nr. 11 UWG genügt es jedenfalls nach dem Wortlaut der Norm, dass die in Frage stehende Regelung „auch" dazu bestimmt ist, im Interesse der Marktteilnehmer das Marktverhalten zu regeln.[62] Die Rechtsprechung im Wettbewerbsrecht jedenfalls scheint dazu zu neigen, Zulässigkeit und Grenzen wirtschaftlicher Betätigung der öffentlichen Hand als Frage allein des öffentlichen Rechts zu sehen und der Entscheidung durch die hierfür zuständigen Gerichte zuweisen zu wollen.[63] Wettbewerbsrechtliche Abwehransprüche auf der Grundlage der Aufgabenbestimmungen des 12. RfÄndStV sind daher eher zurückhaltend einzuschätzen.

---

[62]Weitergehend für potentiell lauterkeitsbezogene Schutzfunktion auch von Marktzutrittsregelungen *Harte-Bavendamm/Henning-Bodewig/v. Jagow*, UWG, 1. Aufl. 2004, § 4 Nr. 11 UWG, Rn. 47.
[63]BGHZ 150, 343 (346) - Elektroarbeiten, kritisch hierzu *Piper/Ohly/Pieper*, UWG, 4. Aufl. 2006, § 4 Nr.11 Rn. 43.

Konvergenz der Medien und neue Informationsangebote der öffentlich-rechtlichen Rundfunkveranstalter: Hilft der Public-Value-Test?

Norbert Wimmer

1. Im **Zeitalter der Medienkonvergenz** müssen sich Medienunternehmen neu erfinden: Dies gilt für die Presseverlage, die ein nachhaltiges Geschäftskonzept zu entwickeln versuchen, indem sie ihre Geschäftstätigkeit in die Bereiche des Rundfunks, herkömmlicher Internet-Angebote oder neuer Internet-Communities erstrecken. In anderer Weise gilt dies aber auch für die öffentlich-rechtlichen Rundfunkanstalten. Diese sorgen sich um ihre *publizistische* Relevanz, da die Nutzung ihrer linearen Medienangebote durch das jüngere Publikum merklich zurückgeht. Die Öffentlich-Rechtlichen erklären mit dieser Begründung ihre Präsenz im Internet, bis hin zu Plattformen wie Zattoo oder YouTube, strategisch zur Überlebensnotwendigkeit.

2. *Dass* **Informationsangebote** zum Kern des öffentlich-rechtlichen Rundfunkauftrags gehören, ist materiell unbestritten – anders als bei manchen Unterhaltungsangeboten. Die Frage, die ein *Public-Value-Test* nach britischem Vorbild oder ein *Drei-Stufen-Test* nach dem Konzept des 12. RfÄndStV auch für solche Angebote beantworten muss, ist allerdings, in welcher Vielzahl und Ausdifferenzierung, in welchen *Darreichungsformen* und auf welchen *Verbreitungswegen* sie einen Mehrwert für die Öffentlichkeit schaffen, der die Gebührenfinanzierung dieser Angebote rechtfertigt – und ggf. auch die Inkaufnahme von Kollateralschäden bei konkurrierenden privaten Angeboten.

3. Auch wenn es den privaten Medienunternehmen idealtypisch um *Geschäfts*chancen, den öffentlich-rechtlichen Rundfunkanstalten hingegen um *publizistische* Wirkung geht, so besteht doch ein unübersehbarer *Interessenantagonismus*, selbst soweit eine Werbefinanzie-

rung öffentlich-rechtlicher Angebote ausgeschlossen wird. Die Geschäftschancen der Privaten hängen von einer maximalen Aufmerksamkeit für ihre Angebote ab, wie sie sich in Einschaltquoten, Clicks oder der Bereitschaft zum Kauf von Pay-Produkten widerspiegeln. Diese Aufmerksamkeit wird auch – vielleicht sogar *gerade* – durch gebührenfinanzierte, werbefreie öffentlich-rechtliche Angebote vermindert, selbst wenn diese „nur" publizistisch in Konkurrenz zu privaten Angeboten treten. Eine solche Beeinträchtigung kann nur private Medienunternehmen unbeeindruckt lassen, deren Marken und Produkte ohnehin hinreichender öffentlicher Aufmerksamkeit gewiss sein können (wie etwa die „Bild"-Produkte der Springer-Gruppe).

4. Nur ein hinreichend klares Verständnis des **Legitimationsgrundes** des öffentlichen Rundfunks und seiner Gebührenfinanzierung ermöglicht es, die Gemeinwohlformel des „*Public Value*" so weit zu konkretisieren, dass sie als *Entscheidungskriterium* für die Zulässigkeit neuer gebührenfinanzierter Angebote handhabbar gemacht werden kann. Lag der Legitimationsgrund des öffentlichen Rundfunks ursprünglich darin, Zugangschancen zur knappen Ressource „Frequenzen" gerecht zu *verteilen* – im Sinne einer binnenpluralen Ausgewogenheit der die Meinungsbildung beeinflussenden Rundfunkangebote –, so war seine spezifische Funktion beim Übergang zur dualen Rundfunkordnung die Sicherstellung einer umfassenden und qualitativ anspruchsvollen (Grund-)Versorgung. Angesichts der heute praktisch unbegrenzten Verfügbarkeit von Übertragungskapazität und zahlreicher hochwertiger „außenpluraler" Telemedien-Angebote (gerade auch Informationsangebote) der privaten Qualitätsverlage sind diese alten Legitimationsmuster allerdings nur noch eingeschränkt stichhaltig.

5. Ein neuer allgemeiner Konsens über die Rolle des öffentlichen Rundfunks und die Rechtfertigung der Abgabenerhebung zu seiner Finanzierung scheint nicht in Sicht. Hier hilft auch der **12. RfÄndStV** mit seiner Definition des Auftrags des öffentlichen Rundfunks nicht weiter. Nicht zufällig hat das alte Bild vom „elektronischen Kiosk" Konjunktur, das die Möglichkeit einer umfassenden Liberalisierung der elektronischen Medienmärkte in Analogie zur Presse suggeriert. Demgegenüber ist konzeptuell jedoch weiterhin unklar, ob der öffentliche Rundfunk (i) ein *umfassendes paralleles öffentliches Angebot* zu nahezu allen privaten Medienformaten bis hin zu Casting-Shows oder der Übertragung von Profiboxkämpfen bereitstellen soll, ob er (ii) ein *Leuchtturm* sein soll, der – nimmt man die Metapher ernst – das Publikum vor den Untiefen gefährlich seichter privater Angebote warnen soll, oder doch eher (iii) eine Art *Musterbetrieb*, der den privatwirtschaftlichen Akteuren vorbildhaft zeigt, welche Medien-Produkte

sich entwickeln und kultivieren lassen, so wie Domänen oder gewerbliche Musterbetriebe *aufgeklärter Landesfürsten* die Entwicklung des jeweiligen Landesgebiets fördern sollten.

6. Im Sinne eines solchen *Musterbetriebs* (iii) lässt sich die medienpolitische Rhetorik interpretieren, die den öffentlich-rechtlichen (Telemedien-)Angeboten die Rolle einer „*Insel der Qualität*" im Meer des Internets zuschreibt – ohne freilich die Legitimationsfrage zu problematisieren, welche Rolle den abgabenfinanzierten öffentlich-rechtlichen *Qualitäts-Inseln* im Verhältnis zum *Archipel* privater (Qualitäts-)Angebote zukommen soll. Die Entwicklungslogik der öffentlich-rechtlichen Anstalten weist, unter Berufung auf und wohl auch im Einklang mit der tradierten verfassungsgerichtlichen Formel von der „*Bestands- und Entwicklungsgarantie*" des öffentlichen Rundfunks, denn auch eher in die Richtung eines umfassenden Parallelangebots (i).

7. Auch die Medienpolitik vollzieht bei der *gesetzlichen Ausgestaltung* des öffentlichen Rundfunks im Grundsatz diese Entwicklungslogik nach. Sie konzentriert sich auch im dualen Rundfunksystem auf den Versuch, die **Entwicklungsinteressen** des öffentlichen und des privaten Sektors **auszubalancieren**. Tat sie dies bei linearen gebührenfinanzierten Programmangeboten herkömmlich durch die Begrenzung der Programmzahl und der Finanzierungsquellen, so nimmt der 12. RfÄndStV nunmehr *Abschied von einer solchen quantitativen Begrenzung*, was das eingesetzte Gebührenvolumen angeht. Die bisherige Selbstbeschränkung der Anstalten wird gegenstandslos. Ob stattdessen der Drei-Stufen-Test eine hinreichende Balance zwischen öffentlichen und privaten Angeboten bewirken kann, muss aus heutiger Sicht als offen gelten. Denn der 12. RfÄndStV nennt für die Bewertung des *Public Value* keine griffigen, subsumierbaren materiellen Kriterien und etabliert auch keine unabhängige Kommission – etwa nach dem Vorbild des BBC Trust –, sondern setzt mit dem sog. Drei-Stufen-Test auf eine *verfahrensrechtlich vorstrukturierte* **anstaltsinterne Lösung**. Zu dieser Lösung gehören Regelungen über die erforderlichen Darlegungen zur Begründung des geplanten neuen Angebots und zu seinen möglichen Auswirkungen, insbesondere auf den privaten Sektor. Dabei muss auch der *Öffentlichkeit* Gelegenheit zur Stellungnahme gegeben und zumindest ein externes Gutachten zu den „marktlichen Auswirkungen" des geplanten Angebots eingeholt werden (vgl. § 11f RStV, hier und nachfolgend zitiert i.d.F. des 12. RfÄndStV, der zum 01.06.2009 in Kraft treten soll).

8. Zu weitergehenden Regelungen zwingt auch nicht das **europäische Beihilfenrecht**, dessen Anforderungen der 12. RfÄndStV umsetzen

soll. Das Beihilfenrecht fordert, dass die Definition des öffentlichen Auftrags hinreichend präzise ist, um auf ihrer Grundlage das Maß der erforderlichen Finanzierung aus öffentlichen Mitteln bestimmen zu können. Dem wird dadurch Genüge getan, dass der finanzielle Aufwand für neue Telemedien-Angebote im Rahmen des Prüfverfahrens explizit benannt werden muss (s. § 11f Abs. 3 S. 2 Nr. 3 RStV). Den Anforderungen des Beihilfenrechts genügt es aber, wenn der nationale Gesetzgeber Transparenz schafft und zu einem fairen Wettbewerb beiträgt, indem er die öffentliche Finanzierung auf das erforderliche Maß beschränkt (das von der KEF bestätigt werden muss) und jegliche Quersubventionierung zwischen den „privilegierten" abgabenfinanzierten Aufgabenbereichen – Dienstleistungen von allgemeinem wirtschaftlichen Interesse i.S.v. Art. 86 Abs. 2 EG – einerseits und kommerziellen Tätigkeiten andererseits unterbunden wird. Auch dieser Aufgabe entspricht der 12. RfÄndStV durch eine klare Trennung zwischen öffentlicher Aufgabe und kommerziellen Tätigkeiten des öffentlichen Rundfunks (vgl. §§ 16a ff. RStV). Dass die im 12. RfÄndStV vorgesehene anstaltsinterne Prüfung und „Eigenerklärung" der Anstaltsgremien zum *Public Value* eines geplanten neuen Angebots den gemeinschaftsrechtlichen Anforderungen an die Bestimmung des öffentlichen Auftrags nicht genüge, hat auch die Kommission zwar zwischenzeitlich angedeutet, letztlich aber nicht mit letzter Konsequenz vertreten wollen. Welche Annahmen zu Prüf- und Einwirkungsbefugnissen von Rechtsaufsicht und Judikatur die Kommission bei ihrer „Bestätigung" des 12. RfÄndStV als „Schlusserklärung" zum Beihilfenstreit zugrunde gelegt hat, und wie realistisch diese Annahmen sind, mag hier dahinstehen.

9. Vor diesem Hintergrund sieht der 12. RfÄndStV eine Präzisierung der abstrakten **Auftragsbeschreibung in § 11 RStV** sowie eine Auflistung linearer und Abrufdienste des öffentlichen Rundfunks in §§ 11 a ff. RStV vor. § 11 Abs. 1 RStV beschreibt in Anlehnung an die ständige Rechtsprechung des BVerfG den *Public Value* des öffentlichen Rundfunks „als Medium und Faktor" der öffentlichen und privaten Meinungsbildung. Seine Angebote sollen „der Bildung, Information, Beratung und Unterhaltung" dienen, wobei die Anstalten insbesondere Beiträge zur Kultur anbieten und auf ein „öffentlich-rechtliches Angebotsprofil" auch der Unterhaltungssendungen achten sollen (§ 11 Abs. 1 S. 4 und 5 RStV). Diese Postulate sind abstrakt unangreifbar, taugen jedoch kaum zur Subsumtion, wenn es um die Zulassung neuer gebührenfinanzierter Telemedien-Angebote geht.

10. Die **Balancierung** konkurrierender Entwicklungsinteressen des öffentlichen und des privaten Rundfunks soll nach dem 12. RfÄndStV

im Bereich der *linearen* Programmangebote weiterhin durch die Begrenzung der *Zahl* der öffentlich-rechtlichen Programme erfolgen (vgl. §§ 11b und 11c RStV). Im Bereich der *Telemedien*-Angebote sieht der RfÄndStV ein differenziertes System von Grenzziehungen vor. Die Grenze für die Gebührenfinanzierung neuer Angebote zieht § 11d RStV für die Bereitstellung von Sendungen und sendungsbezogener Telemedien *zum Abruf* zunächst pauschal bei einer Verweildauer von (bis zu) *sieben Tagen* (s. i.E. § 11d Abs. 2 Nr. 1 und 2 RStV). Der Gesetzgeber sieht also in der *ausstrahlungsnahen Abrufbarkeit* solcher Inhalte einen *Public Value*, der die Gebührenfinanzierung des Abruf-Angebots rechtfertigt. Mit Blick auf öffentliche Diskussionen, die sich jedenfalls an die *Erst*ausstrahlung insbesondere einer Informationssendung anschließen mag, ist diese pauschalierende Regelung plausibel – bei jeder der unbegrenzt möglichen Wiederholungen von Sendungen immer weniger: Hier liegt erkennbar ein Schlupfloch aus der Enge der zeitlichen Bindung.

11. Die Gebührenfinanzierung von Angeboten mit einer *längeren* Verweildauer sowie *unbefristet* bereitgestellter Archive mit zeit- und kulturgeschichtlichen Inhalten ist dagegen nur nach Maßgabe eines im **Drei-Stufen-Test** nach § 11f RStV im Einzelfall bestätigten Konzepts zulässig (s. § 11d Abs. 2 Nr. 3 und 4 RStV). *Kommerzielle* Angebote der Öffentlich-Rechtlichen bleiben hierneben zeitlich und sachlich unbegrenzt möglich; bei *„geringer Marktrelevanz"* brauchen sie nicht einmal durch rechtlich selbständige *Tochtergesellschaften* erbracht zu werden (s. §§ 16a ff. RStV).

12. Das materielle Problem des Drei-Stufen-Tests nach § 11f RStV liegt darin, dass der 12. RfÄndStV keine Definition eines *Public Value* trifft, die eine Unterscheidung zwischen neuen Angeboten, die eine Gebührenfinanzierung *rechtfertigen*, und solchen, die dies *nicht* tun, möglich machen würde: Materiell findet sich in § 11f RStV nur die Regelung zur **ersten Teststufe**, es seien *„Aussagen darüber zu treffen"*, *„inwieweit das Angebot den demokratischen, sozialen und kulturellen Bedürfnissen der Gesellschaft entspricht"* (§ 11f Abs. 3 S. 2 Nr. 1 RStV). Als Differenzierungs- und damit als Entscheidungskriterium taugt diese Formel ersichtlich kaum: Denn für welches neue Angebot (zumal Informationsangebot) sollte ein solches gesellschaftliches Bedürfnis nicht darzulegen sein?! Vor diesem Hintergrund wird bei den Darlegungen gegenüber dem zuständigen internen Gremium die *qualifizierende* Beschreibung des gesehenen Bedürfnisses und eine Aussage zur *Dringlichkeit* seiner Befriedigung im Mittelpunkt stehen müssen. Auch hieran wird ein neues Angebot freilich selten scheitern: Entweder kann eine *breite* und aus diesem Grund dringliche Nachfra-

ge dargestellt werden, die eine Landgewinnung – das Anlegen einer neuen Insel der Qualität – rechtfertigt, oder es soll umgekehrt ein Gruppen- oder *Minderheiten*interesse befriedigt werden, das – im Sinne der komplementären, Marktdefizite kompensierenden Rolle des öffentlich-rechtlichen Rundfunks – ein gebührenfinanziertes Angebot *erst recht* rechtfertigt.

13. Gemäß § 11f Abs. 3 S. 2 Nr. 2 und 3 RStV obliegt es der Rundfunkanstalt sodann auf **zweiter und dritter Stufe** des Tests, den qualitativen Beitrag des neuen Angebots zum publizistischen Wettbewerb und den hierfür erforderlichen finanziellen Aufwand zu beschreiben. Zu dem *Entscheidungsmaterial*, das vor Aufnahme des neuen Angebots zu berücksichtigen ist, zählen ferner Quantität und Qualität der *vorhandenen frei zugänglichen* Angebote und die *marktlichen Auswirkungen* des geplanten Angebots (Abs. 3 S. 3). Bemerkenswert ist hierbei die Beschränkung auf die Berücksichtigung *frei zugänglicher* Angebote: Ausgeblendet werden dürfen insoweit nach einer Lesart der Bestimmung Pay-Angebote – was den zuständigen Gremien jedoch nicht die Beantwortung der Frage erspart, warum es gerechtfertigt sein soll, ein Angebot, für das eine zahlungsbereite Nachfrage der tatsächlichen Nutzer besteht, durch ein „umlagefinanziertes" Angebot zu ergänzen, d.h. de facto wohl: zu verdrängen, und die hierdurch belasteten Gebührenzahler zur Finanzierung eines Angebots zu zwingen, das sie überwiegend nicht wünschen (sonst wären sie Abonnenten geworden); worin besteht dann aber die Finanzierungsverantwortung der Gemeinschaft der Gebührenzahler? – Zu den marktlichen Auswirkungen des neuen Angebots auf bestehende Free-Angebote ist demgegenüber zwingend eine Beratung durch einen externen Gutachter einzuholen (Abs. 4 S. 4 ff.); insgesamt muss Dritten zu allen Aspekten des neuen Angebots *Gelegenheit zur Stellungnahme* gegeben werden (Abs. 4 S. 1 ff.).

14. Der Gesetzgeber gibt damit Regeln für die **Zusammenstellung des Entscheidungsmaterials** vor, jedoch keine expliziten Maßstäbe für die Entscheidung über die Zulassung eines neuen Angebots: Unklar sind bereits die Kriterien für die Bewertung des *Public Value* eines neuen Angebots. Dunkel bleiben vor allem die Maßstäbe für die *Verrechnung* des erhofften (publizistischen) „*Mehrwerts*" eines neuen gebührenfinanzierten Angebots gegen die (sowohl publizistische als auch kommerzielle) Beeinträchtigung vorhandener privater Angebote. Zugespitzt gefragt: Soll es aus Sicht des Gesetzgebers einen Vorrang für Angebote geben, die der Markt und die gesellschaftliche Sphäre bereits selber hervorgebracht haben – wie im Bereich der Presse, wo auf abgabenfinanzierte öffentliche Angebote

verzichtet wird, auch wenn beispielsweise einige Regionalzeitungsmärkte sicherlich aus publizistischer Sicht Defizite aufweisen. Das zur Rechtfertigung eines neuen Angebots nahe liegende Argument, durch das Hinzutreten eines neuen öffentlich-rechtlichen Qualitätsangebots werde der publizistische Wettbewerb in jedem Fall gefördert und angesichts dieses Gemeinwohleffekts müssten entgegenstehende kommerzielle Interessen zurücktreten – ohnehin gebe es keinen Schutz vor dem Hinzutreten neuer Wettbewerber –, mögen private Medienunternehmen als zynisch empfinden. Hier wirkt sich aber schlicht aus, dass auch der 12. RfÄndStV nicht zwischen dem Konzept eines umfassenden öffentlichen Parallelangebots und dem der Beschränkung auf die Kompensation von Marktdefiziten – im Sinne der Subsidiarität öffentlicher gegenüber gesellschaftlichen Angeboten – entscheidet. Es liegt auf der Hand, dass es vor diesem Hintergrund zur *self-fulfilling-prophecy* werden kann, mit Gebührenmitteln ein Archipel öffentlich-rechtlicher Qualitätsinseln anzulegen, weil die private Publizistik solche Qualitätsangebote nicht ausreichend bereitzustellen vermöge, und sich anschließend zu wundern, dass die – zahlungsbereite – Aufmerksamkeit für private Angebote mit ähnlicher Qualität und in ähnlicher „außenpluraler" Quantität wie im Pressebereich nicht ausreicht.

15. Die Entscheidung über die Zulassung neuer öffentlich-rechtlicher Angebote ist hiernach *materiell* nur **schwach determiniert**, indem der Gesetzgeber eine Reihe zu ermittelnder und zu berücksichtigender Gesichtspunkte für die Entscheidung vorgibt, aber keine Direktiven für die zu treffende Abwägungsentscheidung nennt. Welches Gewicht den sachlich widerstreitenden Belangen jeweils zukommt, bleibt damit offen. Dies bedeutet für die Praxis der Zulassung neuer Angebote: Mangels subsumierbarer materieller Vorgaben des Gesetzgebers kommt den Organisations- und Verfahrensregelungen des 12. RfÄndStV praktisch ausschlaggebende Bedeutung zu. *Pointiert gesagt*: **Für die Praxis ist entscheidend, *wessen* Beurteilung der Sachlage und *wessen* Abwägungsentscheidung aufgrund materiell defizitärer gesetzlicher Vorgaben letztlich *nicht* kontrolliert wird.** Ein Mindestmaß an Konsens über das positive Abwägungsergebnis soll freilich § 11f Abs. 6 RStV gewährleisten, der einerseits die Verpflichtung des Gremiums zu einer sorgfältigen **Begründung** seiner Entscheidung – auch als Bezugspunkt ihrer rechtlichen Überprüfung – vorsieht, und zum anderen ein **Quorum** bezogen auf die anwesenden und gesetzlichen Mitglieder des Gremiums. Diese Verfahrenssicherungen erscheinen sachlich angemessen, weil sie – eine gewisse gesellschaftliche Repräsentanz des zuständigen Gremiums unterstellt – das materielle Kriterium reflektieren,

dass ein *Public Value*, über den kein hinreichend breiter gesellschaftlicher Konsens besteht, wohl schwerlich so gewichtig sein kann, dass seinetwegen öffentliche Abgaben erhoben werden können. Die Betonung der Begründungspflicht durch den Gesetzgeber dürfte zudem zur Folge haben, dass eine nachträgliche Korrektur von Fehlern oder eine Begrenzung von Fehlerfolgen grundsätzlich nicht in Betracht kommt, sondern die fehlerhafte Entscheidung jeweils wiederholt werden muss. Die gerade im Planungsrecht in den letzten Jahrzehnten von der Rechtsprechung und dem Gesetzgeber etablierten Instrumente der Fehlerfolgen-Begrenzung bis hin zum Gerichtsverfahren können auf Fehler beim Drei-Stufen-Test also nicht ohne Weiteres übertragen werden.

16. Aus praktischer Sicht bleibt abzuwarten, wie die zuständigen Gremien der Rundfunkanstalten, die Rechtsaufsicht der Staatskanzleien und schließlich die Gerichte ihre jeweiligen Rollen interpretieren werden. Organisationssoziologisch liegt die Annahme nahe, dass **interne Gremien** sich einer Expansion des Tätigkeitsfelds der eigenen Anstalt nicht unbedingt mit großem Nachdruck widersetzen werden, oder wenn sie es tun, dann jedenfalls schwerlich mit Rücksicht auf publizistische oder geschäftliche Interessen der privaten Konkurrenz. Daher erscheint zweifelhaft, ob es *strukturell* glücklich ist und eine zur Gewährleistung einer fairen Abwägungsentscheidung geeignete Organisations- und Verfahrensregelung darstellt, die Bewertung der positiven Effekte des anstaltseigenen neuen Angebots sowie die Gewichtung gegenläufiger Belange privater Konkurrenten in die Hand des zuständigen Gremiums der Rundfunkanstalt zu legen, wie § 11f RStV dies vorsieht. Dass die Kommission diese Lösung aus beihilfenrechtlicher Perspektive im Ergebnis nicht beanstandet hat, belegt noch nicht, dass es sich bei dieser Regelung um einen Höhepunkt der Gesetzgebungskunst handelt. Weniger angreifbar ist es jedenfalls, die Beurteilung dieser Fragen nach britischem Vorbild einem gesonderten staatsfreien Gremium zu übertragen – vergleichbar einer Medienanstalt.

17. Der **Rechtsaufsicht** wird in § 11f Abs. 6 RStV eine quasi notarielle Rolle zugewiesen, indem sie den ordnungsgemäßen Verfahrensgang zu gewährleisten hat. Mangels materieller Maßstäbe des Gesetzes für die Tarierung der berührten Belange ist allerdings nur begrenzt vorstellbar, dass sich aus rechtlicher Sicht Bedenken gegen eine Entscheidung des zuständigen Gremiums der Anstalt erheben lassen. Die Rechtsaufsicht dürfte – ähnlich einem Gericht oder der Kommunalaufsicht bei der Überprüfung einer Planungsentscheidung – praktisch auf die Kontrolle der Einhaltung der gesetzlichen Verfahrensbestim-

mungen beschränkt sein. Die eigentliche Willensentscheidung, das Angebot zuzulassen oder nicht, die Bewertung der durch Gutachten, Stellungnahmen und ggf. eigene Ermittlungen des Gremiums festgestellten „Kosten-Nutzen"-Relation obliegt der Rechtsaufsicht dagegen nicht: Sie ist nach dem gesetzlichen Konzept insbesondere nicht dazu berechtigt, ihre eigene – und noch so gut begründete – Auffassung zur Angemessenheit eines neuen Angebots an die Stelle der Entscheidung des zuständigen – dem Anspruch nach: gesellschaftlich-pluralistisch besetzten – Gremiums zu setzen. Gleichwohl öffnet sich hier ein weites Feld für Argumentationen insbesondere der von der Zulassungsentscheidung betroffenen privaten Wettbewerber gegenüber der Rechtsaufsicht, insbesondere wenn präventiver Rechtsschutz auf anderem Weg nicht zu erlangen ist.

18. Damit fällt das juristische Augenmerk auf die Frage, ob und ggf. mit welchen Maßgaben privaten Wettbewerbern im Falle der Zulassung eines gebührenfinanzierten Angebots auch der Weg vor die **Gerichte** offen steht, namentlich mit dem Argument, die *Auswirkungen* des neuen Angebots auf die vorhandenen privaten Angebote seien unzutreffend ermittelt und unterschätzt worden – eine Zulassung dürfe nicht erfolgen, zumindest müsse aber die Entscheidung des Gremiums wiederholt werden. Ein solches Recht auf fehlerfreie Abwägung der entscheidungsrelevanten Belange der betroffenen privaten Medienunternehmen wird im 12. RfÄndStV zumindest nicht ausdrücklich anerkannt. Es wird allerdings umgekehrt wohl auch nicht dadurch ausgeschlossen, dass es in der Begründung zu § 11f Abs. 5 heißt, die *Möglichkeit der Stellungnahme* solle „*keine subjektiven Rechte Dritter*" begründen. Denn das Recht zur Stellungnahme ist ein Jedermannsrecht der Öffentlichkeit – und regelmäßig begründet nicht die formale Einreichung einer Stellungnahme eine wehrfähige Rechtsposition, entscheidend ist vielmehr die materielle Rechtslage.

19. Private Medienunternehmen genießen materiell aber sicherlich nur eingeschränkt Schutz gegen gebührenfinanzierte Konkurrenzangebote der öffentlichen Hand. Ein *Recht auf gerechte Abwägung* ihrer Belange dürfte ihnen aber, wenn nicht bereits von Verfassungs wegen, so jedenfalls mit Blick auf § 11f Abs. 3 RStV zuzuerkennen sein. Wenn bei der Zulassungsentscheidung die marktlichen Auswirkungen des geplanten Angebots auf die vorhandenen (frei zugänglichen) Angebote ausdrücklich gutachterlich zu ermitteln und in der Zulassungsentscheidung maßgeblich zu berücksichtigen sind, erschiene es rechtsstaatlich zweifelhaft, jegliche Rechtsschutzmöglichkeit von vornherein auszuschließen. Richtigerweise wird ein betroffenes privates Medienunternehmen zumindest insoweit eine gerichtliche Überprüfung

beanspruchen können, wie es rügt, dass die marktlichen Auswirkungen des geplanten öffentlichen Angebots auf sein eigenes Angebot nicht (ausreichend) ermittelt oder sie nicht mit dem diesem Belang unter Berücksichtigung der Intention des Gesetzgebers zukommenden Gewicht in die Abwägungsentscheidung des zuständigen Gremiums eingestellt worden sind. Darüber hinaus mag ein „Recht auf gerechte Abwägung" auch unter Gesichtspunkten des publizistischen Wettbewerbs berührt sein, wenn einschlägige Stellungnahmen nicht oder evident unzutreffend gewürdigt worden sind.

20. Was die *Beurteilung* der *marktlichen Auswirkungen* angeht, dürften die in der Entscheidungsbegründung zum Ausdruck kommenden Einschätzungen des entscheidenden Gremiums auch **voll justiziabel** sein. Dies ist auch bei entsprechenden Einschätzungen in kartellrechtlichen Verfahren der Fall, ohne dass das Bundeskartellamt gegenüber den Gerichten eine Einschätzungsprärogative unter dem Gesichtspunkt überragender Sachkompetenz beanspruchen könnte. Eine Prärogative des zuständigen Gremiums der Rundfunkanstalt wäre noch viel weniger zu rechtfertigen, insbesondere nicht unter dem Gesichtspunkt besonderer Sachkunde, denn sonst wäre das Gremium insoweit nicht gem. § 11f Abs. 4 S. 4 Hs. 2 RStV zur Einschaltung eines sachverständigen externen Gutachters verpflichtet. Dass das Gremium aufgrund seiner pluralistischen Zusammensetzung in besonderer Weise zur Beurteilung der marktlichen Auswirkungen berufen sein könnte, ist auszuschließen. Eine Prärogative werden die Gerichte unter diesem Gesichtspunkt jedoch möglicherweise hinsichtlich des *Werturteils* anerkennen, ob ungeachtet der festgestellten Quantität und Qualität privater Angebote die Etablierung eines neuen gebührenfinanzierten öffentlichen Angebots „lohnt", selbst unter Inkaufnahme erheblicher „Kollateralschäden" auf der privaten Seite. Außer im Falle krasser Unverhältnismäßigkeit der vom Gremium dargelegten Nutzen-/Kosten-Relation – etwa bei absehbarer Marktverdrängung eines Privaten durch ein neues, gleichgerichtetes öffentliches Angebot – ist es kaum zu erwarten, dass die Gerichte die vom Gesetzgeber unterlassene Konkretisierung des Legitimationsgrunds des öffentlichen Rundfunks bei Gelegenheit einer solchen Einzelfallentscheidung nachholen; hierfür ist sie denn doch zu offenkundig und zu stark von politischen Präferenzen abhängig. Den Privaten bleibt damit insgesamt wenig mehr als die Hoffnung, dass sich nicht nur die Gerichte in *„self-restraint"* üben.

Urhebervertragsrechtliche Grenzen der Verwertung geschützter Werke im Internet

THOMAS DREIER

I. Konvergenz und (Urheber)Recht 107
II. IP-TV, Internet-TV und Handy-TV: Technik und Begriffe 110
III. Urheberrechtliche Einordnung 111
    1. Originäre Tätigkeit 112
    2. Weiterleitungstätigkeit 116
    3. Eigenes Leistungsschutzrecht des IP-TV-, Internet-TV- und Handy-TV-Providers? 119
IV. Auswirkungen auf das Vertragsrecht 119
V. Grenzüberschreitende Fragen 123
VI. Abschließende Überlegungen 125

I. Konvergenz und (Urheber)Recht

Konvergenz der Medien – Konvergenz des Rechts? Diese Frage hat nicht lediglich medienrechtliche Implikationen, sie berührt vielmehr auch das Urheberrecht. Das hat einen einfachen Grund: Das Urheberrecht knüpft für die Zuerkennung von Rechten wie auch hinsichtlich der diese begrenzenden Schrankenbestimmungen an jeweils unterschiedlich umschriebene Verwertungshandlungen an. Das aber führt direkt zum Thema der Konvergenz. Lassen sich die im Gesetz umschriebenen und hinsichtlich ihrer Regelung unterschiedenen urheberrechtlich relevanten Verwertungshandlungen in der technischen Wirklichkeit aufgrund konvergenter Technologien nämlich nicht mehr trennscharf unterscheiden, so wird sowohl die Vorhersehbarkeit als auch die Nachprüfbarkeit der rechtlichen Subsumtion der neuen technischen Sachverhalte unter die bestehenden (alten) rechtlichen Normen zum Problem. Das hat sich im Urheberrecht zunächst vor allem bei der Abgrenzung von Privatkopie, Kopienversand und Pressespiegel gezeigt, sowie in jüngerer Zeit bei der Abgrenzung von Personal-Online-

Videorecorder und Serverdiensten.[1] Hat der BGH im ersten Beispiel – wenngleich in mancher Hinsicht sehr zur Überraschung der Parteien – noch eine Lösung gefunden,[2] so darf man gespannt sein, wie er sich in der zweiten Hinsicht aus der Affäre ziehen wird.

Auch vorliegend geht es um derartige Konvergenz – und mithin zugleich um urheberrechtliche Einordnungsfragen. Der Gesetzgeber hat nämlich die ihm bei Erlass des Urheberrechtsgesetzes seinerzeit bekannten „klassischen" Wege der drahtlosen wie der drahtgebundenen öffentlichen Mitteilung alle im Rahmen des Senderechts nach § 20 UrhG umschrieben. Erfasst waren zu Beginn insbesondere der klassische terrestrische Rundfunk und die seinerzeit wohl einzig bekannte drahtgebundene Übermittlung geschützter Werke im Rahmen des Telefonrundspruchs.[3] Die Norm des § 20 UrhG war seinerzeit durchaus technologieoffen formuliert, so dass nachfolgend vergleichsweise problemlos auch Satelliten- und Kabelrundfunk darunter subsumiert werden konnten. Schwierigkeiten bereiteten dann erstmals die zeitgleiche Weitersendung sowie die Einordnung kleinerer Anlagen hinsichtlich ihrer Qualifikation als urheberrechtspflichtige Sende- oder als urheberrechtsfreie Empfangsanlagen.[4] Problematisch war – und ist – dann vor allem die Einstellung geschützter Werke ins Internet, bei der es typischerweise an der Gleichzeitigkeit der Nutzung fehlt, so dass Zweifel bestehen, ob und inwieweit hier noch das Senderecht einschlägig ist. Für das Konvergenzproblem ohne Bedeutung ist dabei, ob man insoweit eine Differenzierung zwischen Sendung (§ 20 UrhG) und unbenannter öffentlicher Wiedergabe (§ 15 Abs. 2 UrhG) vornehmen will, oder ob man – wie nachfolgend auch das deutsche Urheberrecht in Übernahme der internationalen Begrifflichkeit[5] – zwischen „Sendung" (§ 20 UrhG) und „öffentlicher Zugänglichmachung" (§ 19a UrhG) differenziert. Das Konvergenzproblem

---

[1] S. zu Erstem etwa *Dreier*, in: FS f. Erdmann, 2002, S. 73 (73), und zum Zweiten *Dreier*, in: FS f. Ullmann, 2006, S. 37 (37).

[2] *BGH* GRUR 1997, 459 (462) – *CB-Infobank I*; GRUR 1999, 707 (707) – *Kopienversanddienst*. - Auch bei elektronischen Pressespiegeln stellt sich das Konvergenzproblem, da Kopienversand wie elektronische Pressespiegel dem Nutzer letztlich einen ähnlichen Dienst, nur eben auf anderer Dokumentengrundlage, anbieten. In der Entscheidung GRUR 2002, 963 (963 ff.) – *Elektronische Pressespiegel* brauchte der BGH auf diese Konvergenzfrage allerdings nicht einzugehen. – Die Verlage waren nach der CB-Infobank-Entscheidung einigermaßen überrascht vom „Verlust" ihrer Ausschließlichkeitsrechte durch die Kopienversand-Entscheidung. Mit dem neuen § 53a UrhG hat der deutsche Gesetzgeber im Hinblick auf die EG-rechtlichen Vorgaben von Art. 5 Abs. 3 Buchst. a der Richtlinie 2001/29/EG zum Urheberrecht in der Informationsgesellschaft das Ausschließlichkeitsrecht insoweit inzwischen allerdings in einigem Umfang wiederhergestellt; s. dazu im Einzelnen *Dreier/Schulze*, UrhG, 3. Aufl. 2008, § 53a UrhG, Rn. 2 ff.

[3] S. amtl. Begr. zu § 20 des UrhG, BT-Dr. IV/270.

[4] S. dazu statt vieler nur *Dreier*, Kabelweiterleitung und Urheberrecht, 1991, S. 41 ff.

[5] Art. 8 WIPO Copyright Treaty (WCT) sowie Art. 10 und 14 WIPO Performances and Phonograms Treaty (WPPT).

stellt sich in beiden Fällen, da die beiden Ausschließlichkeitsrechte in beiden Fällen zum einen durch unterschiedliche Schrankenbestimmungen begrenzt sind. Zum anderen – und in der Praxis von noch größerer Bedeutung – steht das Recht der öffentlichen Zugänglichmachung nach § 19a UrhG den ausübenden Künstlern und Tonträgerherstellern als ausschließliches Recht zu, nicht hingegen das Senderecht (§ 20 UrhG) oder sonstige unbenannte Rechte der öffentlichen Wiedergabe (§ 15 Abs. 2 UrhG).[6] Das ist freilich solange kein Problem, als sich Sendung (also der Vorgang, ein geschütztes Werk „durch Funk, wie Ton- und Fernsehrundfunk, Satellitenrundfunk, Kabelfunk oder ähnliche technische Mittel, der Öffentlichkeit zugänglich zu machen") eindeutig von der öffentlichen Zugänglichmachung (also der Tätigkeit, „das Werk drahtgebunden oder drahtlos der Öffentlichkeit in einer Weise zugänglich zu machen, dass es Mitgliedern der Öffentlichkeit von Orten und zu Zeiten ihrer Wahl zugänglich ist") unterscheiden läßt. Einer eindeutigen Unterscheidbarkeit entziehen sich über das Internet angebotene Dienste jedoch umso mehr, je mehr die fortschreitende Konvergenz die technischen Unterschiede der Dienste einebnet. Darauf wird sogleich zurückzukommen sein.

Das durch die Konvergenz für das Recht aufgeworfene Problem ist darüber hinaus nicht lediglich ein solches der Subsumtion, sondern ebenso eines der vertraglichen Auslegung. Sicherlich mögen zwei Parteien, die in Kenntnis neuer Möglichkeiten der Werknutzung mittels des Internets einen Vertrag schließen und dabei ausdrücklich nur von „Sendung" sprechen, damit tatsächlich nur die klassische Sendung gemeint haben. Die dabei auftretende Unschärfe, ob eine primär terrestrische Sendung damit zeitgleich auch über das Internet zugänglich gemacht werden darf, dürfte in den meisten dieser Fälle noch mit gängigen Mitteln der Vertragsauslegung in den Griff zu bekommen sein. Wie aber sind insoweit Altverträge zu lesen? Auch die Vertragssprache bedient sich, dort wo sie auf rechtliche Begriffe rekurriert und nicht lediglich technische oder wirtschaftliche Sachverhalte umschreibt, regelmäßig der Terminologie des Gesetzes. Was nun, wenn die Technik, auf die die Gesetzesterminologie Bezug nimmt, sich nach Vertragsschluss ausdifferenziert? Und was, wenn zur Zeit des Vertragsschlusses noch eindeutig unterscheidbare Techniken nachfolgend konvergieren?

Dieses Problem sei nachfolgend aus urheberrechtlicher Sicht näher erläutert. Anlass dafür sind neue technische Übertragungsformen klassischer Sendeinhalte über Breitbandnetze und das Internet („IP-TV" sowie „Internet-TV") und über mobile Geräte, die sich bislang zunächst aus dem klassischen Telefon entwickelt haben („Handy-TV").

---

[6] §§ 78 und 85 f. UrhG.

II. IP-TV, Internet-TV und Handy-TV: Technik und Begriffe

Für die Aufbereitung des Sachverhalts müssen an dieser Stelle einige grundlegende Bemerkungen genügen, die zu den technischen Einzelheiten nur soweit vordringen, wie dies für die rechtliche Beurteilung unbedingt erforderlich ist.[7]

IP-TV nimmt mit dem Kürzel „IP" auf das Internetprotokoll Bezug und meint im engeren Sinn Dienste, die Fernsehinhalte („TV") über digitale Breitbandnetze übertragen. Entscheidend ist die definierte und garantierte Qualität. Überdies versteht man unter IP-TV nur solche Programme, die in geschlossenen Datennetzen zumeist proprietär zugänglich gemacht werden. Beim *Internet-TV* (auch Web-TV) werden dagegen Inhalte über das Internet verfügbar gemacht, die dort von jedermann herunter geladen werden können.[8] In beiden Fällen kann die Nutzung über den PC, Laptop oder auch über den Fernseher mittels einer Set-top Box erfolgen. Inhaltlich kann es sich grundsätzlich um ein eigenes Programm des Diensteanbieters handeln, das dieser entweder parallel zu seiner eigentlichen Sendung übermittelt oder aber als reines IP-TV anbietet. Mitunter übernehmen IP-TV-Dienstleister jedoch auch lediglich fremde Programme, die sie an ihre Nutzer weiterleiten. Kostenpflichtige Abonnementslösungen sind dabei grundsätzlich ebenso denkbar wie werbefinanzierte Modelle. In diesem Zusammenhang werden neben der Benennung der technischen Übermittlung als Streaming hinsichtlich der Art des jeweiligen Dienstes die Begriffe Webcasting (die kontinuierliche Übertragung von audiovisuellen Daten über ein IP-basiertes Netzwerk), Simulcasting (die zeitgleiche Übertragung von terrestrischen Sendungen im Internet) und Near-on-Demand (wiederholte zeitversetzte Übermittlungen, bei denen aufgrund der nur geringen Wartezeit bis zur nächsten Wiederholung – beinahe – der Eindruck einer On-Demand-Übermittlung entsteht) verwandt. Vor allem beim Internet-TV, das jegliche Art der Kommunikation von Fernsehinhalten und letztlich von allen audiovisuellen Inhalten umfasst, gerät dann auch das gesamte Angebot in den Blick, das im Netz zum Abruf bereit steht. Gerade hier sind die Grenzen wie sich zeigen wird – und wie im Zuge technischer und/oder wirtschaftlicher Konvergenz auch kaum anders zu erwarten –

---

[7] S. dazu eingehender *Hoeren*, in: Peifer (Hrsg.), Vierzig Jahre Institut für Rundfunkrecht – Rückblick und Perspektiven, 2007, S. 65 (65 ff.), sowie erneut in MMR 2008, 139 (139 ff.); *Kleinke*, AfP 2008, 460 (460 f.); *Heintschel/v. Heinegg*, AfP 2008, 452 (452 f.); *Büchner*, CR 2007, 473 (476); eingehend zu Technik, Standards und Anbietern auch *Flatau*, ZUM 2007, 1 (1 ff.).

[8] Arbeitsgruppe IPTV der TV-Plattform, TV-Zukunft 4/07, S. 3 (abrufbar unter http://www.tv-plattform.de/download/TV-Zknft/y07/TVZ_07-4pnt.pdf, abgerufen 25.2.2009); s. auch *Kleinke*, AfP 2008, 460 (460); *Büchner*, CR 2007, 473 (476 f.).

weit weniger eindeutig, als es nach der Unterscheidung von Sendung und Datenbankabruf zunächst den Anschein haben mag.

Mit *Handy-TV* (z.T. auch als Mobile-TV bezeichnet) ist die Dienstleistung bezeichnet, die es ermöglicht, Fernsehinhalte auf mobile Telefone und Endgeräte zu übertragen. In der Praxis handelt es sich hier weitgehend noch um reinen Fernsehempfang. In dem Umfang, in dem die mobilen Endgeräte (z.B. das Apple iPhone) internetfähig werden, tauchen auch hier dann die gleichen rechtlichen Abgrenzungsfragen zwischen Sendung und Datenbankabruf auf wie schon beim Internet-TV. Aus urheberrechtlicher Sicht liegt die Besonderheit beim Handy-TV darin, dass die eigentliche Übertragungsstrecke anders als beim IP-TV und beim Internet-TV nicht drahtgebunden, sondern per Funk erfolgt. Allerdings erfolgt der Internetzugang auch beim IP-TV, jedenfalls aber beim Internet-TV – erneut Stichwort Konvergenz – zunehmend unter Nutzung von Funkstrecken, sei es bereits im Netz selbst (z.B. Wireless LAN), sei es im unmittelbaren Umkreis des Nutzers selbst (Bluetooth; Wifi-Anschluss).

III. Urheberrechtliche Einordnung

Schon bei der technischen Umschreibung fällt auf, dass es in technischer Hinsicht unterschiedliche Anknüpfungspunkte gibt. Unterschieden wird dort nach der Gleichzeitigkeit der Übermittlung mit einer Ursprungssendung (Webcasting ./. Simulcasting), der Gleichzeitigkeit von Datenübertragung und Konsumierung (synchron ./. asynchron)[9], der Zahl der Datenströme (unicast ./. multicast) und schließlich nach der Qualitätskontrolle (IP-TV ./. Internet-TV) sowie damit gegenwärtig verbunden, der Art des Übertragungsweges (Breitbandkabel ./. Internet).[10] Das muss zwangsläufig zu Schwierigkeiten führen, hält das Urheberrecht mit der Unterscheidung von Sendung (§ 20 UrhG) und öffentlicher Zugänglichmachung (§ 19a UrhG) sowie von originärer Sendung und zeitgleicher Weitersendung (nur für letztere sieht § 20b UrhG einige Sonderregelungen vor) lediglich zwei Gegensatzpaare bereit. Im materiellen Urheberrecht nur teilweise, nämlich nur für die zeitgleiche, unveränderte Kabelweiterleitung angelegt, für die Vertragspraxis jedoch von Bedeutung ist im weiteren, ob die Übermittlung von Programminhalten über IP-TV und Handy-TV vom ursprünglichen Sendeunternehmen oder aber von einem Drittunternehmen vorgenommen

---

[9]S. *Federrath*, in: Dressel/Scheffler (Hrsg.), Rechtsschutz gegen Dienstepiraterie – Das ZKDSG in Recht und Praxis, 2003, S. 1 (1 ff.).
[10]S. dazu auch die instruktive Beschreibung unter dem Stichwort http://de.wikipedia.org/wiki/IPTV (abgerufen 25.2.2009).

wird. Schon der Beginn der Subsumtionstätigkeit ist mithin ein Akt der Auswahl.[11]

1. Originäre Tätigkeit

Wenden wir uns also zunächst der originären Übermittlung geschützter Programminhalte über das Netz und das Handy zu.

Hier enthält § 20 UrhG – der seit seinem Inkrafttreten im Jahr 1965 lediglich durch eine klarstellende redaktionelle Modernisierung modifiziert worden ist (der ursprüngliche Begriff Drahtfunk wurde durch den des Kabelfunks ersetzt und die Regelung um den Satellitenrundfunk ergänzt[12]) – eine erstaunlich tragfähige technikoffene Formulierung. Danach ist das Senderecht „das Recht, das Werk durch Funk, wie Ton- und Fernsehrundfunk, Satellitenrundfunk, Kabelfunk oder ähnliche technische Mittel, der Öffentlichkeit zugänglich zu machen". Auch wenn die amtliche Begründung des UrhG von 1965 – jener berühmte Referentenentwurf unter Federführung von Kurt Haertel – entsprechend dem Kenntnisstand von 1963 damit die Übertragung von Zeichen, Tönen oder Bildern durch „elektromagnetische Wellen" meinte,[13] besteht doch Einigkeit darüber, dass der Vorschrift die drahtlose wie die drahtgebundene Sendung unterfallen, gleichviel ob die Signale analog oder digital übermittelt werden. Unbeachtlich ist weiterhin, ob die Signale kodiert sind oder nicht.[14] Entscheidend ist dabei im Gegensatz zu den historisch früheren Arten der öffentlichen Wiedergabe, die jeweils eine gleichzeitige Anwesenheit von Mitteilendem und Mitteilungsempfänger voraussetzten, dass sich die Personen nun an unterschiedlichen Orten befinden konnten, wenngleich alle örtlich verstreuten Nutzer das gesendete Werk nach wie vor zeitgleich zugesandt bekamen. Allerdings wurde schon damals eine gewisse Randunschärfe rechtlich gewissermaßen vernachlässigt, da die vom Sender ausgesandten programmtragenden elektromagnetischen Wellen ja nicht wirklich bei allen Empfängern gleichzeitig

---

[11] Das gilt freilich gleichermaßen für die zur Subsumtion überhaupt ausgewählten Fragestellungen. Soweit *Hoeren*, a.a.O. (Fn. 7), S. 77 ff., insoweit eingehend die Thematik der Entstellung (§§ 14, 93 UrhG) behandelt, mag man zum einen sein Ergebnis einer gröblichen Entstellung (S. 81) anzweifeln; zum anderen hat diese Frage unter dem Blickwinkel der Konvergenz keine Bedeutung. *Kleinke*, AfP 2008, 460 (464 f.) hingegen zählt auch das Problem der personalisierten Online-Video-Recorder dem Problemkreis des Internet-Fernsehens zu; ebenso *Büchner*, CR 2007, 473 (478).

[12] Durch das Vierte Gesetz zur Änderung des Urheberrechtsgesetzes vom 8.5.1998 (BGBl.I, 902) in Umsetzung der Satelliten- und Kabelrichtlinie 93/83/EWG, ABl. EG L 248 v. 6.10.1993, S.15 – s. dazu amtl. Begr., BR-Dr. 212 /96.

[13] BT-Drucks. IV/270 zu § 20 UrhG. – *Kleinke*, AfP 2008, 460 (462), hält die Begründung jedoch insoweit für zu eng, als sie diejenigen Fälle nicht erfasse, in denen sich der Zuhörer wie beim Internet-Radio in eine laufende Sendung erst einschalten müsse.

[14] S. statt vieler nur *Dreier/Schulze*, UrhG, 3. Aufl. 2008, § 20 UrhG, Rn. 7.

ankommen, sondern diese je nach deren Entfernung zum Ort der Aussendung – wenn auch nur minimal – zeitlich versetzt erreichen. Die rechtliche Einordnung technischer Sachverhalte ist eben, dies wird auch hier wieder deutlich, immer zugleich eine wertende.

Zweifel daran, dass der Sendebegriff des § 20 UrhG alle Arten der technischen Übermittlung abdeckt, kamen jedoch auf, als geschützte Werke und Leistungen den Nutzern nicht mehr zeitgleich zugeleitet wurden, sondern die Nutzer im Netz jederzeit zugreifen konnten.[15] Diese Zweifel führten dann zur Schaffung des neuen Verwertungsrechts der bereits genannten öffentlichen Zugänglichmachung, das in § 19a UrhG in Übereinstimmung mit dem internationalen und dem europäischen Sprachgebrauch definiert ist als das Recht, „das Werk drahtgebunden oder drahtlos der Öffentlichkeit in einer Weise zugänglich zu machen, dass es Mitgliedern der Öffentlichkeit von Orten und zu Zeiten ihrer Wahl zugänglich ist". Gemeint ist damit das klassische Bereithalten von Werken und Leistungen zum Abruf in Datenbanken. Damit hatte das Gesetz der technischen Entwicklung zwar unzweifelhaft entsprochen, doch eben um den Preis einer Differenzierung (Sendung ./. öffentliche Zugänglichmachung), die zwar den Unterschied von Sendung und Datenbankabruf abbildet, im übrigen jedoch nicht für jeden technischen Sachverhalt so eindeutig ist, wie dies von der Konzeption her auf den ersten Blick den Anschein haben mag. Der Grund für diese Unschärfen liegt – wie sogleich zu sehen sein wird – vor allem darin, dass zwischen Sendung und Datenbankabruf weitere Dienste technisch möglich sind, die urheberrechtlich nicht so eindeutig zuzuordnen sind, da ihre Unterscheidung in technischer und zum Teil auch in wirtschaftlicher Hinsicht anderen Kriterien folgt als derjenigen zwischen gleichzeitiger Zuspielung und nichtgleichzeitigem Abruf.

Als vergleichsweise problemlos erweist sich die Subsumtion im Bereich von IP-TV, Internet-TV und Handy-TV daher allenfalls noch insoweit, als ein Programm, das vom Anbieter in seiner sequentiellen Abfolge festgelegt ist, urheberrechtlich als Sendung i.S.v. § 20 UrhG zu qualifizieren ist. Ob die Übermittlung zeitgleich oder zeitversetzt zur Originalsendung erfolgt, ist für die Einordnung als Sendung i.S.v. § 20 UrhG ohne Belang. Auch die Art des Übertragungsweges (Breitbandkabel, Internet, drahtlose Verbindung) spielt insoweit keine Rolle. Entscheidend ist für die urheberrechtliche Einordnung allein, dass die Übermittlung aus der Sicht mehrerer Nutzer als zeitgleich erscheint. Entsprechendes gilt auch für Handy-TV, jedenfalls soweit Programme den Nutzern gegenwärtig noch immer zeitgleich übermittelt werden. Dagegen ist – ebenso wenig problematisch – eine öffentliche Zugänglichmachung i.S.v. § 19a UrhG immer dann anzunehmen, wenn der

---

[15] Zur seinerzeitigen Diskussion s. nur die frühere Kommentierung bei *Schricker/v.Ungern-Sternberg*, UrhG, 2. Aufl. 1999, § 15 UrhG, Rn. 23 ff. und 60.

Nutzer die Programminhalte zu einem von ihm selbst gewählten Zeitpunkt abrufen kann. Im Ergebnis bedeutet dies, dass Handy-TV § 20 UrhG unterfällt, wohingegen bei IP-TV, insbesondere aber beim Internet-TV je nach Ausgestaltung des Dienstes zu unterscheiden ist.[16] Wenn Handys – absehbare Konvergenz der Medien – künftig allerdings voll internetfähig sein werden, dann wird freilich auch für sie nichts anderes gelten als für bislang schon ans Netz angeschlossene Endgeräte.

Die Folgen *technischer* Konvergenz ereilen die urheberrechtliche Subsumtion dann aber in Form derjenigen IP-TV- und insbesondere Internet-TV-Dienste, die weder eindeutig Sendung, noch eindeutig öffentliche Zugänglichmachung i.S.d. §§ 20 und 19a UrhG sind. Hier findet so gut wie keine Einzelfrage eine durchweg einheitliche Antwort.[17] An der Eindeutigkeit fehlt es hier vor allem deshalb, weil die Technik eben noch weitere Unterscheidungskriterien kennt, die nicht alle im Urheberrecht „abgebildet" sind. Schon beim reinen Webcasting wie auch beim Simulcasting im Wege des Streaming empfängt jeder einzelne Nutzer technisch gesehen genau betrachtet nicht mehr die gleichen Wellen, sondern – zumindest gegen Ende des Übertragungsweges aufgesplittet – jeweils unterschiedliche Datenpakete. Nach Auffassung der wohl h.M. rechtfertigt ihre Nähe zur Sendung die jeweilige Zuordnung zu § 20 UrhG.[18] Dann ist es nur noch ein kleiner Schritt, zumindest bei sog. Near-on-Demand-Diensten ebenfalls von einer Sendung auszugehen,[19] obwohl das zeitlich von einer einheitlichen Sendung losgekoppelte Bereithalten zum individuellen Abruf als solches an sich einen Fall des § 19a UrhG darstellt. Weiterhin erfasst der Wortlaut des § 19a UrhG lediglich sog. Pull-Dienste, bei denen der Nutzer selbst aktiv auf das einzelne im Netz bereitgestellte Werk zugreift, nicht hingegen sog. Push-Dienste (z.B. RSS-Feeds), bei denen die einzelnen Nutzer die

---

[16]Ebenso etwa *Hoeren*, a.a.O. (Fn. 7), S. 68; sowie für Handy-TV *Wandtke/Bullinger/Erhardt*, UrhG, 3. Aufl. 2009, §§ 20-20b UrhG, Rn. 11; *Ory*, ZUM 2007, 7 (7). – Dagegen will *Büchner*, CR 2007, 473 (478), auch beim Mobilfunk zwischen linearer Übermittlung unter den Standards DVB-H und DMB zum einen und der auf Individualabrufe ausgelegten Anwendungen über UMTS zum anderen unterscheiden.

[17]S. daher auch insoweit statt vieler nur etwa *Dreier/Schulze*, UrhG, 3. Aufl. 2008, § 19a UrhG, Rn. 10 und § 20 UrhG, Rn. 13 ff.; *Wandtke/Bullinger/Erhardt*, UrhG, 3. Aufl. 2009, §§ 22-20b UrhG, Rn. 13 f., jeweils m.w.N.

[18]S. nur so zuletzt wieder zumindest für lineares Streaming *Kleinke*, AfP 2008, 460, (464, 467) m.w.N.; *Büchner*, CR 2007, 473 (478); ebenso wohl auch *Ory*, K&R 2006, 303 (304). – A.A. hingegen *Dreier/Schulze*, UrhG, 3. Aufl. 2008, § 20 UrhG, Rn. 16 (Beschränkung des Senderechts auf die historischen Fälle der Funksendung) m.w.N. auch zur h.M. sowie zu weiteren differenzierenden Ansichten. – Auch die Rechtsprechung hat hier offenbar noch zu keiner einheitlichen Linie gefunden; s. *LG Köln*, ZUM 2005, 574 (575) (Programm-Streaming als Sendung), anders offensichtlich aber *LG München I*, ZUM 2001, 260 (260) („streaming-webcasting" von vertraglicher Regelung über „alle Arten von Online-Diensten unter Ausschluss der Sendung" erfasst); s. auch *OLG Hamburg*, ZUM 2005, 749 (749 f.).

[19]So in der Literatur etwa *Reinbothe*, GRUR Int. 2001, 733 (736); *Schack*, GRUR 2007, 639 (641 f.); *Spindler*, GRUR 2002, 105 (108).

geschützten Werke nicht abrufen, sondern sie auf einmalige Anforderung hin nachfolgend in regelmäßigen Abständen übermittelt erhalten. Obwohl auch hier der Nutzer zunächst einmal aktiv werden muss, ordnet die Literatur Push-Dienste wohl überwiegend nicht dem Recht der öffentlichen Zugänglichmachung nach § 19a UrhG zu, sondern dem Senderecht nach § 20 UrhG.[20] Ohnehin ist auch das Kriterium der „Aktivität" nicht so eindeutig wie zumeist angenommen, muss doch selbst der einfache Nutzer einer terrestrischen Sendung sein Empfangsgerät zunächst einmal einschalten und damit in gewisser Weise „aktiv" werden.

Dass der Schwerpunkt der Konvergenz nicht nur im technischen, sondern auch im *wirtschaftlichen* Bereich liegen kann, verdeutlicht die Kontroverse um die rechtliche Einordnung sog. digitaler Spartenkanäle. Werden sie digital über das Netz übermittelt, ermöglichen Suchprogramme eine zielgerichtete automatische Aufnahme, die aus der Sicht des Nutzers zumindest im wirtschaftlichen Ergebnis einem interaktiven Abruf nahe kommt. Obwohl sich der Nutzer aufgrund der Automatisierung hier im Vergleich zum Datenbankabruf einzelner Musikstücke sogar noch die Suche sparen kann, der Dienst ihm also noch gezielter übermittelt, was genau er haben will, hat die Rechtsprechung den Versuchen insbesondere der Tonträgerindustrie, insoweit ein Ausschließlichkeitsrecht zu erhalten, bislang eine Absage erteilt und die Übermittlung geschützter Werke in Spartenkanälen als Sendung i.S.v. § 20 UrhG qualifiziert.[21]

Schon diese Beispiele verdeutlichen die wesentliche Folge, welche technische und wirtschaftliche Konvergenz für die rechtliche Subsumtion haben: Technische Konvergenz führt nicht allein dazu, dass bislang disparate Techniken – bzw. urheberrechtlich gesprochen, unterschiedliche Arten der technischen Werknutzung – konvergieren, sondern die technische Entwicklung ermöglicht zugleich eine weit größere technische Ausdifferenzierung der einzelnen Dienste. Auch das erschwert eine rechtlich eindeutige Zuordnung. Mit anderen Worten: Konvergenz hat nicht allein zur Folge, dass bestimmte Dienste in technischer oder wirtschaftlicher Hinsicht fortan nicht mehr unterscheidbar sind und im Extremfall selbst eine Unterscheidung anhand auch nur eines Unterscheidungskriteriums (wie dem der Zeitgleichheit) willkürlich erschiene. Zugleich ermöglicht die technisch realisierbare Ausdifferenzierung eine Vielzahl unterschiedlicher Dienste, die sich jeweils so wenig voneinander unterscheiden, dass sie in wirtschaftlicher Hinsicht weitgehend austauschbar sind und mithin jeder Versuch einer unterschiedlichen rechtlichen Behandlung nur schwer zu rechtfertigen ist, wenn sie nicht ohnehin gänzlich willkürlich erschiene.

---

[20]So jedenfalls *Flechsig,* ZUM 1998, 139 (144); *Leupold,* ZUM 1998, 99 (99). – Anders *Kleinke,* AfP 2008, 460 (464) (Entscheidung je nach Einzelfall).
[21]*BGH,* GRUR 2004, 669 (669) - *Mehrkanaldienst.*

2. Weiterleitungstätigkeit

Wenn IP-TV, Internet-TV oder auch Handy-TV von den Sendeunternehmen veranstaltet werden, die für die Ursprungssendung verantwortlich zeichnen, so ist die urheberrechtliche Einordnung als Sendung und nicht als Weitersendung unproblematisch. Allenfalls mag sich in vertragsrechtlicher Sicht die Frage stellen, ob bzw. inwieweit die betreffenden Sendeunternehmen bezüglich der von ihnen gesendeten Programmbestandteile auch in soweit die erforderlichen Rechte erworben haben.

Urheberrechtliche Subsumtionsprobleme treten hingegen dann auf, wenn ein mit dem ursprünglichen Sendeunternehmen nicht identisches Drittunternehmen fremde Sendungen in Form von IP-TV, Internet-TV oder auch Handy-TV seinen eigenen Kunden zuleitet. Das Problem liegt hier, wie eingangs bereits angedeutet, darin, dass § 20b UrhG in Umsetzung der Art. 8 ff. der Satelliten- und Kabelrichtlinie 93/83/EWG für die zeitgleiche, unveränderte und vollständige Weiterübertragung eines Programms durch Kabelsysteme oder Mikrowellensysteme – aber eben auch nur für diese – eine Sonderregelung enthält. Die Sonderregelung besteht zum einen darin, dass das diesbezügliche Verbotsrecht von den Rechteinhabern an den einzelnen Programmbestandteilen (mit Ausnahme der eigenen und fremden Rechte, die bei den ursprünglichen Sendeunternehmen selbst liegen) nach § 20b Abs. 1 UrhG nicht mehr individuell, sondern nur noch kollektiv durch Verwertungsgesellschaften ausgeübt werden kann. Damit sollte verhindert werden, dass einzelne Rechteinhaber die vollständige Weiterleitung von Rundfunkprogrammen torpedieren können. Zum anderen steht den Inhabern der weitergeleiteten Rechte nach § 20b Abs. 2 UrhG ein gesonderter Vergütungsanspruch für die Weiterleitung gegenüber den Weitersendeunternehmen auch dann zu, wenn sie ihre Weitersenderechte bereits an das ursprüngliche Sendeunternehmen abgetreten haben. Damit sollte sichergestellt werden, dass die Urheber auch tatsächlich an den wirtschaftlichen Erlösen aus einer Weitersendung beteiligt werden und die Gelder nicht bei den ursprünglichen Sendeunternehmen verbleiben.[22] Regelungen, die einem Kontrahierungszwang nahekommen, sorgen flankierend dafür, dass eine Weiterleitung in der Praxis auch tatsächlich auf vertraglicher Basis stattfinden kann.[23]

Das alles war seinerzeit für die klassische Weitersendung zumeist terrestrisch gesendeter Fernseh- und Hörfunkprogramme konzipiert. Doch gilt diese Regelung auch im Bereich von IP-TV, Internet-TV und Handy-TV?

Wie kaum anders zu erwarten, bereitet die Subsumtion auch hier wie-

---

[22] S. dazu die amtl. Begr. des 4. UrhGÄndG, BR-Dr. 212/96 S. 21 ff. und erneut im Zuge des Zweiten Gesetzes zur Regelung des Urheberrechts in der Informationsgesellschaft BT-Dr. 16/1828, S. 22 f.

[23] S. § 87 Abs. 5 UrhG und § 14 Abs. 1 Nr. 2 UrhWG.

derum einige Mühe. Unproblematisch ist zunächst noch die Subsumtion von Breitband und Internet unter den Begriff des „Kabels". Zweifel sind in der Literatur jedoch geäußert worden, ob es sich angesichts der vorgenommenen Kompressionen und Verschlüsselungen sowie der damit einhergehenden Verdichtung des Materials noch um eine „unveränderte" Weiterleitung handelt.[24] Da es bei der unveränderten Weiterleitung jedoch weniger auf eine Veränderung der Sendesignale als vielmehr auf eine Veränderung des Inhalts der weitergeleiteten Sendung ankommt,[25] wird man diese Frage wohl im Sinne des § 20b UrhG beantworten können. Das Hauptproblem liegt vielmehr darin, dass § 20b UrhG entsprechend der Richtlinie technologiespezifisch nur die Weiterleitung durch Kabel erfasst und dem lediglich Mikrowellensysteme gleichstellt, nicht hingegen auch die drahtlose Übermittlung der weitergeleiteten Programme. Im Auge hatte der Richtliniengesetzgeber seinerzeit lediglich Systeme, wie sie damals in Irland zum Einsatz kamen, die Weiterleitung von Programmen über Satelliten hingegen, wie sie damals in Ansätzen bereits in Schweden vorgenommen wurde, blieb bewusst ausgeschlossen.[26] Im Ergebnis greift die Sonderregelung des § 20b UrhG mit Kontrahierungszwang und gesonderter Vergütung damit zwar bei IP-TV und Internet-TV, soweit diese keine eigenen Programme übermitteln, sondern lediglich fremde Programme übernehmen und weiterleiten, nicht hingegen bei Handy-TV (und letztlich auch nicht bei Internet-TV, sofern dort einige Teilstrecken drahtlos überbrückt werden), sofern man die dortigen drahtlosen Übermittlungen nicht dem nicht besonders trennscharfen Begriff der Mikrowellensysteme subsumiert.[27] Man mag zum doppelten Vergütungsanspruch stehen wie man will und Verwertungsgesellschaftspflicht sowie Kontrahierungszwang auch der Erstsendeunternehmen allenfalls für die klassische Kabelweiterleitung terrestrischer Programme für gerechtfertigt halten, angesichts des damit verbundenen Kontrollverlustes über die Vermarktung nicht hingegen für IP-TV und Internet-TV.[28] Zu bedauern ist die technologiespezifische Differenzierung allemal, knüpft sie doch mit der Art des zur Weiterleitung verwendeten Transportmittels an ein technisches Kriterium der Unterscheidung an, dem weder in wirtschaftlicher Sicht, noch vor dem Hintergrund der Interessen der beteiligten Parteien nennenswerte Bedeutung zukommt. Da die Fern-

---

[24] Zweifelnd *Hoeren*, a.a.O. (Fn. 7), S. 74 f.
[25] S. nur *Dreier*, in: Walter (Hrsg.), Europäisches Urheberrecht, 2001, Satelliten- und Kabel-RL Art. 1 Rn. 33 („kein Eingriff in die Integrität des gesendeten Programms").
[26] *Dreier*, in: Walter, a.a.O. (Fn.25), Rn. 32.
[27] Ebenso *Hoeren*, a.a.O. (Fn. 7), S. 74 ff.; *Büchner*, CR 2007, 473 (478 f.) (zumindest hinsichtlich IP-TV). – A.A. dagegen *Ory*, ZUM 2007, 7 (9) (Einbeziehung auch von Handy-TV unter § 20b UrhG, da entscheidend nur die Weitersendung sei). Unentschieden *Dreyer/Kotthoff/Meckel*, UrhG, 2. Aufl. 2009, § 20b UrhG, Rn. 12.
[28] Dagegen weisen *Hoeren*, a.a.O. (Fn. 7), S.76 sowie *Büchner*, CR 2007, 473 (478 f.) auch auf die Vorteile hin, welche die Regelung des § 20b UrhG mit der Bündelung des Rechteerwerbs für die Nutzer mit sich bringt.

wirkungen einer Angleichung in die eine wie auch in die andere Richtung gegenwärtig jedoch nur schwer abzuschätzen sein dürften, wird der Gesetzgeber im Rahmen eines dritten Korbes von einer entsprechenden Gesetzgebung gleichwohl Abstand nehmen und die Sache im Einzelfall der Rechtsprechung überlassen.[29] Damit ist dann zumindest sicher gestellt, dass integrierte drahtlose Teilstrecken im Internet einer Anwendung von § 20b UrhG je nach Lage des Einzelfalles nicht entgegenstehen.

Die weitere Frage ist dabei allerdings, ob eine derartige Ausdehnung de lege lata durch die Rechtsprechung zumindest auf integrierte Drahtlosüberbrückungen oder gar de lege ferenda durch den Gesetzgeber auch auf eine weitgehende oder vollständige drahtlose Weiterleitung überhaupt ohne Änderung der europa- wie auch der internationalrechtlichen Vorgaben möglich wäre. Zwar erfasst Art. 11bis Abs. 2 RBÜ, auf den sich die Verwertungsgesellschaftenpflicht für die Kabelweiterleitung gründet, nach dessen Abs. 1 (i) auch das Recht der drahtlosen Weiterleitung.[30] Daher stellt dann wohl auch die Anordnung der Verwertungsgesellschaftenpflicht in Art. 9 der Satelliten- und Kabelrichtlinie allein für die kabelgebundene Weiterleitung lediglich eine harmonisierende Minimal-, nicht hingegen zugleich eine die Mitgliedstaaten bindende Maximalregelung dar. Etwas anderes könnte sich nachfolgend jedoch aus der insoweit für alle Mitgliedstaaten zwingend schrankenlosen Gewähr des Rechts der öffentlichen Wiedergabe nach Art. 3 Abs. 1 der Richtlinie 2001/29/EG ergeben. Danach hat es den Anschein, dass es den Mitgliedstaaten verwehrt wäre, das Recht der öffentlichen Wiedergabe über den Umfang der Kabel- und Satellitenrichtlinie hinaus in der Wahrnehmung weiter zu beschränken. Der bloße Wortlaut der Richtlinie 2001/29/EG mag dies zwar nahelegen. Man wird jedoch kaum annehmen können, dass der EU-Gesetzgeber, der sich in dieser Hinsicht keine weiteren Gedanken gemacht hat, damit zugleich den konventionsrechtlich nach Art. 11bis Abs. 2 RBÜ bestehenden Spielraum der Mitgliedstaaten einschränken wollte.[31]

---

[29]S. dazu die Anhörung des Rechtsausschusses des Bundestages v. 8.11.2006, abrufbar unter http://www.bundestag.de/ausschuesse/a06/anhoerungen/Archiv/08_2Urheberrecht2_II/index.html (abgerufen am 25.2.2009).
[30]Zu weiteren Fragestellungen des internationalen Konventionsrechts s. *Hoeren*, a.a.O. (Fn. 7), S. 70 ff.
[31]Ebenso bereits *Dreier/Schulze*, UrhG, 3. Aufl. 2008, § 20b UrhG, Rn. 9. – Die Verwertungsgesellschaftenpflicht gilt nach Art. 10 der Richtlinie 93/83/EEG ohnehin nicht für die Rechte der Sendeunternehmen. So auch der bislang letzte Entwurf eines möglichen Textes für einen internationalen Vertrag zum Schutz der Sendeunternehmen (WIPO Broadcasting Treaty; WBT), nachdem das Recht der Sendeunternehmen hinsichtlich der Weiterleitung ihrer Sendungen auf jede Weise („by any means") als ausschließliches Recht zu gewähren ist und nur den allgemein für Programminhalte üblichen Schranken unterworfen werden können soll (Art. 7 und 10 des Non-Papers des Vorsitzenden des WIPO Standing Committee on Copyright and Related Rights, SCCR v.20.4.2007 (abrufbar unter http://www.wipo.int/edocs/mdocs/copyright/en/sccr_s2/sccr_s2_paper1.pdf; abgerufen 25.2.2009).

3. Eigenes Leistungsschutzrecht des IP-TV-, Internet-TV- und Handy-TV-Providers?

Eine andere Frage ist, ob den Veranstaltern von IP-TV, Internet-TV und Handy-TV hinsichtlich ihrer eigenen organisatorisch-technischen Tätigkeit ein eigenes Leistungsschutzrecht als Sendeunternehmen nach § 87 UrhG zusteht. Das wird man – entgegen dem WBT-E, der auf Betreiben der Entwicklungsländer und gegen die Vorstellungen der USA und auch der EU insoweit einen gänzlichen Ausschluss der „Webcaster" bzw. „Netcaster" von einem eigenen Schutzrecht vorsieht[32] – nach deutschem Recht zunächst für originär über Breitbandnetze, das Internet oder mobile Mobilfunklinien sendende Unternehmen problemlos bejahen können, soweit ihre Tätigkeit § 20 UrhG unterfällt und nicht etwa § 19a UrhG zuzuordnen ist.[33]

Dagegen vermag die lediglich zeitgleiche und unveränderte Weiterleitung fremder Programme nach weit überwiegender Ansicht kein eigenes Leistungsschutzrecht zu begründen.[34] Allerdings erscheint es nicht ausgeschlossen, dass je nach Lage des Einzelfalles die Aufbereitung der weitergeleiteten Sendesignale für ihre Übermittlung im Rahmen des IP-TV, des Internet-TV oder auch des Handy-TV einen zusätzlichen, eigenständigen organisatorisch-technischen Aufwand erfordern, der die Gewähr eines eigenen Leistungsschutzrechtes auch insoweit zu rechtfertigen vermag.[35] Die Entscheidung dieser Frage ist jedoch in der Tat am besten bei den Gerichten aufgehoben.

Jedenfalls hinsichtlich des eigenen Leistungsschutzrechtes kommt man im Bereich von IP-TV, Internet-TV und Handy-TV trotz Konvergenz mit dem bestehenden gesetzlichen Regelungsinstrumentarium also ganz gut zurecht. Zumindest ergeben sich insoweit keine grundlegenden Wertungswidersprüche.

IV. Auswirkungen auf das Vertragsrecht

Die sich aus der Konvergenz ergebenden Probleme der urheberrechtlichen Einordnung von IP-TV, Internet-TV und Handy-TV setzen sich bei der

---

[32] S. zuletzt den Ausschluss von „on-demand transmissions" und „transmissions over computer networks" in Art. 3 (4) (ii) und (iii) des Non-Papers des Vorsitzenden des WIPO Standing Committee on Copyright and Related Rights (SCCR), a.a.O. (Fn. 31), und zum Streit um diesen Ausschluss *Hillig*, GRUR Int. 2007, 122 (122 ff.); *Hoeren*, a.a.O. (Fn. 7), S. 73 f.

[33] S. *Dreier/Schulze*, UrhG, 3. Aufl. 2008, § 87 UrhG, Rn. 10; *Hoeren*, a.a.O. (Fn. 7), S. 68 f.

[34] S. auch insoweit nur *Dreier/Schulze*, UrhG, 3. Aufl. 2008, § 87 UrhG, Rn. 6, sowie auf internationaler Ebene Art. 3 (4) (i) des Non-Papers des Vorsitzenden des WIPO Standing Committee on Copyright and Related Rights (SCCR), a.a.O. (Fn. 31)

[35] *Hoeren*, a.a.O. (Fn. 7), S. 69.

Auslegung von Verträgen fort. Abgesehen von der Frage, wie Altverträge zu beurteilen sind, die noch vor Einführung des § 19a UrhG geschlossen worden sind (ein Problem, das jedoch mit der Konvergenz nichts zu tun hat und das sich in aller Regel mit den vorhandenen Mitteln der Vertragsauslegung befriedigend lösen lassen dürfte), sind hier im Wesentlichen zwei Problemkreise zu unterscheiden: Zum einen stellt sich die Frage, wie Verträge zu behandeln sind, die zum Zeitpunkt des Vertragsschlusses einer neuen Nutzungsart noch gar nicht Rechnung tragen konnten. Zum anderen stellt sich die Frage, wie ältere Verträge auszulegen sind, die Rechte in Bezug auf eine bestimmte Nutzungsart betreffen, der sich nachfolgend dann eine andere, zunächst noch getrennte Nutzungsart als technisch ähnliche oder wirtschaftlich vergleichbar angeglichen hat. Eine weitere Frage geht dahin, wie in neueren Verträgen, die bereits in Kenntnis – zumindest einer sich abzeichnenden – Konvergenz geschlossen worden sind, die von den Vertragsparteien verwendeten Begriffe „Internetrechte" und „Mobilfunkrechte" auszulegen sind.[36]

Beiden Problemen wird man im Wesentlichen mit dem flexiblen Instrumentarium der Vertragsauslegung begegnen können. Deren Kern bildet die urheberrechtliche Zweckübertragungslehre in ihrer besonderen Ausprägung des § 31 Abs. 5 S. 1 UrhG (demzufolge sich der Umfang der Rechtsübertragung bei fehlender ausdrücklicher einzelner Nennung der Nutzungsarten nach dem von beiden Partnern zugrunde gelegten Vertragszweck bestimmt) wie auch in Form des allgemeinen Zweckübertragungsgrundsatzes (nach dem im Zweifel nur diejenigen und so viele Rechtsbefugnisse als übertragen gelten, wie dies dem Zweck des Vertrages entspricht). Voraussetzung ist allerdings, dass IP-TV, Internet-TV und Handy-TV jeweils eine eigenständige Nutzungsart darstellen, hinsichtlich der jeweils eine abspaltbare Einräumung dinglicher Nutzungsrechte möglich ist. Soweit sich die im Vertrag bezeichneten Rechte dagegen nicht mit dinglicher Wirkung aufspalten lassen, dürfte der Anwendung der Zweckübertragungsregel im Zuge der Vertragsauslegung daher nur zu einer schuldrechtlichen Beschränkung des zugestandenen Nutzungsumfangs führen. Sind in einem älteren Vertrag also etwa die Rechte zur „Sendung" eingeräumt, so mag das dann, wenn damit beabsichtigt war, dass das am Vertrag beteiligte Sendeunternehmen das vertragsgegenständliche Werk über die ihm jeweils zur Verfügung stehenden Sendemittel verwerten können sollte, durchaus also IP-TV, Internet-TV und Handy-TV mit umfassen (sofern es sich dabei im Zeitpunkt des Vertragsschlusses – was nachfolgend noch zu prüfen sein wird – nicht um eine i.S.v. § 31 Abs. 4 UrhG a.F. neue unbekannte Nutzungsart gehandelt hat). Umgekehrt kann in einem Fall zu urteilen sein, in dem der

---

[36] S. dazu etwa *Büchner*, CR 2007, 473 (475 f.) (Internetrechte: Übermittlung auf der Grundlage der TCP/IP-Protokollfamilie; Mobilfunkrechte: Beschränkung auf mobile Endgeräte).

Rechteinhaber dem einen Vertragspartner die Rechte zur „Sendung" eingeräumt hat und dem anderen diejenigen zur Nutzung seines Werkes „im Internet".[37] Restriktiv mögen auch neuere Verträge zu beurteilen sein, die in Kenntnis von IP-TV, Internet-TV und Handy-TV geschlossen worden sind. Letztlich entspricht diese Auslegung dem allgemeinen Grundsatz des BGB, dass Verträge nach Treu und Glauben mit Rücksicht auf die Verkehrssitte auszulegen sind, so dass der wirkliche Wille entscheidet und nicht der Buchstabe des Vertrags (§§ 133, 157 BGB). Die gesetzlichen Vorgaben, die im Falle der Konvergenz einer vernünftigen Subsumtion so oft im Wege stehen, bereiten im Rahmen der Vertragsauslegung für eine sachgerechte Lösung daher nur in geringerem Maße Probleme.

Ein urheberrechtliches Sonderproblem der Bestimmung der Reichweite in Verträgen eingeräumter Nutzungsrechte stellt schließlich die frühere gesetzliche Verfügungs- und selbst Verpflichtungsbeschränkung des § 31 Abs. 4 UrhG a.F. dar. Danach waren Verfügungen und auch Verpflichtungen, die sich auf eine im Zeitpunkt des Vertragsschlusses neue, technisch und wirtschaftlich unbekannte Nutzungsarten bezogen, nichtig. Der BGH hat § 31 Abs. 4 UrhG – wohl aufgrund der Schärfe der darin angeordneten Rechtsfolge – in einer Reihe von Entscheidungen restriktiv ausgelegt. Weder sind danach bewusste Risikogeschäfte erfasst,[38] noch lediglich technische Neuerungen, die keine wirtschaftlich eigenständigen Vermarktungsformen erschließen oder die bestehende Verwertungsmöglichkeiten lediglich weitgehend substituieren. Eine wirtschaftlich eigenständige Verwertungsform setzt mithin voraus, dass ein neuer Absatzmarkt erschlossen wird, der bestehende Märkte nicht oder nur am Rande tangiert und der zugleich nicht zu einer Substitution bestehender Nutzungen führt.[39] Legt man diese Maßstäbe, die in der Literatur nicht ohne Kritik geblieben sind,[40] zugrunde, so erscheint IP-TV zumindest gegenwärtig lediglich als Randnutzung, die das bisherige Fernsehen noch nicht substituiert. Insofern wäre insoweit also die Voraussetzung der Nichtsubstituierbarkeit gegeben, allerdings zumindest gegenwärtig noch kein nennenswerter Markt erschlossen. Erschlossen wird ein nennenswerter Markt wohl am ehesten noch beim Internet-TV, doch dürfte dieser den bisherigen Fernsehkonsum noch am ehesten substituieren. Dieses Paradoxon deutet darauf hin, dass die an sich gut gemeinte und in ihrem Kern sicherlich zutreffende Regelung, so wie sie der BGH formuliert hat, letztlich zu statisch – nämlich vom Endergebnis her – gedacht ist und dem dynamischen Entwicklungspotenzial der neuen Dienste nicht hinreichend Rechnung zu tragen vermag. Entsprechend un-

---

[37] Vgl. dazu den Hinweis bei *Hoeren*, a.a.O. (Fn. 7), S. 83 auf die getrennte Vergabe der Übertragungsrechte der Fußballbundesliga in der Saison 2005/6.
[38] *BGH*, GRUR 1995, 212 (212) – *Videozweitauswertung III*.
[39] *BGH*, MMR 2005, 839 (839) – *Zauberberg*.
[40] S. nur *Dreier/Schulze*, UrhG, 3. Aufl. 2008, § 31a UrhG, Rn. 36 ff.

terschiedlich fallen in der Literatur dann auch die Subsumtionsergebnisse aus: Es wird insoweit so gut wie alles vertreten.[41]

Allerdings wird das aus der Vergangenheit rührende Problem des Zwangs ggf. zu einer Nachlizenzierung durch die Übergangsregelung des § 137l UrhG zumindest für diejenigen Verträge entschärft, bei denen der Urheber zwischen dem 1.1.1966 und dem 1.1.2008 einem anderen „alle wesentlichen Nutzungsrechte ausschließlich sowie räumlich und zeitlich unbegrenzt eingeräumt" hat. In diesem Fall gelten die zum Zeitpunkt des Vertragsschlusses unbekannten Nutzungsrechte als dem anderen ebenfalls eingeräumt, sofern der Urheber nicht dem anderen gegenüber der Nutzung widerspricht, wobei der Widerspruch für Nutzungsarten, die am 1. Januar 2008 bereits bekannt sind, nur innerhalb eines Jahres erfolgen kann.[42] Die Frage der neuen unbekannten Nutzungsart spielt jedoch auch nach Streichung des § 31 Abs. 4 UrhG mit Wirkung zum 1.1.2008 durch das Zweite Gesetz zur Regelung des Urheberrechts in der Informationsgesellschaft[43] nach wie vor eine Rolle. Denn die Neuregelung knüpft auch den an die Stelle des Verbots getretenen Vergütungsanspruch nach §§ 31a, 32c Abs. 1 S. 1 UrhG n.F. nach wie vor an die Voraussetzung der „unbekannten Nutzungsart" (§ 31a UrhG) bzw. einer Nutzungsart, „die im Zeitpunkt des Vertragsschlusses vereinbart, aber noch unbekannt war" (§ 32c Abs. 1 S. 1 UrhG).[44] Offen bleibt damit zum einen, ob auch insoweit an den strengen Voraussetzungen des bisherigen § 31 Abs. 4 UrhG a.F. festzuhalten ist. Daran könnte man zweifeln, geht es jetzt als Folge doch nicht mehr um die dem Nutzer nur unter besonderen Umständen zumutbare Nichtigkeit, sondern um die ihm viel eher zumutbare angemessene Beteiligung des Urhebers. Offen bleibt damit zum anderen der Fall, dass die Nutzungsart – eben weil noch unbekannt – noch gar nicht vereinbart war. Insoweit wird man eine Lösung wohl ebenfalls wiederum über § 31 Abs. 5 UrhG und

---

[41] So gelangt denn *Hoeren*, a.a.O. (Fn. 7), S. 82 f. zu dem eher verblüffenden Schluss, dass Handy-TV trotz bislang fehlender Substitution der Charakter einer neuen unbekannten Nutzungsart fehle, wohingegen er bei IP-TV gerade wegen den im Wege der Konvergenz entstehenden Zusammenschlusses von netzbasierter Übertragung und traditionellem Fernsehen gegeben sei. Nur für Handy-TV ebenso, für IP-TV hingegen a.A. *Ory*, ZUM 2007, 7 (8)und *ders.*, K&R 2006, 303 (304 ff.). *Wandtke/Bullinger/Wandtke/Grunert*, UrhG, 3. Aufl. 2009, § 31a UrhG, Rn. 51 und *Dreier/Schulze*, UrhG, 3. Aufl. 2008, § 31 UrhG, Rn. 46, jeweils m.w.N., hingegen bejahen die Selbständigkeit der Nutzungsart Handy-TV und *Büchner*, CR 2007, 473 (479) schließlich will in beiden Fällen eine dynamische Betrachtungsweise vornehmen.

[42] Zu den verbleibenden Problemen, auf die hier nicht im Einzelnen eingegangen werden kann, s. die Kommentierungen zu § 137l UrhG sowie *Schulze*, UFITA/III 2007, 641 (641 ff.).

[43] BGBl. I, S. 2513.

[44] Derartige Verträge bedürfen jetzt zu ihrer Wirksamkeit der Schriftform und sie gewähren demjenigen Urheber, der sich nicht auf eine Vergütung einlassen will, ein Widerrufsrecht; zu Einzelheiten s. § 31a UrhG.

die allgemeinen Grundsätze der Vertragsauslegung suchen müssen.[45] Allerdings sind diese Fragen weniger ein Problem der Konvergenz als vielmehr Folge der Neuregelung des Rechts der unbekannten Nutzungsarten. Aus diesem Grund bedarf dieses Problem an dieser Stelle keiner weiteren Vertiefung. Stattdessen kann insoweit auf die allgemeinen Kommentierungen der Übergangsregelung des § 137l UrhG verwiesen werden. Überdies sind zumindest was die Zukunft anbelangt, IP-TV, Internet-TV und Handy-TV inzwischen bekannte Nutzungsarten.

V. Grenzüberschreitende Fragen

Bislang sind die durch die Konvergenz im Zusammenhang mit IP-TV, Internet-TV und Handy-TV aufgeworfenen Urheberrechtsfragen allein nach nationalem deutschen Urheberrecht beurteilt worden. Auf europäisches und internationales Recht war dabei nur insoweit einzugehen, als es galt, den dem nationalen Gesetzgeber und den nationalen Gerichten angesichts international- wie europarechtlicher Vorgaben verbleibenden legislatorischen bzw. interpretatorischen Handlungsspielraum auszuloten. Wie beurteilt sich aber eine grenzüberschreitende Übermittlung urheberrechtlich geschützter Sendeinhalte, wenn diese über IP-TV, Internet-TV und Handy-TV erfolgt? Auch dieser Frage seien abschließend einige Überlegungen gewidmet.

Da zunächst der öffentlich-rechtlich organisierte terrestrische Rundfunk zu Beginn national war und ein grenzüberschreitender Overspill programmtragender Signale innerhalb Europas aufgrund der Sprachunterschiede vernachlässigt werden konnte, stellte sich die Frage des auf eine grenzüberschreitende Sendung anwendbaren Rechts erst mit Aufkommen der Satelliten. Der in den achtziger Jahren entbrannte Streit in der Literatur ging dann – zumindest nach deutschem wie auch österreichischem Verständnis – bekanntermaßen zunächst im Sinne der sog. Bogsch-Theorie aus. Danach findet im Fall einer grenzüberschreitenden Satellitensendung nicht allein das Recht des Sendelandes, sondern zugleich die Rechte sämtlicher Staaten Anwendung, in denen die über Satelliten ausgesandten Signale mit wirtschaftlich vertretbarem Aufwand empfangen werden können, oder für die sie doch zumindest bestimmt sind. Dem hat der europäische Gesetzgeber in der ersten Hälfte der neunziger Jahre zumindest für Europa das Konzept des Sendelandes entgegengesetzt, und zwar als materiellrechtliche Lösung einer einschränkenden Umschreibung des Senderechts, welche die IPR-rechtliche Frage damit zwar nicht abschafft, aber in der Praxis

---

[45] Ebenso *Hoeren*, a.a.O. (Fn. 7), S. 82. – Zu Verträgen über eine unbekannte Nutzungsart aus der Sicht der Zweckübertragungslehre s. *Wille*, UFITA 2008/II, 337 (337 ff.).

doch umgeht.[46] Diese Lösung konnte sich zum einen auf das innerhalb der Gemeinschaft hinreichende harmonisierte Schutzniveau für diejenigen stützen, die als Urheber und Leistungsschutzberechtigte Rechte an den grenzüberschreitend per Satelliten gesendeten Programminhalten haben. Zum anderen wirkte die EU-Richtlinie zumindest in ihren Erwägungsgründen darauf hin, dass die Erlöse, die in Bezug auf die Gesamtverwertung lediglich im Sendestaat von den dort Berechtigten eingenommen wurden, angemessen auf die Berechtigten in den Ländern verteilt werden, in denen die betreffenden Satellitensignale empfangen werden konnten.[47]

Das führt nun zu der Frage, ob diese Lösung auch für die Übermittlung von Sendungen im Internet gelten soll. Gegen eine direkte Anwendung spricht hier zunächst, dass es sich beim Internet um eine leitergebundene Übermittlung handelt. Würde die Antwort beim Handy-TV aber schon allein deshalb anders ausfallen, weil die Handy-Verbindung drahtlos und mitunter über Satelliten erfolgt? Oder soll eine direkte Anwendung nur dann in Frage kommen, wenn die Signale des Handy-TVs nur über Satelliten übermittelt werden, nicht hingegen dann, wenn erdgebundene Funkmasten im Spiel sind? Das kann wohl nicht der richtige Lösungsweg sein, hieße das doch auf allzu technische Zufälligkeiten abstellen. Technische Zufälligkeiten in dem Sinne, dass die Unterschiede der Realisierung der Werknutzung zwar technisch angezeigt sind, dass ihnen vor dem Hintergrund der dem Urheberrecht zugrunde liegenden Wertungen jedoch keinerlei Bedeutung zukommt, die eine rechtliche Differenzierung zu rechtfertigen vermöchte. Genau in diesem Sachzusammenhang aber manifestieren sich Auswirkung und Problem der Konvergenz für das Recht.

Ohne dies hier näher vertiefen zu können (hier ging es ja vornehmlich nur darum, das insoweit bestehende Konvergenzproblem deutlich werden zu lassen), muss es für die Beantwortung der Frage nach dem in diesen Fällen anwendbaren Rechts m.E. vor allem darauf ankommen, ob auch insoweit in allen „Empfangsstaaten" ein hinreichendes Schutzniveau gewährt wird. Solange es daran fehlt, sollte es m.E. für grenzüberschreitendes IP-TV, Internet-TV und Handy-TV bei der Bogsch-Theorie verbleiben.[48] Allerdings ist eine solche Lösung, – das sei hier nicht verschwiegen – nicht frei von praktischen Schwierigkeiten. So bleibt zum einen unklar, wer für die Feststellung des gleichen Schutzniveaus in anderen Staaten – insbesondere außerhalb der EU – zuständig sein soll. Selbst wenn man hier den Weg

---

[46] *Dreier*, in: Walter, a.a.O. (Fn.25), Art. 3 Rn. 3; *Hugenholtz,* in: Dreier/Hugenholtz (Hrsg.), Concise European Copyright Law, Satellite and Cable Dir, 2006, Art. 1 Anm. 3 (c).

[47] Erwägungsgrund 17 der Satelliten- und Kabelrichtlinie 93/83/EG.

[48] Daran dürfte sich seit *Dreier*, in: Hugenholtz (Hrsg.), The Future of Copyright in a digital Environment, 1996, S. 57 ff., nichts Nennenswertes geändert haben.

über offizielle Bekanntmachungen der EU gehen wollte,[49] wäre eine „dynamische" Betrachtung aus der Sicht des individuellen Vertragsmanagements doch kaum praktikabel. Beim Handy-TV könnte sich darüber hinaus das Problem ergeben, das nicht abschließend vorhersehbar ist, in welchem Land bzw. in welchen Ländern die mobilen Handys zum Einsatz kommen. Hier unterläuft nicht der grenzüberschreitende Übertragungsweg, sondern vornehmlich die Mobilität des Endgeräts die vom Grundsatz der Territorialität begrenzte räumliche Geltung der jeweiligen nationalen Urheberrechte. Allerdings ist nicht ausgeschlossen, jedes Handy bzw. jede SIM-Karte an ein bestimmtes Heimatland zu binden, da ja der Träger eines solchen Geräts entweder nur im einen oder aber im anderen Land das Handy-TV empfangen kann, insofern durch die Grenzüberschreitung gerade keine neuen Nutzerkreise erschlossen werden. Allerdings müsste dann wohl wiederum der grenzüberschreitende Handel mit SIM-Karten kontrolliert werden, was sich zumindest innerhalb der EU wiederum nicht durchsetzen ließe. Eine parallele „Geo-Location" könnte man auch beim IP-TV und Internet-TV im Wege einer territorialen Beschränkung des Vertriebs von Settop-Boxen oder einer Eingrenzung zugelassener IP-Adressen ins Auge fassen, doch bestehen auch hier ähnliche Bedenken gegen ihre wirksame Durchsetzbarkeit.[50]

VI. Abschließende Überlegungen

Insgesamt zeigt sich: eindeutig und widerspruchsfrei vermag das Urheberrechtrecht die durch die Konvergenz aufgeworfenen Fragen nicht zu lösen. Insofern sind IP-TV, Internet-TV und Handy-TV nachgerade ein Paradebeispiel für die Konvergenz und die mit dieser verbundenen rechtlichen Probleme. Bislang an technisch unterscheidbare Medien gebundene Dienste können fortan über ein einziges Medium ebenso erbracht werden wie über unterschiedliche Plattformen. Das führt zum „Paradoxon der Konvergenz": Zum einen nähern sich durch die Konvergenz die bislang getrennten Medien aneinander an, um schließlich zu verschmelzen. Zum anderen ermöglicht gerade dies eine zuvor nicht gekannte Ausdifferenzierung der einzelnen Dienstleistungen. Letztere liegen technisch immer näher beieinander, so dass ein differenzierendes Anknüpfen an technische Unterscheidungsmerkmale immer weniger schlüssig wird, zumal sich einzelne technische Merkmale zumeist recht einfach austauschen lassen. Ist ein derartiger Austausch lediglich aus Gründen urheberrechtlicher Differenzierungen veranlasst, so führt dies in aller Regel zu technisch und/oder wirtschaftlich suboptimalen Lösungen.

---

[49]S. zur vergleichbaren Feststellung der Gegenseitigkeit Art. 11 (3) der Datenbankrichtlinie 96/9/EG v. 11.3.1996, Abl. EG Nr. L 77 v. 27.3.1996, S. 20.
[50]S. dazu auch *Eberle*, ZUM 2007, 399 (400); *Kleinke*, AfP 2008, 460 (466).

Vor diesem Hintergrund versagt dann jegliches technologiespezifische Recht und zwar sowohl in der Rechtsanwendung als auch in der Gesetzgebung, kommen dem Richter aufgrund der Konvergenz doch die bisherigen Interpretations- und dem Gesetzgeber die bislang eindeutigen technischen Unterscheidungsmerkmale abhanden. Die Unterscheidungsmerkmale sind an sich zwar noch vorhanden, zumal die Konvergenz ja zugleich eine Ausdifferenzierung der Produkte und Dienste ermöglicht, doch sind sie als Anknüpfungspunkte für rechtliche Kategorien nicht mehr tragfähig, eben weil sie aufgrund der gleichermaßen stattfindenden Ausdifferenzierung der Produkte und Dienste zu nahe beieinander liegen und damit weitgehend austauschbar geworden sind.

Als Ausweg aus diesem Dilemma dürfte mithin nur der Weg verbleiben, mit Differenzierungen, die historisch an inzwischen veralteten Technologien gewachsen sind, aufzuräumen und den Regelungsbestand im Lichte des generellen Regelungsziels zu konsolidieren. Das würde im Urheberrecht zum einen eine eindeutige Begrenzung technologischer Differenzierungen auf klar abgrenzbare Sonderfälle bedeuten, sei es in Bezug auf Verwertungsrechte, sei es in Bezug auf allzu differenziert anwendbare Schrankenbestimmungen. Zum anderen bedarf es dringend einer flexiblen Schrankenbestimmung, die es den Gerichten ermöglicht, die nicht mehr im Vorhinein vom Gesetzgeber eindeutig vorhersehbaren tragfähigen Unterscheidungskriterien – seien sie technischer, wirtschaftlicher oder interessengeleiteter Natur – bei der Entscheidungsfindung in einer dem jeweiligen Einzelfall und dem aktuellen Stand der technischen und wirtschaftlichen Entwicklung angemessenen Weise zu berücksichtigen. Immerhin denkt auch die EU-Kommission neuerdings in diese Richtung, wenngleich bislang nur im begrenzten Bereich wissensbasierten Wirtschaftens.[51] Das Problem der Konvergenz besteht gerade darin, dass für die Subsumtion der aufgrund der Konvergenz nicht mehr eindeutig zuordenbaren technischen Dienste jeweils mehrere Wertungsmaßstäbe zur Verfügung stehen, die nur in einer flexiblen, alle Belange berücksichtigenden Gesamtwertung aufgehoben sein können.

---

[51] Grünbuch „Urheberrechte in der wissensbestimmten Wirtschaft", KOM (2008) 466/3 („Frage ..., ob mit der erschöpfenden Ausnahmenliste der Richtlinie ‚ein angemessener Rechts- und Interessenausgleich zwischen den verschiedenen Kategorien von Rechtsinhabern [...] und Nutzern' erreicht wird").

Fehlende urheberrechtliche Nutzungsberechtigung trotz – oder wegen – Konvergenz? Praktische Auswirkungen der urheberrechtlichen Einordnung von Online-Diensten

Eva-Irina Freifrau von Gamm

I. Problemstellung 127
II. Praktische Auswirkungen der Einordnung in die Verwertungsformen der §§ 15 ff. UrhG 128
    1. Auswirkungen auf das Recht der ausübenden Künstler 128
    2. Auswirkung auf alte Nutzungsverträge 130
    3. Auswirkung auf das anwendbare Recht 131
III. Zusammenfassung 132

I. Problemstellung

Die Verbreitungswege von urheber- oder leistungsschutzrechtlich geschützten Werken im Internet und im Mobilfunk sind vielfältig. Geschützte Werke sind nicht nur auf privaten und kommerziellen Webseiten eingestellt (z.B. Stadtpläne), auf dem eigenen PC für andere Nutzer über zentrale oder dezentrale File-Sharing-Systeme (z.B. Tauschbörsen wie Napster) bereitgestellt, als Podcasts oder Streaming (zeitversetzte Nutzungsmöglichkeit) zugänglich, sondern werden den Nutzern auch in Form von sog. Push-Diensten zugespielt. Bei letzteren findet die Übermittlung der einzelnen Werke nicht auf individuellen Abruf statt, sondern die Werke werden den Abnehmern vom Anbieter aus zugespielt.[1] Nicht zu vergessen sind Webcasting und Simulcasting (Formen des Internetrundfunks), Handy-TV sowie Near-on-demand Dienste (z.B. Video near-on-demand), bei denen die Sendungen in regelmäßigen – sehr kurzen – Abständen wiederholt werden, so

---

[1] *Dreier/Schulze*, UrhG, 3. Aufl. 2008, § 19a UrhG, Rn. 10.

dass sich der Nutzer jederzeit einklinken kann und den Eindruck gewinnt, das Werk allzeit online abrufen zu können.[2]

Bei diesen Verwertungsformen ist im Einzelnen nicht immer unumstritten, ob sie

- unter das Recht der öffentlichen Zugänglichmachung nach § 19a UrhG oder

- unter das Senderecht nach § 20 UrhG fallen oder

- ob nicht ein unbenanntes Recht der unkörperlichen öffentlichen Werkwiedergabe nach § 15 Abs. 2 UrhG anzunehmen ist.[3]

Die urheberrechtlichen Verwertungsrechte der §§ 15 ff. UrhG knüpfen nicht an den Werkgenuss selbst (Lesen, Hören etc.), sondern an den dem Werkgenuss vorgelagerten Nutzungshandlungen an, durch die das Werk dem Endverbraucher nahegebracht wird (z.B. durch Vervielfältigung und Verbreitung eines Druckwerks oder Sendung eines Filmwerks).[4] Dies wird als Stufensystem zur mittelbaren Erfassung des Endverbrauchers bezeichnet.[5]

Die Formen der körperlichen und unkörperlichen Verwertungsrechte sind in den §§ 15 ff. UrhG beispielhaft („insbesondere") aufgeführt. Dennoch ist die Einordnung in die in den §§ 15 ff. UrhG aufgeführten Verwertungsrechte nicht nur aus akademischen, sondern auch aus praktischen Gründen von entscheidender Bedeutung. Dies soll nachfolgend kurz aufgezeigt werden.

II. Praktische Auswirkungen der Einordnung in die Verwertungsformen der §§ 15 ff. UrhG

1. Auswirkungen auf das Recht der ausübenden Künstler

§ 78 UrhG regelt die Rechte der ausübenden Künstler bei öffentlicher Wiedergabe ihrer geschützten Darbietungen. Je nach dem, ob die Verwertungsform dem Recht der öffentlichen Zugänglichmachung nach § 19a UrhG, dem Senderecht nach § 20 UrhG oder als unbenanntes Recht der unkörperlichen öffentlichen Wiedergabe nach § 15 Abs. 2 UrhG zuzuordnen ist, stehen dem ausübenden Künstler unterschiedliche Rechte zu:

---

[2] *Schack*, GRUR 2007, 639 (641).
[3] *Dreier/Schulze*, UrhG, 3. Aufl. 2008, § 19a UrhG, Rn. 10.
[4] *Dreier/Schulze*, UrhG, 3. Aufl. 2008, § 15 UrhG, Rn. 3.
[5] BVerfGE 31, 255 (267) – Tonbandvervielfältigung; *BGH*, GRUR 1965, 104 (107) – Personalausweise.

- Wird die Darbietung des ausübenden Künstlers öffentlich zugänglich im Sinne des § 19a UrhG gemacht, hat der ausübende Künstler gem. § 78 Abs. 1 Nr. 1 UrhG ein **Ausschließlichkeitsrecht**, d.h. er kann die Zugänglichmachung notfalls untersagen. Dabei kommt es nicht darauf an, ob die Darbietung erlaubterweise aufgenommen worden ist und auch nicht darauf, ob sie bereits erschienen ist oder nicht. Vertragliche Regelungen außer Acht gelassen, kann z.B. die Sängerin Madonna entscheiden, ob ihr neuester Videoclip im Internet online gestellt wird oder nicht.

- Wird die Darbietung des ausübenden Künstlers gem. § 20 UrhG gesendet, steht dem ausübenden Künstler gem. § 78 Abs. 1 Nr. 2 UrhG kein Verbotsrecht zu, wenn die Darbietung erlaubterweise auf Bild- oder Tonträger aufgenommen worden und bereits erschienen oder öffentlich zugänglich gemacht worden ist. In diesem Fall ist dem ausübenden Künstler lediglich gem. § 78 Abs. 2 UrhG eine **angemessene Vergütung** zu zahlen. So könnte Madonna hier nicht verhindern, dass ihr bereits im Handel erhältlicher Videoclip im Fernsehen gezeigt wird. Sie erhält hierfür lediglich eine angemessene Vergütung.

- Greift man auf das unbenannte Recht der unkörperlichen öffentlichen Werkwiedergabe nach § 15 Abs. 2 UrhG zurück, weil sich die Verwertungsform weder dem § 19a UrhG noch dem Senderecht nach § 20 UrhG eindeutig zuordnen lässt,[6] stellt sich die Frage, ob und wenn ja, welche Rechte dem ausübenden Künstler zustehen. Die Ausschließlichkeitsrechte der §§ 77, 78 Abs. 1 UrhG verwirklichen neben dem aus Art. 2 Abs. 1 GG abzuleitenden Gebot der Selbstbestimmungsbefugnis des ausübenden Künstlers zugleich das durch Art. 14 GG abgesicherte Recht auf eine angemessene finanzielle Teilhabe an den durch die Technik gesteigerten Nutzungsmöglichkeiten der Darbietung.[7] Die Beschränkung des Ausschließlichkeitsrechts auf einen Anspruch auf angemessene Vergütung gem. § 78 Abs. 2 UrhG stellt dazu eine Ausnahme dar und ist in der Entstehungsgeschichte vom Gedanken getragen, dass die Sendung von im Handel frei erhältlichen Schallplatten nicht durch ein Verbotsrecht der ausübenden Künstler blockiert werden sollte. An einem Verbot habe der ausübende Künstler kein schützwürdiges Interesse, da die Darbietung durch die Funksendung keiner wesentlich größeren oder andersartigen Öffentlichkeit zugänglich gemacht wird, als dies durch die Vervielfältigung und Verbreitung des Bild- und Tonträgers schon geschehen sei.[8] Für

---

[6] *Dreier/Schulze*, UrhG, 3. Aufl. 2008, § 19a UrhG, Rn. 10.
[7] *Schricker/Krüger*, UrhG, 3. Aufl. 2006, vor §§ 73 ff. UrhG, Rn. 12; Amtliche Begründung zum Urheberrechtsgesetz *Haertel/Schiefler*, S. 314.
[8] *Schricker/Krüger*, UrhG, 3. Aufl. 2006, § 78 UrhG, Rn. 21; Amtliche Begründung zum Urheberrechtsgesetz *Haertel/Schiefler*, S. 321.

die Abgrenzung von Verbots- und Vergütungsanspruch sollte somit die Frage gestellt werden, ob die jeweilige Übertragungsform in technischer und wirtschaftlicher Hinsicht geeignet ist, den herkömmlichen Verkauf von Bild- und Tonträgern zu ersetzen.[9] Der Gesetzgeber hat dabei mit § 78 Abs. 1 Nr. 1 UrhG die Wertung getroffen, dass dies beim Recht auf öffentliche Zugänglichmachung der Fall ist und dem ausübenden Künstler ein Verbotsrecht zusteht. Nichts anderes kann meines Erachtens für das Recht der unkörperlichen öffentlichen Wiedergabe nach § 15 Abs. 2 UrhG gelten, um so mehr, wenn man berücksichtigt, dass das Verbotsrecht die verfassungsrechtlich gebotene Regel und das Vergütungsrecht die Ausnahme ist.

2. Auswirkung auf alte Nutzungsverträge

Je nach dem, ob die Verwertungsform dem Recht der öffentlichen Zugänglichmachung nach § 19a UrhG, dem Senderecht nach § 20 UrhG oder als unbenanntes Recht der unkörperlichen öffentlichen Wiedergabe nach § 15 Abs. 2 UrhG zuzuordnen ist, kann dies dazu führen, dass die Verwertungsform von einem alten Nutzungsvertrag bereits erfasst ist oder sich die Frage nach den Nutzungsrechten erneut stellt.

Aus der Zweckübertragungslehre des § 31 Abs. 5 UrhG wird eine Spezifierungslast abgeleitet, wonach derjenige der sichergehen will, dass er das betreffende Nutzungsrecht erwirbt, dieses ausdrücklich zu bezeichnen hat.[10] Dies führt dazu, dass in der Praxis üblicherweise jede einzelne Nutzungsart in den Verwertungsverträgen genau bezeichnet wird. Dies bedeutet, dass sich in den meisten Altverträgen eine Regelung zum Senderecht finden lässt, aber **keine zum Recht der öffentlichen Zugänglichmachung nach § 19a UrhG**, wenn dieses zum Zeitpunkt des Vertragsschlusses noch nicht bekannt war und im Übrigen nach dem früheren § 31 Abs. 4 UrhG[11] dann auch nicht wirksam hätte eingeräumt werden können. Auch eine Regelung zum unbenannten Recht der unkörperlichen öffentlichen Wiedergabe nach § 15 Abs. 2 UrhG wird sich in der Regel in den Verwertungsverträgen nicht finden, da eine pauschale Einräumung der unkörperlichen Wiedergabe nach § 15 Abs. 2 UrhG wohl nicht bestimmt genug wäre, um der Spezifizierungslast zu genügen.

Handelt es sich bei der in Frage stehenden Verwertungsform um eine zum Vertragsschluss unbekannte Nutzungsart und hat der Urheber

---

[9] *Schricker/Krüger*, UrhG, 3. Aufl. 2006, § 78 UrhG, Rn. 21.
[10] *Schricker/Schricker*, UrhG, 3. Aufl. 2006, § 31 UrhG, Rn. 34.
[11] § 31 Abs. 4 UrhG wurde durch das 2. Gesetz zur Informationsgesellschaft vom 26.10.2007 aufgehoben. Die Einräumung von Rechten für unbekannte Nutzungsarten ist nun in den §§ 31a, 32c und § 137l geregelt.

dem Verwerter in einem zwischen dem 01.01.1966 und dem 01.01.2008 abgeschlossenen Vertrag alle wesentlichen Nutzungsrechte ausschließlich sowie räumlich und zeitlich unbegrenzt eingeräumt, hilft dem Verwerter die **Übergangsvorschrift des § 137l UrhG**. Danach gelten gem. § 137l Abs. 1 S. 1 UrhG die unbekannten Nutzungsrechte ebenfalls als eingeräumt, sofern der Urheber nicht dem Verwerter gegenüber der Nutzung widerspricht. Das Widerspruchsrecht für Nutzungsarten, die zum 01.01.2008 bereits bekannt waren, ist gem. § 137l Abs. 1 S. 2 UrhG am 01.01.2009 erloschen. Im Übrigen erlischt das Widerspruchsrecht gem. § 137l Abs. 1 S. 3 UrhG nach Ablauf von drei Monaten, nachdem der Verwerter die Mitteilung über die beabsichtigte Aufnahme der neuen Art der Werknutzung an den Urheber unter der ihm zuletzt bekannten Anschrift abgesendet hat.

3. Auswirkung auf das anwendbare Recht

Das Recht der öffentlichen Zugänglichmachung nach § 19a UrhG zeichnet sich dadurch aus, dass das urheberrechtlich geschützte Werk den Mitgliedern der Öffentlichkeit **von Orten und Zeiten ihrer Wahl** zugänglich ist (sog. interaktiver Abruf). Die maßgebliche Verwertungshandlung ist die Bereitstellung des Werkes zum Abruf durch die Öffentlichkeit. Umstritten ist, ob auch die spätere Online Übermittlung auf Abruf diesem Verwertungsrecht unterfällt.[12]

Da sich die Wirkung nationaler Regelungen nach dem Territorialitätsprinzip auf das Inland beschränkt, ist für die Anwendbarkeit deutschen Rechts entscheidend, ob die betreffende Nutzungshandlung im Inland erfolgt. Daher kann die Einordnung des Rechts der öffentlichen Zugänglichmachung als zweistufiges Recht (Bereitstellung des Werkes zum Abruf durch die Öffentlichkeit als erste Stufe und Online Übermittlung auf Abruf als zweite Stufe) Auswirkungen auf die Frage des anwendbaren Rechts haben. Hierzu werden allerdings nahezu alle Meinungen vertreten.[13] Sieht man das Recht der Zugänglichmachung als einstufiges Recht an, könnte man auf den Ort der Bereitstellung als Anknüpfungspunkt für das anwendbare Recht abstellen. Betont man die Zweistufigkeit des Rechts der öffentlichen Zugänglichmachung, könnte man als Anknüpfungspunkt jeden Ort sehen, an dem eine Abrufmöglichkeit besteht.[14]

Das Senderecht des § 20 UrhG wird hingegen als einstufiges Verwertungsrecht gesehen. Maßgeblicher Anknüpfungspunkt für das Verwertungsrecht ist das Senden. Der Empfang der Sendung ist urheberrechtlich irre-

---

[12] *Schack*, GRUR 2007, 639 (640) m.w.N. in Fn. 7.
[13] *Dreier/Schulze*, UrhG, 3. Aufl. 2008, vor §§ 120 ff. UrhG, Rn. 40 ff. m.w.N.
[14] *LG Hamburg*, GRUR-RR 2004, 313 (316) – thumbnails, unter Berufung auf *BGH*, GRUR 1993, 550 – The Doors.

levant.[15] Im Hinblick auf das anwendbare Recht wird allerdings danach unterschieden, ob es sich

i

- um eine europäischen Satellitensendung im Sinne des § 20 a UrhG handelt (deutsches Recht nur dann, wenn die für den öffentlichen Empfang bestimmten Programmsignale in Deutschland in die ununterbrochene Kette zum Satelliten und zurück zur Erde eingegeben werden),

- um eine sonstige Satellitensendung (deutsches Recht, wenn dem ausländischen Recht der in der EU-Richtlinie 93/83 vorgeschriebene Mindestschutz fehlt und die die Signale von deutschem Boden aus zum Satelliten gesandt werden oder das Sendeunternehmen seine Niederlassung in Deutschland hat) oder

- um eine terrestrische Sendung handelt (nach traditioneller Meinung: deutsches Recht, wenn die Signale von Deutschland aus ausgestrahlt werden; nach der wohl herrschenden sog. Bogsch-Theorie deutsches Recht, wenn das Recht des Sendestaats keinen dem deutschen Recht vergleichbaren Schutzstandart enthält).[16]

III. Zusammenfassung

Die Frage, ob die Verbreitung geschützter Werke im Internet und im Mobilfunk dem Recht der öffentlichen Zugänglichmachung nach § 19a UrhG, dem Senderecht nach § 20 UrhG oder als unbenanntes Recht der unkörperlichen öffentlichen Wiedergabe nach § 15 Abs. 2 UrhG unterliegt, ist auch für den Praktiker von großem Interesse.

Ist die Verbreitungsform dem Recht auf öffentliche Zugänglichmachung nach § 19a UrhG oder als unbenanntes Recht der unkörperlichen öffentlichen Wiedergabe nach § 15 Abs. 2 UrhG zuzuordnen, steht dem ausübenden Künstler ein Verbotsrecht nach § 78 Abs. 1 Nr. 1 UrhG zu. Wird das Werk gesendet, hat der ausübende Künstler in der Regel nur einen Anspruch auf angemessene Vergütung gem. § 78 Abs. 2 UrhG.

Alte Verwertungsverträge werden häufig nur das Senderecht, nicht aber das Recht auf öffentliche Zugänglichmachung oder das unbenannte Recht der unkörperlichen öffentlichen Wiedergabe nach § 15 Abs. 2 UrhG erfassen, so dass sich für diese Fälle die Frage nach den erforderlichen Nutzungsrechten neu stellt.

---

[15] *Schack*, GRUR 2007, 639 (640).
[16] *Dreier/Schulze*, UrhG, 3. Aufl. 2008, vor §§ 120 ff. UrhG, Rn. 36 ff.

Schließlich kann die Einordnung auch Auswirkungen auf das anwendbare Recht haben, wobei hier allerdings vieles noch ungeklärt ist.

Crossmediale Zusammenschlusskontrolle

KNUT WERNER LANGE

I. Problemaufriss 135
II. Konglomerate Zusammenschlüsse im Medienbereich 137
   1. Wettbewerbliche Bedeutung konglomerater Zusammenschlüsse . 137
   2. Medienmärkte in der kartellrechtlichen Beurteilung 139
III. Crossmediale Wirkungen 142
   1. Crossmediale Wirkungen bei Medienfusionen 142
   2. Crossmediale Wirkungen in der Sache Springer/ProSiebenSat.1 . 142
IV. Bewertung der Entscheidung Springer/ProSiebenSat.1 144
   1. Prognoseentscheidung 144
   2. Ökonomische Fundierung der Entscheidung 145
V. Folgerungen 146
   1. Crossmediale Effekte und kartellrechtliche Marktabgrenzung ... 146
   2. Das Fusionskontrollverfahren im Medienbereich 147
VI. Konsequenzen und Ausblick 149

I. Problemaufriss

Dem GWB kommt auch im Medienbereich die Rolle zu, wirtschaftlichen Wettbewerb auf den Märkten und die dafür erforderliche Marktstruktur aufrecht zu erhalten. Das BKartA prüft daher, ob durch einen Zusammenschluss eine marktbeherrschende Stellung auf dem betroffenen Mediensektor begründet oder verstärkt wird, § 36 Abs. 1 GWB. Die Zielrichtung des RStV ist es hingegen, Zusammenschlüsse zu verhindern, die eine vorherrschende Meinungsmacht begründen würden, § 22 RStV.[1] Die Kommission zur Ermittlung der Konzentration im Medienbereich (KEK) darf die Unbedenklichkeitserklärung nach den §§ 25 ff. RStV nur dann abgeben, wenn der Zusammenschluss nicht zum Entstehen oder Verstärken einer vorherrschenden Meinungsmacht führt. In Deutschland wird damit ein Zusammenschluss, der den Medienbereich betrifft, doppelt untersucht.

---
[1] *Dörr*, ZWeR 2004, 159 (159 ff.); *Holznagel/Krone*, MMR 2005, 666 (666 ff.); krit. dazu *Säcker*. K&R 2006, 49 (49 ff.).

Gerade das Problem der crossmedialen Effekte von Zusammenschlüssen macht deutlich, dass ein enger Zusammenhang zwischen Marktmacht und Meinungsherrschaft besteht. Da sich wirtschaftlicher Wettbewerb und Meinungspluralität in gewisser Weise bedingen und die Gefahr besteht, dass es zu unterschiedlichen Entscheidungen von KEK und BKartA kommt, ist mehrfach ein einheitliches Verfahren gefordert, zumindest aber eine engere Zusammenarbeit der beteiligten Behörden angemahnt worden.[2] Es wird zudem die Frage aufgeworfen, ob die quantitativen und qualitativen Beurteilungsmaßstäbe zur Überprüfung ein und desselben Zusammenschlusses hinreichend kongruent seien.[3]

Exemplarisch sollen die mit diesem doppelten Kontrollsystem verbundenen Probleme bei der Behandlung crossmedialer Fusionen anhand des mittlerweile aufgegebenen Zusammenschlussvorhabens zwischen der Axel Springer AG und der Sendergruppe ProSiebenSat.1 erörtert werden. Im Zentrum steht dabei der Untersagungsbeschluss der 6. Beschlussabteilung des BKartA vom 19.1.2006,[4] der inzwischen mehrfach die Gerichte beschäftigt hat.[5]

Daneben hat sich aber – und aus diesem Grund ist der Fall für eine Diskussion des Problems so gut geeignet – auch die KEK mit dem Zusammenschlussvorhaben befasst und entschieden, dass die geplante Fusion vorherrschende Meinungsmacht begründen würde.[6] Deren Beschluss ist im November vergangenen Jahres durch das VG München bestätigt worden.[7]

Dieser Fall ist neben seiner wirtschaftlichen und publizistischen Dimension vor allem wegen der Behandlung und Einordnung der sogenannten crossmedialen Wirkungen und Problemstellungen in beiden Verfahren bedeutsam. Diese Effekte betrafen aber weniger (markt-)übergreifende Folgen, als vielmehr die Annahme einer Verstärkung einer beherrschenden Stellung auf zuvor abgegrenzten Medienmärkten. Die Frage, ob und inwieweit crossmediale Effekte als ein Anknüpfungspunkt für eine marktbeherrschende Stellung herangezogen werden können, ist letztlich weder vom BKartA noch von der KEK klar herausgearbeitet worden. Der Beitrag konzentriert sich aus Zeitgründen auf die kartellrechtlichen Aspekte

---

[2] Vgl. nur *Trafkowski*, K&R 2002, 62 (66).

[3] *Müller*, MMR 2006, 125 (126).

[4] Beschluss ist nur teilweise veröffentlicht in *BKartA*, WuW/E DE-V 1163 (1163 ff.). Im Folgenden wird sich jedoch stets auf den vollständigen Beschluss bezogen (abrufbar unter http://www.bundeskartellamt.de/wDeutsch/download/pdf/Fusion/Fusion06/B6-103-05.pdf).

[5] *OLG Düsseldorf*, WuW/E DE-R 1839 (1839 ff.); *BGH*, WuW/E DE-R 2221 (2221 ff.); *Hess/Jury-Fischer*, AfP 2007, 430 (433); *Herlinger*, BB 2008, 749 (750 f.).

[6] *KEK*, Beschl. v. 10.1.2006 – KEK 293-1 bis -5; vgl. dazu *Bornemann*, MMR 2006, 275 (275 ff.); *Hess*, AfP 2006, 32 (32 f.); *Müller*, MMR 2006, 125 (125 f.); *Säcker*, K&R 2006, 49 (49 ff.).

[7] *VG München*, MMR 2008, 427 (427 ff.) mit krit. Anm. *Podzun*; *Hess/Jury-Fischer*, AfP 2007, 545 (547).

crossmedialer Effekte und geht auf die Entscheidung der KEK vor allem vergleichend ein.

II. Konglomerate Zusammenschlüsse im Medienbereich

1. Wettbewerbliche Bedeutung konglomerater Zusammenschlüsse

Der Begriff der crossmedialen Fusion ist dem Kartellrecht unbekannt. Wenn die Tätigkeit der an einem Zusammenschlussvorhaben beteiligten Unternehmen verschiedene sachliche Märkte betrifft, wird von einem konglomeraten Zusammenschluss ausgegangen.[8] Allgemein wird mit diesem Begriff eine Fusion bezeichnet, an der Unternehmen beteiligt sind, die sich nicht als Wettbewerber gegenüberstehen und zwischen denen weder ein Bezugs- noch ein Lieferverhältnis besteht.[9]

Auch in einem solchen Fall hat das BKartA sicherzustellen, dass der Wettbewerb nicht gefährdet wird. Ein Zusammenschluss ist daher zu untersagen, wenn durch ihn eine marktbeherrschende Stellung begründet oder verstärkt wird, § 36 Abs. 1 GWB. Die durch konglomerate Zusammenschlüsse entstehenden (Groß-)Unternehmen können insbesondere wegen ihrer Kapitalausstattung und ihrem Auftreten auf verschiedenen Märkten Strategien zur Verdrängung von Konkurrenten entwickeln und über einen längere Zeitraum hinweg erfolgreich durchhalten. Außerdem werden sich durch einen solchen Zusammenschluss die Zutrittsschranken für neu in den Markt eintretende Unternehmen erhöhen.

Allerdings sind die Folgen konglomerater Zusammenschlüsse regelmäßig kartellrechtlich nur schwer zu erfassen.[10] Nur wenn die betroffenen Märkte in einem besonderen Näheverhältnis zueinander stehen, kommt es bei der Bewertung auf die Auswirkungen zwischen ihnen an. Letztlich geht es bei der Beurteilung konglomerater Fusionen um die Frage nach dem Entstehen einer marktübergreifenden Unternehmensmacht und der Möglichkeit des Marktmachttransfers.

Da es bei konglomeraten Zusammenschlüssen gerade nicht auf eine Marktanteilsaddition ankommt, versteht es sich von selbst, dass der Frage

---

[8] *BKartA*, Konglomerate Zusammenschlüsse – Bestandsaufnahme und Ausblick, 2006, passim; *Emmerich*, Kartellrecht, 11. Aufl. 2008, S. 468 f.; *Satzky*, WuW 2006, 870 (870 ff.).

[9] *Richter*, in: Wiedemann (Hrsg.), Handbuch des Kartellrechts, 2. Aufl. 2008, S. 838 f.; *Schröer*, in: Lange (Hrsg.), Handbuch zum deutschen und europäischen Kartellrecht, 2006, S. 589 f.; *Immenga*, AG 1990, 209 (209 ff.).

[10] *Bohne*, WRP 2006, 540 (541); *Bretschneider*, WRP 2008, 761 (763); *Emmerich*, (Fn. 8), S. 468 f.

nach dem angesprochenen Näheverhältnis und der Ermittlung des konkreten Marktgeschehens insgesamt gesteigerte Bedeutung zukommt. Typischerweise stellen sich die Probleme, wenn sich potenzielle Wettbewerber zusammenschließen oder ein Hersteller mit dem Anbieter von Substitutionsprodukten fusioniert und der Fall sich an der Grenze zum horizontalen Zusammenschluss bewegt.[11] In jedem Fall ist zu untersuchen, ob es zu einem Zuwachs an Ressourcen kommt, welcher Wettbewerber abschreckt.[12]

Ein bedeutsames Kriterium, insbesondere für das Feststellen der Verstärkung einer marktbeherrschenden Stellung, ist die Finanzkraft bzw. generell die nicht notwendigerweise finanziell bedingte Ressourcenstärke der zusammengeschlossenen Unternehmen. Die Gesamtheit der Ressourcen eines Unternehmens, insbesondere die Möglichkeiten der Finanzierung über Eigen- oder Fremdkapital bzw. durch Inanspruchnahme des Kapitalmarktes, kann insbesondere bei konglomeraten Zusammenschlüssen erheblichen Einfluss auf das Bestehen einer marktbeherrschenden Stellung gewinnen.[13] Die Finanzkraft eines Unternehmens zeigt sich dabei nicht unbedingt rasch in der Höhe des Umsatzes; vielmehr sind Cashflow, Investitionshöhe, Rücklagen, Eigenkapitalanteil etc. als Grundlagen der Betrachtung heranzuziehen, auch wenn für Außenstehende der Umsatz regelmäßig als erstes Indiz für das Vorliegen überlegener Finanzkraft dienen wird. Eine Analyse darf sich allerdings nicht dabei belassen, da ansonsten jede konglomerate Fusion unter Beteiligung finanzkräftiger Unternehmen zu untersagen wäre. Allein die Möglichkeit zum Verlustausgleich würde zu einer grundlosen Benachteiligung führen.[14]

Neben der gesteigerten Finanzkraft können bei konglomeraten Zusammenschlüssen weitere wettbewerblich bedenkliche Gesichtspunkte auftreten. So kann es zu einer beachtlichen Sortimentserweiterung oder zu koordinierten Effekten kommen. Nur beim Hinzutreten weiterer konkreter Umstände, wie z.B. einem drohenden Abschreckungs- und Entmutigungseffekt für aktuelle oder potenzielle Wettbewerber, wird man daher davon ausgehen können, dass ein Zusammenschluss aufgrund einer hohen Finanzkraft der beteiligten Unternehmen eine Beeinträchtigung des Wettbewerbs zur Folge haben wird.[15] Allerdings ist hierfür nicht erforderlich, dass ein

---

[11] *BGH*, WuW/E BGH 1502 (1502 ff.) - Kfz-Kupplungen; krit. *Säcker*, K&R 2006, 49 (52).

[12] Langen/Bunte/*Ruppelt*, Kommentar zum deutschen und europäischen Kartellrecht, Bd. 1, 10. Aufl. 2006, § 36 GWB, Rn. 33.

[13] Vgl. dazu *BKartA* (Fn. 8), 13; *Richter* (Fn. 9), S. 687 f. m.w.N.; *Schröer* (Fn. 9), S. 600.

[14] *Bohne*, WRP 2006, 540 (542); *Immenga*, AG 1990, 209 (211); *Säcker*, K&R 2006, 49 (52).

[15] MünchKomm/*Becker/Knebel*, GWB, 1. Aufl. 2008, § 36 GWB Rn. 206; *Gromotke*, in: Lange (Hrsg.), Handbuch zum deutschen und europäischen Kartellrecht, 2006, S. 624; Loewenheim/Meessen/Riesenkampf/*Kahlenberg*, Kartellrecht, Bd. 2, 1. Aufl. 2006, § 36 GWB, Rn. 46; Langen/Bunte/*Ruppelt* (Fn. 12), § 36 GWB, Rn. 33.

besonderer Ressourceneinsatz tatsächlich geplant oder konkret zu erwarten ist, sofern nur die Möglichkeit zu dessen Einsatz besteht und dieser von aktuellen oder potenziellen Wettbewerbern erwartet wird.

Stets muss eine Prognoseentscheidung getroffen werden, ob und inwieweit sich der verbleibende und der potenzielle Wettbewerb durch den konglomeraten Zusammenschluss verschlechtern.[16] Die Anforderungen an diese Prüfung sind in der Praxis nicht sehr hoch. Die Rechtsprechung hat es ausreichen lassen, dass das erworbene Unternehmen in die umfassende Geschäftspolitik des erwerbenden Unternehmens eingegliedert wird und hierauf die Abschreckung beruht.[17] Dazu sind die längerfristigen Wirkungen auf die Marktstruktur zu untersuchen und festzustellen, welchen Einfluss die Erhöhung der Finanzkraft auf die Vorstellungen vorhandener und potenzieller Wettbewerber hat.

2. Medienmärkte in der kartellrechtlichen Beurteilung

a) Grundsätze

Der Marktabgrenzung kommt in der Fusionskontrolle eine Schlüsselfunktion zu; dies gilt auch in Fällen, in denen Medienmärkte betroffen sind. Bei der sachlichen Marktabgrenzung werden die Güter- oder Dienstleistungsmärkte ermittelt, auf denen ein Unternehmen eine beherrschende Stellung innehaben soll. Ständige Praxis ist es, aus Sicht der Abnehmer zu fragen, welche Produkte bzw. Dienstleistungen funktionell austauschbar sind (sog. Bedarfsmarktkonzept).[18] In den relevanten Markt sind diejenigen Waren einzubeziehen, die aus der Sicht des verständigen Verbrauchers nach Eigenschaft, Verwendungszweck und Preislage zur Deckung eines bestimmten Bedarfs geeignet und miteinander austauschbar sind.[19] Bei einer derart umschriebenen, hinreichenden Austauschbarkeit bestehen Wettbewerbsbeziehungen zwischen den Produkten, die die Verhaltensspielräume des Normadressaten und damit die Marktmacht begrenzen. Sind Produkte

---

[16] Dazu jüngst *Ehricke/Schmidt*, in: Ahrens/Behrens/Kleine/v. Dietze (Hrsg.), Patente, Prognosen, Kooperationen: Aktuelle Fragen der Kartellrechtsanwendung, 2008, S. 71 (71 ff.).

[17] *BGH*, WuW/E BGH 2150 (2150 ff.) - Edelstahlbesteck; WuW/E BGH 1501 (1508) - Kfz-Kupplungen, siehe dazu Immenga/Mestmäcker/*Mestmäcker/Veelken*, Wettbewerbsrecht, Bd. 2, 4. Aufl. 2007, § 36 GWB, Rn. 273; *Satzky*, WuW 2006, 870, (874 ff.).

[18] Vgl. nur *BGH*, WuW/E BGH 2271 (2772) - Kaufhof/Saturn; *Bunte*, Kartellrecht, 2. Aufl. 2008, S. 163 ff.; Paschke/Berlit/Meyer/*Braun*, Hamburger Kommentar zum gesamten Medienrecht, 1. Aufl. 2008, 21. Abschn., Rn. 6-9; *Gromotke*, in: Lange (Hrsg.), Handbuch zum deutschen und europäischen Kartellrecht, 2. Aufl. 2006, S. 616.

[19] *BGH*, WuW/E BGH 1445 (1447) - Valium; vgl. ferner WuW/E BGH 2150 (2150 ff.) - Edelstahlbesteck.

nur zu manchen Verwendungszwecken gleichermaßen zu nutzen oder werden sie nur von wenigen Verbrauchern parallel eingesetzt, fehlt es an dieser Marktgleichwertigkeit.[20]

Auch für den Medienbereich gilt daher: Entscheidend ist, inwieweit die Marktgegenseite bereit ist, ein Medium gegen das andere auszutauschen, um ein bestimmtes Bedürfnis zu befriedigen. Bislang ist eine funktionelle Austauschbarkeit in diesem Sinne bei Zusammenschlüssen von Unternehmen aus verschiedenen Medienbereichen regelmäßig nicht angenommen worden. Rechtsprechung und BKartA gehen im Gegenteil davon aus, dass die jeweiligen Mediengruppen, etwa Fernsehen oder Presseerzeugnisse, nicht untereinander substituierbar sind.[21] Im Pressebereich wurde und wird beispielsweise regelmäßig zwischen dem Leser- und dem Anzeigenmarkt unterschieden.[22]

b) Marktabgrenzung im Fall Springer/ProSiebenSat.1

Das BKartA hat in der Sache Springer/ProSiebenSat.1 drei relevante Märkte ermittelt: einen bundesweiten Fernsehwerbemarkt, einen bundesweiten Lesermarkt für Straßenverkaufszeitungen und einen bundesweiten Anzeigemarkt für Zeitungen. Auf den Fernsehmärkten wird also der jeweilige Fernsehwerbemarkt abgegrenzt, was weitreichende Folgen hat. So wurde etwa kein Fernsehzuschauermarkt in die Prüfung einbezogen. Die Programme von Pro SiebenSat.1 bzw. der RTL-Gruppe zählen zum sog. Free-TV und sind für jedermann frei empfangbar. Der Kampf um das Zeitbudget ihrer Zuschauer, der für die Finanzierung und damit die Geschäftspläne der Fernsehanstalten typisch ist, wird nicht als kommerzieller Wettbewerb eingestuft.[23] Ein wirtschaftliches Austauschverhältnis wird nur zwischen den Betreibern der Sender und den Werbekunden ausgemacht.[24] Hier wirke

---

[20] *BGH*, WuW/E BGH 1445 (1447) - Valium; WuW/E BGH 1435 (1435 ff.) - Vitamin B 12.

[21] Vgl. nur *BKartA*, WuW/E BKartA 1921 (1924 f.) - Burda/Springer. Zur Abgrenzung der Pay- und Free-TV-Märkte siehe *BKartA*, WuW/E DE-V 53 (58 f.) - Premiere; MünchKomm/*Becker/Knebel*, GWB, 1. Aufl. 2008, § 36 GWB, Rn. 198; Paschke/Berlit/Meyer/*Braun* (Fn. 18), 21. Abschn., Rn. 91; Immenga/Mestmäcker/*Mestmäcker/Veelken* (Fn. 17), Vor § 35 GWB, Rn. 94 ff.

[22] Siehe etwa *BGH*, WuW/E BGH 2425 (2428) - Niederrheinische Anzeigenblätter; WuW/E BGH 1854 (1856) - Zeitungsmarkt München"; WuW/E BGH, 1685 (1690) - Springer-Elbe Wochenblatt; *OLG Düsseldorf*, WuW/E DE-R 1973 (1973 ff.) - SZ-Lokalzeitung; *Emmerich*, (Fn. 8), S. 474; Langen/Bunte/*Ruppelt* (Fn. 12), § 36 GWB, Rn. 47.

[23] Paschke/Berlit/Meyer/*Braun* (Fn. 18), 21. Abschn., Rn. 114; krit. dazu *Mailänder*, AfP 2007, 297 (297 f.).

[24] Immenga/Mestmäcker/*Möschel* (Fn. 17), § 19 GWB, Rn. 30; Immenga/Mestmäcker/*Mestmäcker/Veelken* (Fn. 17), Vor § 35 GWB, Rn. 88 (Kennzeichen eines öffentlichen Gutes).

sich der Wettbewerb um die Zuschauergunst, so das BKartA, aus, weshalb ein relevanter Markt bestehe.[25] Zudem wird darauf verwiesen, dass im Rahmen der Fusionskontrolle nur der wirtschaftliche Wettbewerb, nicht aber der publizistische zu überwachen sei; letzterer sei Gegenstand der Medienkontrolle der Länder.[26]

An diesem Punkt ist in der Literatur Kritik geübt worden. So sei die Trennung zwischen der rein kartellrechtlichen und der medienrechtlichen Argumentation kaum durchzuhalten,[27] worauf noch zurückzukommen ist. Auch ist schon vor der Entscheidung darauf hingewiesen worden, dass gerade im Medienbereich die Wettbewerbsbeziehungen äußerst komplex wären und die Unternehmen aus verschiedenen Medienbereichen miteinander verflochten seien.[28]

Dennoch ist anzumerken, dass die vorgenommene Marktabgrenzung bzw. das angewandte Verfahren aus wettbewerbsökonomischer wie juristischer Sicht als klassisch zu bezeichnen ist.[29] Auch ist dem BKartA zuzugestehen, dass die in den verschiedenen Mediengattungen angebotenen Leistungen technisch, wirtschaftlich und auch rechtlich sehr unterschiedlich strukturiert sind. Zudem lassen sich die relevanten Märkte nur schwer abgrenzen, geschweige denn in Relation zueinander setzen. Dies könnte sich künftig aber zumindest teilweise ändern.[30] So ist eine immer engere Verbindung zwischen Tageszeitungen und Zeitschriften mit dem Internet bzw. zwischen Fernsehen, Hörfunk und Internet zu beobachten. Das digitale und vielleicht künftig mobile Medienzeitalter sollte daher zum Anlass genommen werden, die traditionelle Marktabgrenzung auf den Prüfstand zu stellen.

Kritisch ist somit festzuhalten, dass vor allem bestehende Substitutionsbeziehungen zwischen den sachlichen Märkten zu wenig herausgearbeitet worden sind. Dies wäre aber gerade für die Beurteilung des crossmedialen Zusammenschlusses geboten gewesen.

Letztlich kommt das BKartA zu dem Schluss, dass es zu einer Verstärkung der marktbeherrschenden Stellung auf allen Märkten komme, sollte die geplante Fusion genehmigt werden. Dies ergebe sich aus den konglomeraten bzw. crossmedialen Verschmelzungen und Verflechtungen.

---

[25] Beschluss s. Fn. 4 S. 23 ff.; Immenga/Mestmäcker/*Mestmäcker/Veelken* (Fn. 17), Vor § 35 GWB, Rn. 92. Teilw. anders aber *Schmidt*, ZUM 1997, 472 (474).

[26] *Buchholtz*, ZUM 1998, 108 (113 f.); wohl auch *Hain*, K&R 2006, 150 (154).

[27] *Bohne*, WRP 2006, 540 (543).

[28] *Bender*, Cross-Media-Ownership, Diss. Münster 1997, S. 235.

[29] Ebenso *Gounalakis/Zagouras*, NJW 2006, 1624 (1624 f.); *Kuchinke/Schubert*, WuW 2006, 477 (481 f.).

[30] *Bender* (Fn. 28), S. 237; *Mook*, WuW 1986, 777 (781 ff.); *Kuchinke/Schubert*, WuW 2006, 477 (482).

III. Crossmediale Wirkungen

1. Crossmediale Wirkungen bei Medienfusionen

Wichtig für das Thema der crossmedialen Wirkungen sind somit die Folgerungen, die das BKartA aus seiner gerade geschilderten Marktabgrenzung gezogen hat. So wurden die Marktanteile bei Straßenverkaufszeitungen, für Anzeigen in überregionalen Tageszeitungen und der Markt für Fernsehwerbung getrennt voneinander ermittelt.[31] Eine Fusion von Springer mit Pro SiebenSat.1 hätte aber keine Änderungen an den Verhältnissen auf den jeweiligen Einzelmärkten bewirkt. Die Untersagung durch die Kartellbehörde beruhte daher auf einem anderen Ansatz, nämlich der Berücksichtigung crossmedialer Effekte. Hierin liegt auch der eigentliche Grund für das breite Echo, das die Untersagung ausgelöst hat.

Zuvor hatte der BGH im Medienbereich erst einmal eine vergleichbare Entscheidung getroffen, wenn auch mit deutlich geringeren Folgen. In der Sache „Süddeutsche Zeitung/Donau-Kurier" hatte der Kartellsenat entschieden, eine überörtliche Tageszeitung gehöre nicht zu dem relevanten Markt einer regional begrenzten Zeitung, da diese nicht miteinander substituierbar seien. Insofern wird die bekannte sachliche Marktabgrenzung präsentiert. Dennoch bestehe, so der BGH weiter, ein erheblicher Randwettbewerb. Daher würde der durch den Zusammenschluss entstehende Ressourcenzuwachs für die regionale Tageszeitung Donau-Kurier und die daraus resultierende Abschreckungswirkung auf potenzielle Wettbewerber zu einer Verstärkung der Stellung führen.[32] Diese Aussagen waren seinerzeit zu wenig fundiert, um daraus weiterreichende Erkenntnisse für die Bedeutung crossmedialer Effekte ziehen zu können.[33]

2. Crossmediale Wirkungen in der Sache Springer/ProSiebenSat.1

Erstmals in der Sache Springer/ProSiebenSat.1 ist diesem Gesichtspunkt breite Aufmerksamkeit gewidmet worden. Das BKartA ermittelte insgesamt drei Bereiche, in denen es crossmediale Effekte für bedeutsam hielt:[34] erstens crossmediale Werbung zugunsten konzerneigener Produkte; zweitens crossmediale Werbekampagnen und drittens publizistische Cross-Promotion.

---

[31] Beschluss s. Fn. 4 S. 23.
[32] *BGH*, WuW/E BGH 2276 (2282 f.) - SZ/Donau-Kurier.
[33] *Bohne*, WRP 2006, 540 (543); Immenga/Mestmäcker/*Mestmäcker/Veelken* (Fn. 17), § 36 GWB, Rn. 260.
[34] Beschluss s. Fn. 4 S.51 ff.

a) Crossmediale Werbung zugunsten eigener Produkte

Werbemaßnahmen für das jeweils andere Medium, seine Programme und Inhalte, hielt das BKartA für „denkbar". Werbezeiten zu besonders günstigen Preisen oder überhaupt die Gewährung wechselseitiger Werbemöglichkeiten für Springer-Produkte in Programmen von ProSiebenSat.1 seien möglich. Kombinationsstrategien, gemeinsame Sponsoringaktivitäten, ein Markentransfer und Effekte einer wechselseitigen Image-Verstärkung wurden ausgemacht. Diese wurden als grundsätzlich geeignet angesehen, die Position des entstehenden Konzerns auf den Märkten zu verbessern.

b) Crossmediale Werbekampagnen

Aufgrund der Fusion wäre es nach Ansicht des BKartA zu einer Verstärkung der Position des entstehenden Konzerns auf dem Werbemarkt gekommen.[35] Es wurde dabei auf die Möglichkeit crossmedialer Werbekampagnen hingewiesen, verstanden als das Angebot, für Produkte anderer Anbieter über mehrere Medien verteilt werben zu können. Vor allem aufgrund der Tatsache, dass es zur Bild-Zeitung keine Alternative für Werbung im Printbereich gäbe, wäre es zu einer Reduzierung von Wettbewerb gekommen. Werbekunden, die auf eine Bewerbung ihrer Produkte in Form einer Kombination aus Fernseh- und Printwerbung angewiesen seien, hätten kaum mehr Ausweichmöglichkeiten.

c) Publizistische Cross-Promotion

Mit dem Begriff der publizistischen Cross-Promotion erfasst das BKartA Werbung für konzerneigene Produkte, konkret die Möglichkeit, in Fernsehsendungen auf die Bild-Zeitung hinzuweisen. Eine besondere Wirkung würde sich aufgrund der Tatsache ergeben, dass den redaktionellen Teilen eines Medienproduktes zumeist ein höheres Vertrauen des Publikums entgegen gebracht werden würde als den Werbeblöcken. In diesem Kontext wird auch die Möglichkeit der Einführung einer Sendung „Bild-TV" erwähnt, mit der eine tägliche Verbindung zwischen Printbereich und Fernsehen geschaffen werden könne. Zusammen mit dem Internetauftritt der Bildzeitung entstünde so eine „Crossmedia-Plattform", die einen umfassenden Service bieten könnte. In den Nachrichtensendungen des Konzerns könne zudem auf den Inhalt der am folgenden Tag erscheinenden Ausgabe der Bild-Zeitung Bezug genommen werden. Eine enge Zusammenarbeit der Print-, Fernseh- und Onlineredaktionen sei zu erwarten.

Dieser Aspekt verdeutlicht, dass die theoretische Trennung von kartellrechtlichen und medienrechtlichen Aspekten praktisch kaum durchzuhalten

---

[35]Beschluss s. Fn. 4 58 ff.

ist. Faktisch werden publizistische Inhalte zum Maßstab für wettbewerbliches Verhalten gemacht.[36] Auch ist interessant, dass auf die umgekehrte Möglichkeit, also einer Promotion der Sender ProSieben/Sat.1 in der Bild-Zeitung, nicht eingegangen wird.

IV. Bewertung der Entscheidung Springer/ProSiebenSat.1

1. Prognoseentscheidung

Prognoseentscheidungen sind in Fusionskontrollverfahren stets schwierig. Dies gilt vor allem dann, wenn die betroffenen Märkte durch eine große Dynamik gekennzeichnet sind. Zusätzliche Probleme entstehen, wenn die Auswirkungen auf Märkte ermittelt werden müssen, die gar nicht unmittelbar durch die Fusion betroffen sind, sondern nur durch crossmediale Effekte miteinander in Verbindung stehen. Bei solchen konglomeraten Zusammenschlüssen kommt es aber, wie gezeigt, entscheidend auf den Ressourcenzuwachs und die Abschreckungseffekte an. Eine weitere, aber nicht neue Frage ist die nach dem Grad der Wahrscheinlichkeit, der an die Prognose zu stellen ist.[37] Hier fällt auf, dass das BKartA stets von der „Möglichkeit" spricht, dass die geschilderten crossmedialen Effekte im Sinne einer Verstärkung einer marktbeherrschenden Stellung eintreten und wirken. Neben dieser bloßen Möglichkeit muss aber geprüft werden, ob die Effekte auch tatsächlich zu Einsatz kommen würden, was nicht zuletzt vom verbleibenden Restwettbewerb oder aber vom Substitutionswettbewerb abhängt.[38]

Es stellt sich die Frage, ob die geschilderte Kampagnenfähigkeit des fusionierten Konzerns für eigene Produkte (Nennung der Bild-Zeitung in Programmen der Senderfamilie) tatsächlich zu einer Verstärkung der Wettbewerbsposition führen kann. So ist bei den betroffenen Medien ein unterschiedliches Nutzungsverhalten auszumachen, was den Kampagnenerfolg fraglich erscheinen lässt. Auch die Kampagnenfähigkeit für andere Unternehmen ist nicht überzeugend begründet. Die Synergieeffekte zwischen Presse, Rundfunk und Fernsehen sind hinsichtlich der Werbung eher bescheiden. Zusätzliche Nutzungsmöglichkeiten und das Vordringen neuer Medien lassen es jedenfalls zweifelhaft erscheinen, dass dieser Ansatz der Kartellbehörde hinreichend fundiert ist.

Letztlich werden vom BKartA zwar die Möglichkeiten medienübergreifender Aktivitäten herausgearbeitet. Die Ausführungen zur Frage, wann ei-

---

[36] *Gounalakis/Zagouras*, NJW 2006, 1624 (1625 f.).
[37] Vgl. dazu *Bunte* (Fn. 18), S. 262 ff.; Loewenheim/Meessen/Riesenkampf/*Kahlenberg* (Fn. 15), § 36 GWB, Rn. 6-9; Langen/Bunte/*Ruppelt* (Fn. 12), § 36 GWB, Rn. 43 ff.
[38] *Bohne*, WRP 2006, 540 (545); *Satzky*, WuW 2006, 870 (878).

ne solche, wohl als Quersubventionierung einzustufende, Strategie aus Unternehmenssicht ökonomisch sinnvoll ist, fallen hingegen zu knapp aus.[39] In der Literatur ist daher vorgeschlagen worden, weniger auf die bloßen Möglichkeiten des fusionierten Unternehmens abzustellen, als vielmehr die objektiven Einsatzwahrscheinlichkeiten aus der Perspektive eines vernünftigen Unternehmers in den Blick zu nehmen.[40]

2. Ökonomische Fundierung der Entscheidung

Unter dem Gesichtspunkt ihrer ökonomischen Fundierung weist die Entscheidung des BKartA einige Schwächen auf. Es mangelt schon an der Differenzierung zwischen einer kurz- und einer langfristigen Betrachtung, wie sie etwa für spieltheoretische Modelle notwendig gewesen wäre.[41] Die erste Phase ist bei solchen Modellen durch das in Kauf nehmen niedrigerer Gewinne gekennzeichnet, um weitere Marktanteile zu gewinnen und im Extremfall Wettbewerber vom Markt zu verdrängen. In der zweiten Phase sollen dann die niedrigeren Gewinne mehr als ausgeglichen werden. Da es schon an dieser differenzierten Herangehensweise fehlt, finden sich auch keine Ausführungen zur Dauer der Verdrängungsstrategie und der dazu erforderlichen Kosten-Nutzen-Analyse.

Auch erscheint die Annahme des BKartA fraglich, bei der Sendergruppe Pro SiebenSat.1 bestünden freie Werbekapazitäten, die zugunsten einer Bewerbung der Bild-Zeitung zu höchstens den Grenzkosten zur Verfügung gestellt würden. Es ist realistischer zu unterstellen, dass bei einer gegebenen Kapazität die Werbung eines anderen Unternehmens nicht ausgestrahlt werden kann. Damit wird aber auf Umsatz und letztlich auf Gewinn verzichtet. Fraglich ist, ob der fusionierte Konzern sich auf so ein Geschäftsgebaren tatsächlich eingelassen hätte.

Unklar bleibt auch, wann und wie die zweite, die abschöpfende Phase aus Sicht des fusionierten Unternehmens erreicht werden soll. Für die Bild-Zeitung etwa wird ein Marktanteil auf dem Lesermarkt für Straßenverkaufszeitungen von 77 % ermittelt.[42] Eine Steigerung des Marktanteils auf dem Lesermarkt ist eher unwahrscheinlich, da die verbleibenden 23 % aufgrund alternativer Präferenzen (etwa Express oder tz München) kaum zu erreichen sind.[43] Letztlich kann es nur darum gehen, dass die Marktstellung der Bild-Zeitung verteidigt wird, nicht aber um deren Ausweitung. Die Verfestigung und weitere Absicherung einer monopolartigen Stellung

---

[39] So bereits *Kuchinke/Schubert*, WuW 2006, 477 (482 f.).
[40] *Bohne*, WRP 2006, 540 (546).
[41] Vgl. nur *Knieps*, Wettbewerbsökonomie, 2008, Kap. 5.
[42] Beschluss S. Fn. 4 S. 42.
[43] Ebenso *Kuchinke/Schubert*, WuW 2006, 477 (483); *Satzky*, WuW 2006, 870 (878).

hat aber durchaus eine negative wettbewerbsökonomische Folge,[44] weshalb dem BKartA im Ergebnis trotz dieser Kritik an der mangelhaften ökonomischen Absicherung der Entscheidung wohl nicht zu widersprechen ist.

V. Folgerungen

1. Crossmediale Effekte und kartellrechtliche Marktabgrenzung

Crossmediale Verflechtungen werden im Kartellrecht als konglomerate Erscheinungen bezeichnet, die bei vielen diversifizierten Unternehmungen aus unterschiedlichen Branchen anzutreffen sind. Solche Zusammenschlüsse können auch dann nachteilige wettbewerbliche Folgen mit sich bringen, wenn es zu keinerlei strukturellen Veränderungen auf den betroffenen Märkten kommt. Sie werden allerdings erst bei genauerer Betrachtung deutlich.

Auch für konglomerate Zusammenschlüsse im Medienbereich enthält das GWB keine besonderen Instrumente, weshalb die Prüfung eines Zusammenschlussvorhabens zunächst mit der Ermittlung der sachlichen und räumlichen Märkte beginnen muss und man regelmäßig getrennte Märkte annehmen wird. Bei einem typischen konglomeraten Zusammenschluss kommt es nicht zu einer unmittelbaren Veränderung der Marktsituation; es fehlt an einem übergreifenden Wettbewerb. Eine marktübergreifende Unternehmensmacht kann nur entstehen, wenn die Tätigkeiten der Akteure und die betroffenen Märkte eine besondere Nähe aufweisen.[45]

Im Fall Springer/ProSiebenSat.1 hat das BKartA drei Erscheinungsformen crossmedialer Effekte herausgearbeitet, bei denen ein solches Näheverhältnis angenommen wurde. Es verwundert wegen des gerade skizzierten Ansatzes des GWB nicht, dass es sich um Bereiche der kommerziellen Werbung handelt. Faktisch sei, so manche Stimme in der Literatur, durch die Kartellbehörde ein einheitlicher Medienwerbemarkt konstruiert worden.[46] Es wird vor dem Hintergrund dieser Vorgehensweise gefordert, dass die sachliche Marktabgrenzung im Medienbereich künftig großzügiger zu erfolgen habe.[47] Pay-TV und Wochenzeitungen, Kabeldienstleister und

---

[44]So auch *Emmerich* (Fn. 8), S. 474; *Gounalakis/Zagouras*, NJW 2006, 1624 (1625).

[45]Grundlegend *BKartA*, WuW/E BKartA 2335 (2343) - Daimler/MBB; vgl. ferner *Satzky*, WuW 2006, 870 (872).

[46]So *Bretschneider*, WRP 2008, 761 (763). Ähnlich *Podzun*, MMR 2007, 761 (765): die „eher konservative Haltung des BKartA bei Marktabgrenzung und Bewertung neuer Technologien wird durch eine verstärkte Berücksichtigung cross-medialer Effekte aufgefangen".

[47]Vgl. *Bender* (Fn. 28), S. 342 ff.; *Bohne*, WRP 2006, 540 (547).

Internet-Anbieter agieren aber nun einmal auf eigenständigen Märkten,[48] zwischen denen – zumindest noch derzeit – kein unmittelbarer Wettbewerb stattfindet.[49] Die geforderte großzügigere Marktabgrenzung würde Gefahr laufen, ökonomische Gegebenheiten zu ignorieren.

Zudem wird man selbst mit einer äußerst großzügigen Marktabgrenzung die für die Medienbranche ebenfalls wichtigen vor- und nachgelagerten Märkte nicht erfassen können. Auch wenn das BKartA in seiner Untersagungsentscheidung diesem Gesichtspunkt, mit Ausnahme des Werbemarktes, kaum Aufmerksamkeit geschenkt hat, wird man deren Bedeutung dennoch hoch einschätzen müssen.[50] Rück- und Folgewirkungen in den Bereichen Programmproduktion und Programmverbreitung wurden leider nicht untersucht.

2. Das Fusionskontrollverfahren im Medienbereich

Der Fall Springer/ProSiebenSat.1 hat deutlich gemacht, dass eine strenge Trennung zwischen wirtschaftlichen Erwägungen und Meinungsmacht kaum durchzuhalten ist. Er hat daher (erneut) Stimmen auf den Plan gerufen, die für ein einheitliches Medienkonzentrationsrecht plädieren.[51] Für den nationalen Bereich ist allerdings Zurückhaltung angebracht. Die parallelen Prüfungskompetenzen haben durchaus ihre Berechtigung.[52] Beide Regulierungsbereiche knüpfen an unterschiedliche ordnungspolitische Prämissen an, die zu einer Abkopplung der Vielfaltssicherung von der rein wirtschaftlich ausgerichteten Wettbewerbsaufsicht führen. Die Doppelkontrolle ist letztlich Folge unseres föderalen Staatsaufbaus. Die Rundfunk- bzw. Medienkonzentrationskontrolle fällt ausschließlich in die Zuständigkeit der Länder.[53] Für die Verhütung des Missbrauchs einer wirtschaftlichen Machtstellung ist hingegen der Bund nach Art. 74 Abs. 1 Nr. 16 GG zuständig. Auch muss man feststellen, dass eine wettbewerbliche Zusammenschlusskontrolle allein nicht in der Lage wäre, die Meinungsvielfalt im Medienbereich sicherzustellen.[54]

Die Bewertung crossmedialer Verflechtungen wird in Deutschland zwei

---

[48] Zur Problematik von Fusionen im Breitbandkabelnetz siehe *Schalast/Jäger/Abrar*, WuW 2005, 741 (741 ff.).
[49] Ebenso *Mailänder*, AfP 2007, 297 (298).
[50] Vgl. dazu auch *Mailänder*, AfP 2007, 297 (303).
[51] Etwa *Gounalakis/Zagouras*, ZUM 2006, 716 (716), die für ein europäisches Regelungswerk plädieren.
[52] Dies räumen auch *Gounalakis/Zagouras* ZUM 2006, 716 (722 f.) ein.
[53] Dazu BVerfGE 12, 205 (243); BVerfGE 92, 203 (208 ff.); Immenga/Mestmäcker/*Mestmäcker/Veelken* (Fn. 17), Vor § 35 GWB, Rn. 66 ff.
[54] Ebenso *Mailänder*, AfP 2007, 297 (298).

Behörden anvertraut, dem BKartA und der KEK.⁵⁵ Das Kartellrecht des GWB steht in keinem besonderen Zusammenhang mit der Medienbranche. Es differenziert nicht zwischen verschiedenen Wirtschaftsbereichen und kennt daher, was die materielle Prüfung eines Zusammenschlusses betrifft, kein spezielles Medienkartellrecht. Zum Schutz lokaler und regionaler Pressemärkte wird lediglich nach § 35 Abs. 2 S. 2 GWB die Anschlussklausel des § 35 Abs. 2 S. 1 GWB nicht angewandt, soweit durch den Zusammenschluss der Wettbewerb beim Verlag, bei der Herstellung oder bei dem Vertrieb von Zeitungen oder Zeitschriften oder deren Bestandteilen i.S.v. § 36 GWB beschränkt wird. Für die Umsatzberechnung ist zudem § 38 Abs. 3 GWB zu beachten, sodass bei Zusammenschlüssen auf dem Zeitungs- oder Rundfunkmarkt die Umsatzschwelle des § 35 Abs. 1 Nr. 1 GWB bereits bei einem Umsatz der beteiligten Unternehmen von 25 Mio. € erreicht wird. Auf diese Weise wird dem Umstand Rechnung getragen, dass es bei Zeitungen und Rundfunkleistungen zahlreiche regionale und lokale Märkte gibt, die trotz der verhältnismäßig niedrigen Umsätze der dort tätigen Unternehmen schutzwürdig sind.

Das GWB ist auf wirtschaftliche Fragestellungen ausgerichtet, weshalb es bei einer Anwendung auf den Medienbereich ausschließlich ökonomische Aspekte behandelt. Für diesen Prüfungsansatz spricht die Tatsache, dass die Gründe für Konzentrationstendenzen auch in der Medienbranche zumeist auf betriebswirtschaftliche Überlegungen zurückzuführen sind. Die gerade bei Medien darüber hinaus besonders bedeutsamen publizistischen, sozialen und demokratischen Gesichtspunkte stellen aber keine eigenständigen Kriterien der kartellrechtlichen Prüfung dar.

Ausgangspunkt der Regulierung crossmedialer Verflechtungen nach § 26 Abs. 1 u. 2 RStV ist hingegen der Zuschaueranteil des an dem Konglomerat beteiligten Fernsehveranstalters. Daneben werden die Stellungen der anderen Fusionsteilnehmer auf den weiteren medienrelevanten Märkten in die Gesamtbetrachtung einbezogen. Auf diese Weise soll herausgefunden werden, ob das aus der Fusion hervorgehende Unternehmen vorherrschende Meinungsmacht erlangt. Die gesetzlichen Vermutungsregeln setzen dabei eine beträchtliche publizistische Stellung auf dem Fernsehmarkt und eine bedeutende Stellung auf einem oder mehreren anderen Medienmärkten voraus. Hier werden die crossmedialen Verflechtungen vor allem unter publizistischen Gesichtspunkten bewertet, um die Meinungsvielfalt zu schützen. Sie werden, etwas pauschal ausgedrückt, dahin gehend untersucht, ob ein „Weniger" an Fernsehzuschaueranteilen durch ein „Mehr" an Nutzeranteilen auf anderen Medienmärkten ausgeglichen werden kann.

Obwohl das fusionierte Unternehmen Springer/ProSiebenSat.1 bei den

---

⁵⁵Krit. dazu mit rechtsvergleichendem Ansatz *Bretschneider*, WRP 2008, 761 (762 f.).

im Rahmen von § 26 Abs. 2 RStV primär ausschlaggebenden Zuschauermarktanteilsvermutungen mit rund 22 % unter den relevanten Schwellen geblieben wäre, wurde der Zusammenschluss untersagt. Die KEK stützte ihre Entscheidung im Wesentlichen auf die Reflexwirkungen der Marktdominanz der Bild-Zeitung.[56] Auch dort wurde auf die crossmediale Betrachtung nur zurückgegriffen, weil eine Unternehmensgruppe zwar über eine starke, aber noch keine zu starke Stellung auf dem Fernsehzuschauermarkt verfügte.

Letztlich besitzen beide Regime kein echtes Crossmedia-Reglement, das klare Vorgaben für die Zulässigkeit und die Grenzen einer Verflechtung von Print- und audiovisuellen Medien enthält. Gerade die Verbindungen zu vor- und nachgelagerten Märkten lassen sich zudem weder mit Prognoseentscheidungen (BKartA) noch mit Zuschaueranteilsberechnungen (KEK) adäquat bewerten. Die Konzentrationskontrolle nach dem RStV beschränkt sich schließlich auf die Frage, ob die Stellung auf dem privaten Fernsehbereich über die Einflussnahme aus anderen Medienmärkten verstärkt wird; sie ist damit eindimensional auf das Fernsehen ausgerichtet.

VI. Konsequenzen und Ausblick

Reiner Wettbewerb ist gerade in der Fernsehbranche nicht durchzusetzen, da rechtliche, technische und faktische Vorbedingungen dem Wettbewerb entgegenstehen.[57] Das Handeln der Marktteilnehmer wird vielmehr durch regulierungs- und medienrechtliche Vorgaben beschränkt, wobei die gebührengestützte Finanzierung des öffentlich-rechtlichen Rundfunks an erster Stelle zu nennen ist, da sie einen massiven staatlichen Eingriff in das freie Spiel der Kräfte darstellt. Dem Fernsehen wird eine Sonderstellung eingeräumt, die mit Blick auf die Kraft des bewegten Bildes und seiner dienenden Rolle für die demokratische Grundordnung auf absehbare Zeit bestehen bleiben dürfte. Daneben ist festzuhalten, dass politische Kräfte den öffentlich-rechtlichen Rundfunk als ideales Medium ansehen, ihre Zielvorstellungen unter das Volk zu streuen, das sie nicht ohne weiteres aufgeben. Diese Sonderstellung wird namentlich auf Märkten verteidigt, auf denen auch private Anbieter agieren, was letztlich zu Lasten des unverfälschten Wettbewerbs geht.

Sowohl BKartA als auch KEK nehmen im gegenwärtigen System die ihnen zugewiesenen Funktionen wahr. Die Kontrolle crossmedialer Zusammenschlüsse hat sich allerdings sowohl unter dem Regime des GWB als

---

[56]Krit. zu diesem Ansatz *Bornemann*, ZUM 2006, 200 (202 ff.); *Gounalakis/Zagouras*, AfP 2006, 93 (98 f.); *Säcker*, K&R 2006, 49 (49 ff.).
[57]*Möschel*, MMR 2001, 3 (3 f.); *Podszun*, MMR 2007, 761 (764).

auch unter demjenigen nach dem RStV als verbesserungsbedürftig erwiesen. Das GWB muss sich auf wettbewerbliche Fragestellungen beschränken, was gerade in der Medienbranche verkürzend wirkt. Bei Anwendung der Regelungen des RStV wird publizistische Relevanz, ebenfalls verkürzend, nur aus Zuschauermarktanteilen abgeleitet. Crossmediale Wirkungen werden nur insoweit erfasst, als sie für die Ermittlung vorherrschender Meinungsmacht auf dem Fernsehmarkt eine Rolle spielen. Eine spezielle Gewichtung des publizistischen Einflusses unterschiedlicher Medien auf die öffentliche Meinungsbildung findet nicht statt.

Da aber eine Lösung im Sinne einer angemesseneren Behandlung crossmedialer Zusammenschlüsse durch den Gesetzgeber gegenwärtig nicht zu erwarten ist, muss man sich auf eine Verbesserung des bestehenden Systems konzentrieren. Der von der KEK gewählte Ansatz der Bestimmung vorherrschender Meinungsmacht stellt trotz seiner Schwächen und manch berechtigter Detailkritik in seinem Kern einen ersten Schritt zur Einbeziehung crossmedialer Effekte dar.[58] Er ist allerdings wissenschaftlich wesentlich stärker zu fundieren und deutlich besser empirisch abzusichern. Das BKartA könnte bei der Erfassung konglomerater Zusammenschlüsse im Medienbereich ein gesteigertes Augenmerk auf Wechselwirkungen zu vor- und nachgelagerten Märkten richten und sich von der traditionellen Konzentration auf den Werbemarkt lösen. Es könnte so vor allem auch den medienrechtlichen Kontext besser ausleuchten. Da crossmediale Effekte in ihren unterschiedlichen Erscheinungsformen beide Kontrollinstanzen vor ähnliche Probleme stellen, wäre zudem eine engere inhaltliche Zusammenarbeit wünschenswert.[59]

---

[58] Ebenso *Hain*, K&R 2006, 150 (154 f.); a.A. hingegen *Bornemann*, MMR 2006, 275 (275 ff.).

[59] *Buchholtz*, ZUM 1998, 108 (114); *Trafkowski*, K&R 2002, 62 (66).

Crossmediale Zusammenschlusskontrolle – Kommentar zum Referat von Knut Werner Lange

K. Peter Mailänder

I. Reichweiten der Kontrolle durch BKartA und KEK 151
II. Doppelprüfung im Fall Springer/ProSiebenSat.1 152
III. Unterschiedliche Kriterien einer Medienkonzentrationskontrolle . . . 153
IV. Auf der Suche nach einem eigenständigen Medienkonzentrationsrecht 153
V. Fazit 157

I. Reichweiten der Kontrolle durch BKartA und KEK

Im Schwerpunkt seines Referats befasst sich Herr Professor Lange mit den Möglichkeiten und Schranken des Bundeskartellamts zur Kontrolle crossmedialer Zusammenschlüsse. Das drängt sich auf, weil nur das Gesetz gegen Wettbewerbsbeschränkungen Rechtsnormen für eine Zusammenschlusskontrolle in allen Wirtschaftsbereichen vorhält. Allein dieses Gesetz öffnet den Zugang zu einer cross-sektoralen Medienaufsicht. Der Rundfunkstaatsvertrag eröffnet demgegenüber der bei den Landesmedienanstalten gebildeten KEK Kontrollmöglichkeiten nur für ein vergleichsweise enges Fenster eines Zusammenschlussvorhabens zwischen (i) einem privaten Rundfunkanbieter, (ii) der auf dem bundesweiten Fernsehmarkt (iii) bereits einen beachtlichen Zuschaueranteil in einer Größenordnung um die 20 % erreicht, und (iv) einem anderen Unternehmen, das ebenfalls auf demselben oder einem anderen Medienmarkt oder einem zumindest medienrelevanten Markt tätig ist.

II. Doppelprüfung im Fall Springer/ProSiebenSat.1

An dem vom Referenten in den Mittelpunkt seiner Überlegungen gerückten Beispielsfall Springer/ProSiebenSat.1 wird dabei nicht ausreichend deutlich, welche Zusammenschlussvorhaben vom Rundfunkstaatsvertrag gerade nicht erfasst werden können: Es sind dies jene Fälle, bei denen

    i. sich Unternehmen in Medienbereichen außerhalb des bundesweiten Fernsehens zusammenschließen oder

    ii. öffentlich-rechtliche Rundfunkanstalten beteiligt sind oder

    iii. nur nicht bundesweit tätige Fernsehveranstalter teilhaben oder

    iv. bundesweit tätige Fernsehunternehmen, die jedoch nicht zu einer der beiden großen privaten Gruppen RTL oder ProSiebenSat.1 gehören und deshalb auch nicht in die Nähe eines beachtlichen Zuschaueranteils gelangen, eingebunden sind.

In der besonderen Konstellation des Springer/ProSiebenSat.1-Falles ist es zu einer doppelten Untersagung durch das Bundeskartellamt und die KEK wegen der dort vorherrschenden ganz besonderen crossmedialen Fallkonstellation gekommen. Aus der Betrachtungsweise des Wettbewerbsrechts ist der potentielle Erwerber Springer gleich drei Mal als marktbeherrschend eingestuft worden, sodass es für eine Anwendung der Verbotsvorschriften des § 36 GWB nur darum ging, einen Ressourcenzuwachs auf den Werbemärkten als Verstärkung dieser marktbeherrschenden Ausgangslage zu finden. Für das Medienkonzentrationsrecht des § 26 Rundfunkstaatsvertrag war ausschlaggebend, dass sich Springer um eine ausreichend große private Sendegruppe im bundesweiten Fernsehen bemühte, die der Kontrolle eines auf medienrelevanten Märkten mit Meinungseinfluss teilweise marktbeherrschenden, teilweise nur einflussreichen Unternehmens unterstellt werden sollte. Beide gesetzlichen Verbote gegen den Zusammenschluss hätten dagegen nicht greifen können, wenn der Anteilserwerber Springer nicht bereits marktbeherrschend gewesen wäre, weil ohne Erwartung eines Zuwachses an Marktanteilen auf den Springer-Märkten keine marktbeherrschende Stellung i.S.d. § 36 GWB hätte erst entstehen können, und weil im Rahmen des § 26 RStV eine etwa nur auf ProSieben oder Sat.1 ausgerichtete Beteiligung die Aufgreifschwelle nach Abs. 2 der Bestimmung nicht hätte erreichen können.

Dieses Resümee belegt, dass es 1. keine effiziente Kontrolle für crossmediale Zusammenschlüsse gibt und es 2. eine solche selbst mit einer tendenziell großzügigeren Marktabgrenzung, wie sie der Referent unter Berücksichtigung eines Näheverhältnisses zu benachbarten Medienmärkten erwägen will, nicht geben kann.

Das beruht letztlich darauf, dass die Sicherung der Meinungsvielfalt für den Gesetzgeber kein tragender Grund für Bedenken gegen crossmediale Zusammenschlüsse geworden ist.

III. Unterschiedliche Kriterien einer Medienkonzentrationskontrolle

Ich würde daher die Akzente zum Thema „Crossmediale Zusammenschlusskontrolle" anders als der Referent setzen und zu folgenden Feststellungen gelangen:

1. Es ist geboten, zwischen ökonomischen und meinungspluralistischen Kontrollkriterien strikt zu trennen. Versuche, publizistische Angebote zum Maßstab für wettbewerbsrechtliche Beurteilungen zu machen, müssen scheitern (vgl. Vorhaben einer Lex Holtzbrinck[1]). Der ökonomische Effekt von Zusammenschlüssen auf angrenzenden Märkten (z.B. Werbemärkten) löst keine typischen pluralismusorientierten Besorgnisse gegen crossmediale Zusammenschlussvorhaben aus.

2. Als Konsequenz sind divergierende Entscheidungen nach ökonomischen oder pluralistischen Akzenten der verschiedenen Schutzzwecke wegen hinzunehmen und nicht als Gefahr anzusprechen.

3. Mit dieser strikten Trennung kann dem verfassungsrechtlich fundierten Gebot einer echten Medienkonzentrationskontrolle genügt werden.

4. Die Gesetzgeber wären gut beraten, die bis heute bestehende Lücke beim Medienkonzentrationsrecht auszufüllen, ehe sich das Gemeinschaftsrecht anschickt, einen noch regelungsfrei gefundenen Raum zu besetzen.[2]

IV. Auf der Suche nach einem eigenständigen Medienkonzentrationsrecht

Mit diesen Vorgaben betone ich den Bedarf für ein Programm de lege ferenda, für das ich mit meinem Kommentar wenigstens stichwortartig und im Zeitraffer mit den folgenden Hinweisen werben will:

---

[1] Referentenentwurf vom 17.12.2003 und Regierungsentwurf vom 12.08.2004; dazu Sondergutachten 42 der Monopolkommission, 2004.
[2] Vgl. den Vorbehalt in Art. 21 Abs. 4 FKVO und die Erklärung der Kommission zum Ratsprotokoll vom 19.12.1989 (WuW 1990, S. 240 Nr. 10).

1. Das Leitthema „Crossmediale Zusammenschlusskontrolle" ist mehr Schlagwort als Programm; das Wettbewerbsrecht kennt keinen Medienmarkt, dem Rundfunkstaatsvertrag ist ein kohärentes Medienrecht fremd. Angesichts der dem Wettbewerbsrecht eigenen Differenzierung von Einzelmärkten, die im Bereich der Presse zu Auswüchsen geführt hat,[3] entspringt die Notwendigkeit für den Schutz gegen crossmediale Verbindungen mehr dem Grundrecht auf Sicherung der Meinungsvielfalt nach Art. 5 Abs. 1 GG als demjenigen aus Art. 2 Abs. 1 GG zur Gewährleistung wirtschaftlicher Betätigungsfreiheit. Daher müssen sich für eine effektive crossmediale Zusammenschlusskontrolle die Ansätze verschieben. Es bedarf des Aufbaus eines eigenständigen Medienkonzentrationsrechts, das über das wettbewerbsrechtliche Zusammenschlussrecht hinausgeht und dieses nur als hilfreiche Vorbeugungsmaßnahme[4] aber nicht als ausreichende Abhilfe in Dienst nimmt.[5]

2. Die wettbewerbsrechtliche Zusammenschlusskontrolle nach GWB oder FKVO ist unzureichend, weil sie auf die Orientierungsgrößen „marktbeherrschende Stellung" (§ 36 GWB) oder „erhebliche Behinderung wirksamen Wettbewerbs" (Art. 2 FKVO) ausgerichtet ist. Der damit vorgegebene Zwang zur Prognose über die Marktstruktur verlangt die Ausrichtung auf vom Zusammenschluss betroffene, sachlich relevante und räumliche Märkte. Das hindert die Ausrichtung auf einen breiten „Medienmarkt" und führt zur Orientierung an fragmentierten Einzelmärkten, die sich zwar dem größeren Medienmarkt zuordnen lassen, jedoch für die Meinungsvielfaltsicherung im Medienbereich nicht ausschlaggebend sind. So finden sich vielfältig segmentierte Märkte in den Medienbereichen Presse (Tages-, Wochen-, Sonntags-, Straßenverkaufs-, Abonnementszeitungen; Zeitschriften, Unterhaltungs-, Programm-, Fachzeitschriften; Bücher, Hardcover, Paperbacks), im Rundfunk (bundesweit, regional, lokal; Hörfunk; Fernsehen, Voll-, Spartenprogramm, Free-TV, Pay-TV), bei Telemedien oder bei den elektronischen Diensten. Zusammenschlüsse zwischen Unternehmen, die je für sich nur auf einzelnen dieser vielfach abgegrenzten Medienmärkte tätig sind, führen deshalb noch nicht zu wettbewerbsrechtlich bedenklichen Strukturveränderungen auf den so betroffenen Märkten. Die Betrachtung konglomerater (diagonaler oder diversifizierender) Zusammenschlüsse entspricht einer Entwicklung praeter legem und ist darauf angewiesen, Aushilfskriterien wie

---

[3]Vgl. zur Unterscheidung auf den Pressemärkten die Übersicht bei *Schiwy/Schütz/Dörr*, Medienrecht, 2006, S. 154, Stichwort: Fusionskontrolle im Pressewesen.
[4]So Monopolkommission im Sondergutachten 11 Tz. 11 und 12 Tz. 65.
[5]Vgl. *Mailänder*, AfP 2007, 297 (297ff.).

Finanzkraft oder Ressourcenverstärkung zu suchen. Diese werden jedoch dem Phänomen „crossmedial" nicht gerecht. Sie schaffen eine Abwehr gegen marktbeherrschende Strukturen, verfolgen aber nicht das Ziel der Sicherung der Meinungsvielfalt. Die Entscheidung des Bundeskartellamts im Fall Springer/ProSiebenSat.1 ist dafür beredter Beleg.

3. Außerdem stellen sich einer wettbewerbsrechtlichen Zusammenschlusskontrolle im Medienbereich noch besondere Erschwernisse entgegen:

   a) Die Anerkennung eines schützenswerten Wettbewerbs im freien Hörfunk und Fernsehen fällt wegen der Unentgeltlichkeit des Angebots öffentlicher Güter schwer.

   b) Der Bestandsschutz für den öffentlich-rechtlichen Rundfunk erweist sich nicht als hilfreiches Argument für Abwägungen im Rahmen der Zusammenschlusskontrolle nach Maßgabe verbesserter Wettbewerbsbedingungen.

   c) Die wiederholten Versuche, Pressefusionen als vielfaltserhaltend zu privilegieren, sind am gesetzlichen Vorrang wettbewerbsrechtlicher Schutzzwecke gescheitert.[6]

4. Die danach verbleibende Zuflucht zu einem eigenständigen Medienkonzentrationsrecht erscheint verstellt. Eine „Konzentration im Medienbereich", wie sie der KEK (Kommission zur Ermittlung der Konzentration im Medienbereich) als Prüfungsaufgabe nach ihrer Bezeichnung zugewiesen erscheint, ist nicht mehr als ein Phantom. Der KEK ist durch den Rundfunkstaatsvertrag allein die Abwehr vorherrschender Meinungsmacht im bundesweiten Fernsehen zugewiesen. Sie ist dort auf eine recht eindimensionale Betrachtungsweise festgelegt, indem sie die Verstärkung der Meinungsmacht im Fernsehen und nicht durch das Fernsehen sicherzustellen hat. Die Spur eines crossmedialen Ansatzes bleibt auf § 26 Abs. 2 RStV beschränkt, wonach Auswirkungen auf medienrelevanten Märkten in die Abwägung mit einzubeziehen sind. Die tastenden Versuche der KEK, daraus im Springer/ProSiebenSat.1-Fall Meinungsvielfalt sichernde Nutzanwendungen zu ziehen, lösten erwartetermaßen Kritik aus. Unerwartet ist jedoch, dass der zur Meinungsvielfaltssicherung verfassungsrechtlich angehaltene Gesetzgeber diese Ansätze nicht fördert sondern kontert, wie dies zuletzt einem Änderungsvorschlag der Bayerischen Staatskanzlei vom 28.02.2008 zum 13. RfÄndStV zu entnehmen ist, der mit neuen Begrifflichkeiten (Rundfunkmarkt, verwandter Markt

---

[6]Deutlich die Stellungnahme des Wissenschaftlichen Beirats beim BMWA, WuW 2004, 622 (622).

und medienrelevanter Markt) die Kontrolleinflüsse noch weiter zu beschneiden trachtet. Mit derartiger Selbstbeschränkung verbaut sich der Gesetzgeber schon den Zugang zu einer wirksamen Konzentrationskontrolle im bundesweiten Fernsehen und entfernt sich zunehmend von allen Anstalten zu einer effektiven Medienkonzentrationskontrolle. Das erscheint umso bedauerlicher, als so noch nicht einmal Ansätze zur Überwindung der Disparitäten aus getrennten Gesetzgebungszuständigkeiten für Presse und Rundfunk entwickelt werden.

5. Diese Fehlanzeige für eine wirksame Kontrolle crossmedialer Zusammenschlüsse nach geltendem Recht muss den Wunsch für Modellvorstellungen zum koordinierten Schutz von Wettbewerb und Meinungspluralismus im Medienbereich wecken. Diese können sich an unterschiedlichen Vorgaben ausrichten:

   a) der strikten Trennung von Wettbewerbsschutz und Vielfaltssicherung;

   b) der Vereinheitlichung der Prüfungsmaßstäbe für die wettbewerbs- und medienrechtlichen Kontrollverfahren und deren Zusammenführung in einer Instanz, sei es

      aa) durch Einführung einer Bereichsausnahme im GWB für eine umfassende selbständige Medienkonzentrationskontrolle, abgestützt auf die konkurrierende Zuständigkeit der Länder nach Art. 74 Abs. 1 Nr. 16 GG oder

      bb) durch Benutzung des wirksamen Wettbewerbs als ausreichendem Garanten einer Vielfaltssicherung und damit mehr als einer bloßen Vorbeugungsmaßnahme mit einer Erstreckung des Gesetzgebungsansatzes in § 38 Abs. 3 GWB auch auf den Rundfunk.

Eingedenk der divergierenden Schutzzwecke für freien Wettbewerb und für pluralistische Meinungsangebote verdient das Modell einer strikten Trennung der Kontrollen auch unter Inkaufnahme einer Doppelprüfung den Vorrang.

6. Der Ausblick über die Grenze lässt Handlungszwänge deutlich werden.

   a) Das Europäische Gemeinschaftsrecht widmet sich auch ohne ausdrückliche Zuständigkeit der Öffnung freien Zugangs zu den Informationen. Die Kommission neigt dazu, Zweifel an ihrer

Kompetenz abzutun und über die Inanspruchnahme von Koordinationsaufgaben zu verdrängen.[7]

b) Ein Vergleich der Regelungen in den angrenzenden Mitgliedsstaaten ergibt kein homogenes Bild. Es finden sich Länder mit und ohne intermediäres Kontrollrecht, Verbote für zahlenmäßige Lizenzbeschränkungen oder für bestimmte Kombinationen, Beteiligungsschranken oder auch nur einschlägige Einzelentscheidungen zentraler Behörden. So kennen: Frankreich ein Recht zur Beschränkung von crossmedialen Aktivitäten; Großbritannien eine sektorspezifische Regelung durch Lizenzbeschränkungen für Rundfunkbetreiber; Italien eine nach Umsätzen gestaffelte Einschränkung im Rahmen der Rundfunkordnung; die Niederlande Schranken für die Verbindung zwischen Rundfunk und Presse; Österreich einen doppelten Schutz mit Cross-Ownership-Verboten und einer Berücksichtigung von Meinungsvielfalt im Wettbewerbsrecht. Auch die USA errichten Cross-Ownership-Schranken für Unternehmen im Rundfunkbereich; mit einem Vielfaltsindex, der Gewichtungen für Fernsehen, Radio, Zeitungen und Internet vorgibt und berücksichtigt, erweisen sie sich als progressiv.

V. Fazit

Dieser nur sporadisch mögliche und geraffte Über- und Ausblick in der Rolle des Kommentators verlangt wenigstens nach einem Fazit, das so ausfällt:

1. Die Doppelkontrolle des Wettbewerbs- und Medienrechts ist wegen der verschiedenen Schutzzwecke unentbehrlich. Eine Kongruenz der Beurteilungsmaßstäbe erscheint ausgeschlossen. Das gebietet Aufgeschlossenheit auch für divergierende Entscheidungen.

2. Das Verbot des Zusammenschlussvorhabens Springer/ProSiebenSat.1 erweist sich vorrangig aus Gründen der Vielfaltssicherung und aus einem nur wesentlich geringeren Anliegen des Schutzes gegen ökonomische Macht als zwingend.

3. Der Meinungseinfluss geht von allen Medien und ohne jede Abhängigkeit von deren Zuordnung zu Wettbewerbsmärkten aus. Das

---

[7] Vgl. die Fernsehrichtlinien 89/552/EWG vom 3.10.1989 und 2007/65/EG vom 11.12.2007 und die Initiative der Kommission „i 2010 – europäische Informationsgesellschaft"

führt zur Forderung nach einem übergreifenden Medienkonzentrationsrecht. Crossmediale Zusammenschlüsse gefährden an erster Stelle die Meinungsvielfalt und nicht die Marktstrukturen.

4. Trotz erkannter Defizite bei der Feststellung konglomerater Zusammenschlüsse im Medienbereich ist die ökonomische Kontrolle des Wettbewerbs auf eigenständigen Märkten beizubehalten und der Meinungsvielfaltssicherung förderlich.

5. Wirtschaftliche Auswirkungen auf den Wettbewerb und pluralistische Auswirkungen für die Meinungsvielfalt sind getrennt zu würdigen. Das ist die Folge der verschiedenen Schutzzwecke und nicht etwa der Nebeneffekt von divergierenden Zuständigkeiten im föderalen Staatsaufbau.

6. Wünschenswert bleibt eine echte Medienkonzentrationskontrolle. Sie erübrigt Verbiegungen der marktbezogenen Zusammenschlusskontrolle für den Medienbereich.

7. Die Gesetzgeber in Bund und Ländern sind verfassungsrechtlich anzuhalten, einem Medienkonzentrationsrecht Vorschub zu leisten, und abzuhalten, Ansätzen für eine medienübergreifende Zusammenschlusskontrolle, wie sie sich in der Springer/ProSiebenSat.1-Entscheidung der KEK finden, zu kontern, noch ehe für die Gerichtsbarkeit die Möglichkeit zur Prüfung und für die Medienkonzentrationskontrolle die Chance gerichtlicher Bestätigung bleibt.

Die Vergabe medialer Rechte an der Bundesliga – Differenzierung nach Übertragungswegen?

THOMAS SUMMERER

I. Die wirtschaftliche Bedeutung der Fußballbundesliga 159
II. Definition und Erscheinungsformen medialer Rechte 161
III. Rechtsnatur von Sportübertragungsrechten 161
IV. Rechteinhaberschaft: "Der Sportveranstalter" 162
    1. Sportler 163
    2. Sportverein bzw. lokaler Ausrichter 163
    3. Sportverband 164
V. Zentralvermarktung durch Ligaverband und DFL 166
    1. Rechtsgrundlagen 166
    2. Gesetzliche Rahmenbedingungen 167
    3. Verpflichtungszusagen des Ligaverbandes 2006 bis 2009 168
VI. Vermarktungsmodell ab 2009/10 Deutschland 170
VII. Differenzierung nach Übertragungswegen 171
VIII. Fazit 171
IX. Rechtsquellen (Auswahl) 172

I. Die wirtschaftliche Bedeutung der Fußballbundesliga

Der Einladung zu dieser ambitionierten Tagung bin ich gerne gefolgt, auch wenn ich Sie um Verständnis bitten muss, dass ich als langjähriger Berater der DFL Deutsche Fußball Liga GmbH einigen Verschwiegenheitspflichten unterworfen bin. Gleichwohl darf ich Ihnen ein Thema näher bringen, welches wohl das derzeit brisanteste im deutschen Profisport sein dürfte.

Die Ausschreibung der Medienrechte an der Bundesliga ist gerade in der heißen Phase. Die Ausschreibungsunterlagen sind fertig gestellt und werden in Kürze an die registrierten Bieter versandt. Für die Rechteverwerter ist die Bundesliga *Premium Content* und durch nichts zu ersetzen. Die Marktanteile, generiert durch Sport, sind für Sender und Werbewirtschaft von größter Bedeutung. Australiens Medienmogul Rupert Murdoch ist gerade groß beim Pay-TV-Sender Premiere eingestiegen.

Der europäische Fußballmarkt stößt mit einem Gesamtumsatz von 14,6 Milliarden Euro in der Saison 2007/08 in eine neue Dimension vor. Das Ergebnis entspricht einem satten Wachstum von knapp 1 Milliarde Euro (plus 7%) im Vergleich zur Vorsaison. Mit 7,7 Milliarden Euro wird mehr als die Hälfte davon von den Clubs der europäischen "Big Five" Ligen, nämlich Premier League, Bundesliga, Primera División, Serie A und League 1, generiert. Die höchste Wirtschaftskraft erzielte die englische Premier League mit Gesamterlösen von 2,44 Milliarden Euro. Die Bundesliga liegt gemeinsam mit der spanischen Primera División mit einem Gesamtumsatz von 1,44 Milliarden Euro auf dem zweiten Platz (Studie "Annual Review of Football Finance" der WP-Gesellschaft Deloitte).

Größter Posten auf der Einnahmenseite sind die Erlöse aus der medialen Verwertung. Die wirtschaftliche Bedeutung der Bundesliga spiegelt sich in den Erlösen wider, die seit ihrer Gründung im Jahr 1963 erzielt werden konnten. Hierzu die folgende Übersicht (in Millionen DM, ab Saison 2002/03 in Euro):

1965/66	0,64	ARD/ZDF
1970/71	3	ARD/ZDF
1980/81	6,3	ARD/ZDF
1987/88	18	ARD/ZDF
1988/89	40	UFA/RTL
1991/92	55	UFA/RTL
1992/93	140	ISPR/SAT.1
1996/97	140	ISPR/SAT.1
1997/98	180	ISPR/SAT.1
2000/01	ca. 700	Kirchgruppe/Premiere/SAT.1
2002/03	ca. 290	Kirchmedia in Insolvenz/ Buli GmbH/Infront/ Premiere/SAT.1/DSF
2004/05	ca. 300	Premiere/ARD/DSF
2006/07	ca. 440	Arena (ab 2007/08 Premiere) ARD/ZDF/DSF/Telekom
2009/10	?	

II. Definition und Erscheinungsformen medialer Rechte

Um welche Rechte geht es? Die folgende Unterscheidung dürfte Ihnen geläufig sein:

- TV (Free-TV, Pay-TV, Pay per view, Video on Demand)
- Radio
- Internet (Web-TV, IP-TV)
- Mobilfunk
- Nebenrechte (CD, DVD, Stadion-TV etc.)

III. Rechtsnatur von Sportübertragungsrechten

Bedauerlicherweise fehlt in Deutschland ein Spezialgesetz über die Rechtsnatur von Sportübertragungsrechten. Diese können dogmatisch wie folgt verortet werden:

- Persönlichkeitsrecht (§ 823 Abs. 1 BGB)
- Recht am Unternehmen/Gewerbebetrieb (§ 823 Abs. 1 BGB)
- Wettbewerbsrecht (§ 3 UWG)
- Urheberrecht/Leistungsschutzrecht (§§ 73 ff. UrhG).
- Hausrecht (§§ 858, 862, 1004 BGB).

Der BGH hat in ständiger Rechtsprechung das Hausrecht als Rechtsgrundlage herangezogen, so bei der Entscheidung zum Globalvertrag DSB/ARD/ZDF[1] und zur Existenz von Hörfunkrechten[2].

Danach genießt der Veranstalter eines Sportereignisses – anders als bei der Darbietung eines ausübenden Künstlers (§ 81 UrhG) – kein Urheber- oder verwandtes Schutzrecht. Die Erlaubnis des Veranstalters zur Fernsehübertragung einer Sportveranstaltung ist keine Übertragung von Rechten, sondern eine Einwilligung in Eingriffe, die der Veranstalter aufgrund seines *Hausrechts* (§§ 858, 862, 1004 BGB), seines Rechts an seinem eingerichteten und ausgeübten Gewerbebetrieb (§ 823 Abs. 1 BGB), aus § 826 BGB oder aus § 3 UWG verbieten könnte. Die Einräumung eines ausschließlichen ("exklusiven") Übertragungsrechts an einer Sportveranstaltung ist nichts anderes als die Einwilligung in die Fernsehübertragung, verbunden mit der Übernahme der Verpflichtung, keinem anderen Rundfunkveranstalter die Übertragung zu gestatten, und kann somit als *Gestattungs- oder Lizenzvertrag* bezeichnet werden.

IV. Rechteinhaberschaft: "Der Sportveranstalter"

Angesichts der wirtschaftlichen Kennzahlen wird deutlich, welche Bedeutung der Beantwortung der Frage zukommt, wer zur Vergabe der Verwertungsrechte befugt ist. Dies ist der so genannte Sportveranstalter. In der Praxis werden die Verwertungsrechte so gut wie immer vertraglich vergeben. Einen Kontrahierungszwang gibt es nicht, weil es sich bei Sportveranstaltungen – man glaubt es kaum – nicht um lebensnotwendige Leistungen handelt. Einen wie auch immer gearteten Rechtsanspruch auf *panem et circenses* gibt es ebenso wenig. Der Sportveranstalter ist gesetzlich jedoch nicht definiert. Als Sportveranstalter sind prinzipiell drei natürliche bzw. juristische Personen denkbar:

---

[1] *BGH*, NJW 1990, 2815 (2815 ff.).
[2] *BGH*, SpuRt 2006, 73 (73 ff.).

- Sportler selbst (Einzelsportler, Mannschaft/Team)
- Sportverein (Heimverein/Gastverein) bzw. lokaler Ausrichter (Boxstall)
- Sportverband

1. Sportler

Aus dem Recht eines teilnehmenden Sportlers am eigenen Bild gemäß § 22 Satz 1 KUG lässt sich durchaus eine Befugnis zur Mitentscheidung über die Vergabe der Verwertungsrechte ableiten. Ein Sportler muss der Verwertung ausdrücklich oder konkludent zustimmen. Die Einwilligung des Sportlers wird jedenfalls im Profisport in aller Regel vom Veranstalter rechtzeitig eingeholt und ist Bedingung für die Starterlaubnis bzw. Teilnahmeberechtigung. Dogmatisch erfolgt die Einwilligung durch eine (bedingte) Rechteübertragung im Arbeitsvertrag der Bundesligaspieler mit ihrem jeweiligen Club.[3]

Auch auf das Allgemeine Persönlichkeitsrecht können sich Sportler in der Regel stützen, wenn sie einer Verbreitung ihres Bildes widersprechen möchten und diese nicht durch eine Einwilligung gedeckt ist. Hierzu liegt ein Vergleich mit dem *Orchesterfall* nahe, in dem der BGH betont hat, dass jedem ausübenden Künstler unabhängig von dem Rang seiner künstlerischen Leistung und ohne Rücksicht darauf, ob seine Leistung mehr oder weniger in einer Gruppenleistung aufgehe, im Grundsatz das Recht zustehe, über Art und Umfang der Verwertung seiner Leistung selbst zu entscheiden, insbesondere Tonbandaufnahmen zu Sendezwecken zu untersagen.[4] Das gleiche Problem stelle sich bei ihrer Natur nach vergänglichen Darbietungen, bei denen eine Nachfrage nach ihrer Wiederholung besteht, wie beispielsweise bei Artisten und Sportlern.

Sportler können sich allerdings nicht auf den Leistungsschutz der §§ 73 ff. UrhG berufen. Sie sind in der Regel keine ausübenden Künstler, weil sie keine persönliche geistige Schöpfung im Sinne des Werkbegriffs erbringen.

2. Sportverein bzw. lokaler Ausrichter

Ohne Heim- und Gastverein wäre ein Bundesligaspiel nicht durchführbar. Dies war wohl der Anlass, warum der BGH in seinem Beschluss über die

---
[3] *LG Frankfurt/Main*, SpuRt 2009, Heft 5 (DFL ./. Konami).
[4] BGHZ 33, 20 (20 ff.).

Europapokalheimspiele entschieden hat, dass die Vereine unter Berücksichtigung des Gesamtproduktcharakters von Fußballwettbewerben "jedenfalls Mitveranstalter der auf ihrem Platz ausgetragenen Heimspiele sind."[5] Dabei erwähnte er allerdings ausdrücklich die Möglichkeit, dass ein Verband originäre Mitberechtigung an der Vermarktung der im Wettbewerb ausgetragenen Fußballspiele erlangen könne, wenn er die betroffenen "Wettbewerbe ins Leben gerufen, über Jahre durch zahlreiche Einzelmaßnahmen organisiert und geleitet und ihnen ein hohes Ansehen bei den Zuschauern verschafft hat."

Ist das nun bei der DFL Deutsche Fußball Liga GmbH, die als operative Tochtergesellschaft des Ligaverbandes (Die Liga – Fußballverband e.V.) den Spielbetrieb und die Vermarktung verantwortet, der Fall?

3. Sportverband

In der genannten BGH-Entscheidung ist in Literatur[6] und Rechtsprechung[7] vielfach eine Ausweitung des Veranstalterbegriffs zugunsten der Sportverbände gesehen worden. Danach sei Veranstalter, wer die wesentlichen wirtschaftlichen Leistungen zur Schaffung des vermarktbaren Produkts erbringt und sich somit als natürlicher Marktteilnehmer ausweist. Dementsprechend werde der herkömmliche Veranstalterbegriff ergänzt, so dass entweder Veranstalter sei, wer in organisatorischer und finanzieller Hinsicht für die Veranstaltung verantwortlich ist oder durch *äquivalente* Leistungen die Veranstaltung zu einem *vermarktungsfähigen Produkt* macht. Entscheidend sei, ob bei der Entstehung des vermarktungsfähigen Produkts die Tätigkeit des ausschreibenden Verbandes nicht hinweggedacht werden könne, ohne dass das Produkt seine spezifische Wertigkeit verlöre. Ob ein Sportverband Mitveranstalter ist, hängt also von der Intensität seiner Veranstalterleistung ab.

Was bedeutet diese Entwicklung nun in der Praxis für den Veranstalter eines Ligabetriebs? Im Profifußball sind an der Herstellung des Gesamtprodukts "Bundesliga" der Ligaverband, die DFL und die Vereine und Kapitalgesellschaften gemeinschaftlich beteiligt. Der Heimverein stellt das Stadion bereit, beschäftigt Trainer und Personal und lässt die von ihm bezahlte Mannschaft antreten. Der Gastverein stellt ebenfalls eine Mannschaft und macht somit die einzelne Partie erst möglich. Ligaverband und DFL erbringen seit ihrer Verselbständigung im Jahr 2001 ein Bündel wesentlicher sportorganisatorischer Leistungen, die zuvor seit Gründung der

---
[5] *BGH*, SpuRt 1998, 28 (28 ff.).
[6] Vgl. etwa *Stopper*, SpuRt 1999, 188 (188 ff.).
[7] *LG Frankfurt/Main*, SpuRt 1998, 195 (195 f.).

Bundesliga im Jahr 1963 der DFB erbracht hatte und die einen erheblichen administrativen Aufwand bedingen. Im Einzelnen:

- Durchführung eines aufwendigen Lizenzierungsverfahrens nach sportlichen, technischen, organisatorischen und wirtschaftlichen Kriterien mit Erteilung der Lizenz an die 36 Clubs der Bundesliga und 2. Bundesliga
- Erteilung der Lizenzen an die derzeit ca. 1000 Lizenzspieler
- Führung der Transferliste unter Beachtung des Transferreglements der FIFA
- Erstellung des Rahmenterminkalenders im Einvernehmen mit dem DFB
- Festlegung des Spielmodus und Erarbeitung der Spielpläne
- Leitung des Spielbetriebs mit Kür des deutschen Meisters
- Produktion aller 612 Spiele pro Saison live in voller Länge durch die Tochtergesellschaft Sportcast GmbH
- Sicherstellung der Einhaltung der internationalen Spielregeln
- Setzung autonomer Regeln durch eigene Satzung und Ligastatut
- Transformation der Vorschriften der FIFA und der UEFA in die eigene Satzung
- Etablierung eines neutralen ständigen Schiedsgerichts
- Mitbesetzung des Schiedsrichterausschusses und der Rechtsorgane des DFB
- Förderung des gesamten Fußballsports, insbesondere Jugendtalentförderung
- Sicherstellung, dass jeder Proficlub ein Jugendleistungszentrum unterhält
- Entwicklung von Aktivitäten, die aus gesellschaftspolitischer Verantwortung heraus dem Allgemeinwohl dienen (z.B. Benefizspiele).

Durch dieses Gesamtkonzept ist es Ligaverband und DFL gelungen, der Bundesliga ein hohes Ansehen und einen unverwechselbaren *Goodwill* bei Zuschauern und Vermarktern gleichermaßen zu verschaffen. Dies zeigen die seit Jahren steigenden Zuschauerzahlen in den Stadien und die ungebrochene Nachfrage der Vermarkter, Verwerter und Sponsoren. Das Lizenzierungsverfahren des Ligaverbandes genießt europaweites Renommee und hatte Modellcharakter für das ab 2004/05 eingeführte europaweite Lizenzierungsverfahren der UEFA.

Hieraus folgt, dass kein einzelner Club über ein eigenes Recht am Gesamtwettbewerb Bundesliga verfügt. Denn der Wert jedes einzelnen Spiels besteht vor allem in der Zuordnung zu diesem Gesamtwettbewerb. Dies wird deutlich, wenn man den Wert der Bundesligabegegnungen mit bloßen Freundschaftsspielen vergleicht. Letztere sind nur einen Bruchteil von ersteren wert. Angesichts dieser *Wertschöpfung* sind Ligaverband und DFL als Mitveranstalter und als originär vermarktungsberechtigt anzusehen.

Die herrschende Wertschöpfungstheorie führt also zu einer Rechtegemeinschaft zwischen Ligaverband, DFL und Clubs gemäß §§ 741, 744 Abs. 1, 745 Abs. 1 BGB, die bei der Vermarktung der medialen Rechte notwendigerweise zusammenwirken muss und daher beschließt, die Vermarktung einem Teilhaber – dem Ligaverband – zu überlassen. Folglich ist der Ligaverband mit seiner Tochtergesellschaft DFL berechtigt, die sich aus dem Betrieb der Bundesliga und 2. Bundesliga ergebenden Vermarktungsrechte exklusiv und originär im eigenen Namen zu verwerten. Es liegt gerade keine Kartellvereinbarung vor. Terminus technicus hierfür ist die so genannte Zentralvermarktung.[8] Diese hat in den vergangenen Jahren allerdings verstärkt die Kartellrechtsbehörden auf den Plan gerufen. Hierzu die folgenden Anmerkungen.

V. Zentralvermarktung durch Ligaverband und DFL

1. Rechtsgrundlagen

Rechtsgrundlagen der Zentralvermarktung durch den Ligaverband sind die folgenden:

- § 6 Nr. 2a und § 19 Satzung Ligaverband

- § 16a Nr. 2 DFB-Satzung

- § 2 DFL-Satzung

- § 9 Nr. 1 OVR (Ordnung für die Verwertung kommerzieller Rechte)

- § 6 Grundlagenvertrag DFB – Ligaverband.

---

[8] Ausführlich hierzu Praxishandbuch Sportrecht, *Summerer*, 4. Teil Rn. 80a-100 m.w.N.; *OLG Stuttgart*, CR 2009, 386 (Hartplatzhelden).

2. Gesetzliche Rahmenbedingungen

Das Satzungsrecht samt Ligastatut der Sportverbände muss freilich im Einklang mit staatlichem Recht stehen. Sofern man den Kartellbehörden folgt und zwischen Ligaverband und Clubs entgegen der hier vertretenen Ansicht ein Kartell bejaht, sind mangels eines Spezialgesetzes – wie beispielsweise der Sports Broadcasting Act von 1961 in den USA – § 1 GWB und Art. 81 EGV der Maßstab. Verboten sind danach Vereinbarungen zwischen Unternehmen, Beschlüsse von Unternehmensvereinigungen und aufeinander abgestimmte Verhaltensweisen, die eine Verhinderung, Einschränkung oder Verfälschung des Wettbewerbs bezwecken oder bewirken.

Trotz eines solchen Verstoßes war bis 30.04.2004 eine Freistellung vom Kartellverbot möglich, wenn das kartellrechtlich bedenkliche Verhalten, hier also die Zentralvermarktung, zu so genannten Effizienzgewinnen führte. Eine solche Freistellung hat die Europäische Kommission als oberste Wettbewerbshüterin im Fall der Vermarktung der Champions League durch die UEFA am 23.07.2003 erlassen.[9] Als Effizienzgewinne sind insbesondere die folgenden anerkannt:

- Zentrale Anlaufstelle für alle Verwerter *(One Stop Shop)*
- Zugang der Verwerter zu Rechten für den Gesamtwettbewerb
- Stärkung des Markenimages der Liga *(Branding)*
- Programmplanungseffizienzen, Highlight-Berichterstattung über den gesamten Spieltag
- Geringeres wirtschaftliches Risiko für Verwerter durch Erwerb von Rechtepaketen
- Objektivität der Berichterstattung
- Solidarität zwischen reichen und armen Clubs durch Einnahmenumverteilung.

Das Instrument einer solchen Freistellung gibt es seit 01.05.2004 nicht mehr, da zu diesem Zeitpunkt die VO 1/2003 in Kraft getreten ist. Damit wurde die Durchsetzung des EU-Kartellrechts dezentralisiert. Nach dem neu eingeführten Prinzip der Legalausnahme gelten alle Vereinbarungen automatisch als freigestellt, die den Anforderungen des Art. 81 Abs. 3 EGV entsprechen. Ob Vereinbarungen diesen Anforderungen entsprechen, müssen Unternehmen im Rahmen einer Selbstveranlagung feststellen. Hierfür tragen sie die Beweislast und das Risiko der Rechtsunsicherheit.

---

[9] Abl. EU Nr. L 291 vom 8.11.2003, S. 25.

3. Verpflichtungszusagen des Ligaverbandes 2006 bis 2009

Will man Rechtssicherheit, kommt ein neues Instrumentarium in Betracht, welches die Europäische Kommission und die DFL miteinander "ausgehandelt" haben, nämlich die so genannte Verbindlicherklärung von Verpflichtungszusagen gemäß Art. 9 Abs. 1 VO 1/2003. Danach haben Ligaverband und DFL Verpflichtungszusagen abgegeben, welche die Europäische Kommission am 19.01.2005 bis 30.06.2009 für verbindlich erklärt hat.[10] Die Zentralvermarktung blieb in ihrem Kern erhalten, allerdings machte der Ligaverband auf Druck der Kommission Zugeständnisse zugunsten der individuellen Vermarktung der Clubs in Teilbereichen. Die wesentlichen Zusagen sind die folgenden:

- Eine offene und diskriminierungsfreie Ausschreibung der Rechte

- Eine Laufzeit von nicht mehr als drei Jahren

- Eine Entbündelung des Angebots in mehreren Paketen (ohne dass der Erwerb durch einen einzigen Verwerter ausgeschlossen ist):

    • Paket 1: Liveübertragung der Hauptspieltage der Bundesliga (samstags) und 2. Bundesliga (sonntags) mit Konferenzschaltung an den Nebenspieltagen im TV

    • Paket 2: Live-Übertragung der Nebenspieltage der Bundesliga (sonntags) und der 2. Bundesliga (freitags) mit Konferenzschaltung an den Hauptspieltagen im TV

    • Paket 3: Live-Übertragung mindestens zweier Begegnungen der Bundesliga pro Saison und zeitversetzte Highlight-Erstverwertung im Free-TV

    • Paket 4: Live-Übertragung von Spielen der 2. Bundesliga und zeitversetzte Highlight-Erstverwertung im Free-TV

    • Paket 5: Zweit- und/oder Drittverwertungsrechte an Bundesliga und/oder 2. Bundesliga im Free-TV

    • Paket 6: Internetübertragung, live und zeitnah, ausschnittsweise oder vollständig, beide Ligen

    • Paket 7: Zeitversetzte Highlight-Verwertung im Internet, beide Ligen

    • Paket 8: Mobilfunk, live und/oder near-live und/oder zeitversetzt, vollständig und/oder ausschnittsweise, beide Ligen

---

[10] Abl. EU C 229/13 und L 134/46 vom 27.05.2005. Vgl. *Kahlenberg/Neuhaus*, EuZW 2005, 620 ff.

- Paket 9: Mobilfunk, zeitversetzt und ausschnittsweise, beide Ligen

- Paket 10: Alle übrigen Rechte, die nicht den Paketen 1-9 oder den Rechten der Clubs zuzuordnen sind (z.B. öffentliche Vorführungen, DVD, Spielanalysen, Audio).

Den Clubs stehen im Wesentlichen die folgenden Rechte zur eigenen Vermarktung zur Verfügung:

- Free-TV: Zeitversetzte Verwertung der Heimspiele 24 Stunden nach Spielende in voller Länge

- Internet: Verwertung der Heim- und Auswärtsspiele nach Spielende bis zur vollen Länge

- Mobilfunk: Freie Verwertung der Heimspiele

- Stadion-TV: Verschiedene zeitlich gestaffelte Verwertungsrechte

- EDV-gestützte Spiel- und Spieleranalysen mit eigener Aufzeichnung

- Nutzung von Bewegtbildmaterial für Werbemaßnahmen

- Nutzung von Bewegtbildmaterial für Bild-/Tonträger für Endkonsumenten

- Audio-Verwertung: Frei empfangbar von den Heimspielen live bis zu 10 Minuten je Halbzeit, nach Spielende ohne Einschränkung; im Internet von den Heim- und Auswärtsspielen live und zeitversetzt bis zur vollen Länge

- Im Mobilfunk von den Heimspielen zeitlich gestaffelt

- Verwertung von Rechten des Ligaverbandes, die ungenutzt bleiben würden, nach einem genau festgelegten Verfahren.

Ähnliche Verpflichtungszusagen hat die englische Premier League abgegeben, welche die EU-Kommission bis 30.06.2013 für verbindlich erklärt hat.[11] Damit sind die Kartellverfahren auf europäischer Ebene eingestellt worden. Man glaubte, Rechtssicherheit für lange Zeit errungen zu haben. Doch nun preschte das Bundeskartellamt vor.

---

[11]Kommissionsentscheidung vom 22.03.2006; Comp/C-2/38.173. Vgl. hierzu *Hellmann/Bruder*, EuZW 2006, 359 ff.

VI. Vermarktungsmodell ab 2009/10 Deutschland

Ligaverband, DFL und Sirius Media GmbH haben im Frühjahr 2008 einen innovativen Vermarktungsvertrag abgeschlossen, welcher der Liga für die Zentralvermarktung von sechs Spielzeiten ab 01.07.2009 Gesamterlöse in Höhe von 3 Milliarden Euro garantiert hätte. Die im Vergleich zu früher deutliche Steigerung zugunsten der 36 Clubs der Bundesliga und 2. Bundesliga sollte vor allem über die Verwertung im Pay-TV finanziert werden. Dieses Modell sah eine Variante vor, nach der die Ausstrahlung im Free-TV à la Sportschau auf den späten Samstagabend hätte gelegt werden können. Dem Präsidenten des Bundeskartellamts gefiel dies nicht. Auf einer Pressekonferenz am 23.07.2008 sprach er die "dringende Empfehlung" aus, im Interesse einer "angemessenen Verbraucherbeteiligung" müsse samstags die Highlight-Berichterstattung eines Spieltags zeitnah und zu einem weiten Bevölkerungskreisen zugänglichen Sendetermin vor 20:00 Uhr erfolgen. Würde die Ausschreibung der Medienrechte im Ergebnis aber eine solche breitenwirksame Zusammenfassung der Spiele erst zu einer späteren Uhrzeit bewirken, würde das Amt eine Untersagungsverfügung erlassen.[12]

Diese Presseerklärung vernichtete somit von einer Stunde auf die andere eine potentielle Einnahmequelle von hunderten von Millionen Euro für den Profifußball und erschwert die europaweite Wettbewerbsfähigkeit deutscher Clubs. Die Durchführung des Vermarktungsvertrags hatte ihren Sinn verloren. Wer würde schon für eine Variante bieten, über der das Damoklesschwert der Untersagung schwebte? Zudem zementierte das Kartellamt dadurch die Sportschau der ARD. Von wegen Wettbewerb. Auch der Preissetzungsspielraum für das Pay-TV ging dem Kartellamt zu weit. Hatte das Amt denn gar kein Vertrauen in die Gesetze der Marktwirtschaft, in die starke Konkurrenz, etwa das IP-TV der Deutschen Telekom AG?

Ligaverband und DFL haben gegen die Untersagungsandrohung des Bundeskartellamts mittlerweile Feststellungsklage beim OLG Düsseldorf eingelegt, das – so bleibt zu hoffen – das Kartellamt in die Schranken weist.

Exkurs: Blick in die USA

Ein Blick in die USA zeigt, wie es geht. Dort sind die vier Major Leagues, nämlich Basketball, Baseball, Football und Hockey, schon seit langem durch den Sports Broadcasting Act von 1961 vom amerikanischen Kartellrecht (Sherman Antitrust Act) ausgenommen.[13] Auch langfristige

---

[12] Vgl. die berechtigte Kritik von *Jungheim*, SpuRt 2009, 13 ff.; *Heermann*, Causa Sport 2009, 1; *Stopper*, SpuRt 2008, 177; *Summerer*, SpuRt 2009, 89.
[13] *Wong*, Essentials of Sports Law, 3. Aufl. 2002, S. 668 ff.

Exklusivverträge sind an der Tagesordnung. So hat jüngst in erfrischender Deutlichkeit ein amerikanisches Berufungsgericht einen zehnjährigen Vermarktungsvertrag zwischen Reebok und der NFL gebilligt und die Klage eines Konkurrenten abgewiesen.

VII. Differenzierung nach Übertragungswegen

Die Untersagungsandrohung des Bundeskartellamts führte dazu, dass der Ligaverband den Vermarktungsvertrag mit Sirius außerordentlich kündigte und nun eine klassische Ausschreibung wie schon im Jahr 2005 durchführt. Um dabei ein möglichst hohes Erlöspotential zu realisieren, war es notwendig, die eingangs skizzierten Rechte bzw. Übertragungswege genau zu definieren und voneinander abzugrenzen. Dies ist durch die zunehmende Konvergenz der Medien eine "Sisyphusarbeit", die einen erhöhten technischen Sachverstand erfordert.

Bereits im Jahr 2006 hatte es Streit zwischen der DFL, der Telekom und Premiere darüber gegeben, ob es der Telekom erlaubt gewesen sei, ihre IP-TV-Rechte an Premiere zu sublizenzieren, nachdem Premiere im Bieterwettstreit mit der Arena GmbH um die Pay-TV-Rechte unterlegen war. Die damals festgelegte Abgrenzung konnte sich allerdings behaupten: Da die Telekom nur die IP-TV-Rechte über Breitband-VDSL erworben hatte, wäre eine Sublizenzierung an Premiere zwecks Nutzung über Kabel und Satellit ein Vertragsverstoß gewesen. Die DFL konnte sich damit durchsetzen.

In der neuen, gerade beginnenden Ausschreibung der medialen Verwertungsrechte wurden konsequenterweise erhöhte Anforderungen an die Abgrenzung gestellt. Da diese Abgrenzung jedenfalls derzeit noch zum Geschäftsgeheimnis der DFL gehört, ersparen Sie mir bitte genauere Ausführungen. Nur so viel sei verraten: Die Abgrenzung funktioniert nicht mehr wie früher über das Endgerät des Endnutzers. Die Schlüsselbegriffe heißen vielmehr "konstante Datenrate" bei gleichbleibender Qualität und unbegrenzte Verfügbarkeit.

VIII. Fazit

Die Zentralvermarktung durch Ligaverband und DFL ist auch weiterhin das Maß aller Dinge. Sie unterliegt nach Auffassung der nationalen und europäischen Kartellbehörden der kartellrechtlichen Überprüfung, ist aber im Kernbereich zulässig. Da es kein Spezialgesetz gibt, welches die Vergabe der Medienrechte durch Sportveranstalter regelt, bedarf die Vergabe einer öffentlichen Ausschreibung nebst einem ausgefeilten Vertragskonstrukt. Der Vermarktungsvertrag muss eine genaue Abgrenzung der Rechte und Übertragungswege vorsehen, die im Zeitalter der Konvergenz der Medien schwieriger geworden, aber nach wie vor machbar ist.

IX. Rechtsquellen (Auswahl)

Büch/Schellhaaß, Ökonomik von Sportligen, 2005

Fritzweiler/Pfister/Summerer, Praxishandbuch Sportrecht, 2007, 4. Teil, Sport und Medien

Heermann, Kann der Ligasport die Fesseln des Kartellrechts sprengen?, SpuRt 1999, 11

Ders., Sport und europäisches Kartellrecht, SpuRt 2003, 89

Ders., Noch kein Abpfiff im "Spiel" zwischen DFL und Bundeskartellamt, Causa Sport 2009, 1

Hellmann/Bruder, Kartellrechtliche Grundsätze der zentralen Vermarktung von Sportveranstaltungen – die aktuellen Entscheidungen der Kommission zur Bundesliga und FA Premier League, EuZW 2006, 359

Jungheim, Das neue Modell der DFL zur Vermarktung der Bundesliga-Medienrechte, SpuRt 2009, 13 ff.

Kahlenberg/Neuhaus, Erste praktische Erfahrungen mit Zusagenentscheidungen nach Art. 9 VO Nr. 1/2003, EuZW 2005, 620

Laier, Die Berichterstattung über Sportereignisse, Diss. 2007

Mestmäcker, Veranstalterrechte als Fernsehrechte, FS f. Sandrock, 2000, 689

Stopper, Wer ist Veranstalter und Rechtsträger im Profifußball?, SpuRt 1999, 188

Ders., Spielmanipulation: Das Bundeskartellamt kennt das richtige Ergebnis der TV-Zentralvermarktung, SpuRt 2008, 177

Summerer, Die Zentralvermarktung der Fußballbundesliga geht in die Verlängerung, SpuRt 2009, 89 f.

Ungerer, Die Vermarktung der TV-Sportrechte im EG-Wettbewerbsrecht, Medien und Recht 2004, 206

Die Verwertung von Amateurfußballspielen im Internet

Rainer Koch

I. Einleitung 173
II. Rechtsgrundlagen 177
　1. Hausrecht 177
　2. Persönlichkeitsrechte 178
　3. Wettbewerbsrecht 179
　4. Eingerichteter und ausgeübter Gewerbebetrieb 193
　5. Urheberrecht 193
III. Schluss 194

I. Einleitung

Fußball ist in Deutschland mit Abstand die Sportart Nummer 1. Nicht nur, was die Zuschauerzahlen der Profiligen angeht, sondern auch hinsichtlich der Zahl der Spiele und Spieler im Amateur- und Jugendbereich. So finden in Deutschland jede Woche mehr als 80.000 Fußballspiele statt.[1] Dies bedarf selbstverständlich eines enormen organisatorischen Aufwands. Kennzeichnend für den Aufbau dieser Organisation ist eine pyramidenförmige Hierarchiestruktur vom Zusammenschluss der Einzelmitglieder in Basisvereinen über Regional- und Landesverbände bis hin zum Deutschen Fußball-Bund (DFB) und darüber hinaus auf europäischer und Weltebene.[2] Dieses System gegenseitiger Mitgliedschaften basiert auf dem in Art. 9 Abs. 1 GG verankerten Grundrecht der Vereinigungsfreiheit. Die Verbände sind hierbei keineswegs überflüssige Wasserköpfe, sondern übernehmen vielfältige Funktionen, z.B. die Ausbildung der Schiedsrichter, die Ausbildung von Trainern über mehrere Lizenzstufen hinweg, die Organisation und Durchführung des Spielbetriebs, die Durchführung sozialer Projekte

---
[1] *Koch*, Journal – Das offizielle Magazin des Deutschen Fußball-Bundes, Heft 2/2008, 38 (38).
[2] *Hilpert*, Sportrecht und Sportrechtsprechung im In- und Ausland, 2007, S. 20.

zur Erfüllung der gemeinnützigen satzungsmäßigen Aufgaben und die Zurverfügungstellung einer Sportgerichtsbarkeit. Diese Leistungen sind Voraussetzung für einen geordneten Spielbetrieb und somit für fast alle Amateurfußballspiele in Deutschland. Insofern ist es gerechtfertigt, die Verbände neben den Vereinen und den Sportlern als Träger des Amateurfußballs zu bezeichnen. Die Verbandsleistungen werden insbesondere durch das ehrenamtliche Engagement tausender Helfer sowie durch Mitgliedsbeiträge, Spielabgaben und Gebühren der Vereine ermöglicht. Um die entstehenden Kosten für ihre Mitglieder so gering wie möglich zu halten, sind die Verbände bestrebt, nicht mehr Geld als nötig auszugeben und sich eigene Einnahmequellen zu erschließen. Hierzu muss verhindert werden, dass Leistungen der Verbände von Dritten ausgenutzt werden.

Eine solche Ausnutzung von Dritten droht womöglich infolge der mit dem Begriff „Web 2.0" bezeichneten veränderten Nutzung und Wahrnehmung des Internets. „Web 2.0" bedeutet, dass maßgebliche Inhalte des Internets nicht mehr zentralisiert von großen Medienunternehmen erstellt und verbreitet werden, sondern von einer Vielzahl von Benutzern, die sich mit Hilfe von spezieller Software untereinander vernetzen. Typische Beispiele hierfür sind Wikis, Blogs, Foto- und Videoportale, soziale Online-Netzwerke oder Tauschbörsen.[3] Auf Videoportalen wie z.B. youtube können beliebige Leute Videos veröffentlichen. Durch diese Nutzbarmachung der unentgeltlichen Leistungen von Privatpersonen ist es bei entsprechender Resonanz möglich, ohne großen eigenen Aufwand, eine umfangreiche Sammlung von fremden Videos im Internet auf einer eigenen Seite zusammenzufassen.

Ein solches Videoportal, die Seite www.hartplatzhelden.de, richtet sich gezielt an Menschen, die Videoaufnahmen von Amateurfußballspielen in Deutschland angefertigt haben. Wenn der Hartplatzhelden GmbH, dem Betreiber der Seite, zuvor ein zeitlich unbegrenztes Recht eingeräumt wird, die hochgeladenen Filmbeiträge umfassend, das heißt nicht nur im Internet, sondern auch durch Verbreitung auf Bild-, Ton- und sonstigen Datenträgern jeder Art „zum Zwecke der gewerblichen Auswertung" zu nutzen und zu verwerten, können solche Aufnahmen hier unentgeltlich eingestellt und veröffentlicht werden.[4] Auf der aufwendig gestalteten Seite kann man mittlerweile auf Videoaufnahmen zahlreicher Fußballspiele zugreifen, die dort, nach verschiedenen Themenbereichen sortiert, zum Abruf bereitgehalten werden. Von der Startseite aus kann direkt auf die zuletzt eingestellten, die am besten bewerteten und die am häufigsten angesehenen Videos zugegriffen werden. Daneben werden zahlreiche weitere Aktionen, z.B. eine Wahl zum „Tor des Monats" oder die Auszeichnung bestimmter Videos mit „Awards" durchgeführt. Auf der Seite ist zudem kommerzi-

---

[3] Vgl. Wikipedia.de - Eintrag zu „Web 2.0".
[4] Vgl. AGB der Hartplatzhelden GmbH.

elle Werbung platziert und es werden diverse Merchandisingartikel, z.B. T-Shirts, zum Verkauf angeboten. Weiter unterhält (bzw. unterhielt) die Hartplatzhelden GmbH Medienpartnerschaften mit Onlineportalen großer Verlage. Das Angebot richtet sich erkennbar an alle Fußballbegeisterten in Deutschland und darüber hinaus. Insbesondere werden die beteiligten Akteure, Vereinsangehörige, die lokale Öffentlichkeit, Verwandte und Freunde angesprochen. Auch wenn in der Bewegtbildberichterstattung (anders in den regionalen und lokalen Tageszeitungen) fast ausschließlich der Profifußball wahrgenommen wird, so halten sich gleichwohl jedes Wochenende 10 Mal mehr Personen auf Amateurfußballplätzen als in Profifußballstadien auf. Folgerichtig lassen sich sehr große Zugriffszahlen auf einschlägige Internetseiten erzielen, auf denen der Amateurfußball gebündelt dargestellt wird. Die gewaltige Dimension dieses Potentials und damit auch die wirtschaftliche Bedeutung der rechtlichen Auseinandersetzung um die Verwertung der Amateurfußballrechte im Internet für den DFB, die Landesverbände und vor allem die Mitgliedsvereine aus dem Amateurbereich wird vielfach nicht gesehen. Dies machen sich kommerzielle Internetportalbetreiber wie die Hartplatzhelden GmbH, die dieses Potential abschöpfen wollen, in der Auseinandersetzung mit den Fußballverbänden zunutze. Sie gerieren sich als Hüter des Freizeit- und Breitenfußballs, verschleiern ihre eigenen kommerziellen Interessen und versuchen einen Interessengegensatz zwischen den Amateurvereinen und ihren Verbänden zu konstruieren.

Jedoch haben nicht nur die „Hartplatzhelden", sondern auch die 26.000 Mitgliedsvereine im DFB und dessen 21 Landesverbänden das Vermarktungspotential ihres Produkts im Internet erkannt. Die Vereine haben deshalb in identischen Bestimmungen die Verwertungsrechte an den von ihnen ausgetragenen Amateurfußballspielen auf die Verbände übertragen, um sie einer gebündelten und auf diese Weise kommerziell nutzbaren Verwertung zuzuführen. Diese Bestimmungen sehen durchgängig vor, dass etwaige Verwertungserlöse zu 90% an die Mitgliedsvereine ausgekehrt werden. Und auch die verbleibenden 10 % kommen den Vereinen mittelbar über die Verbandsleistungen zu Gute. Der Württembergische Fußball-Verband (wfv) und der Bayerische Fußball-Verband (BFV) haben zwischenzeitlich, im Sommer 2008, eigenständige Internet TV-Portale (siehe u.a. www.bfv.tv) eröffnet, die übrigen Verbände haben ihre Zuständigkeiten gebündelt auf die vom DFB betriebene Website www.fussball.de übertragen, wo bereits seit längerem von jedem User Videoclips von Amateurfußballspielen hochgeladen werden können.

Der BFV lässt seit dem letzten Quartal die Kerndaten seiner Internetnutzung von der Arbeitsgemeinschaft Online Forschung (AGOF) im Rahmen der dort erhobenen „Internet facts" messen. Danach ergibt sich aus den jüngst veröffentlichten Zahlen, dass der Internetauftritt des BFV (www.bfv.de) schon jetzt (d.h. noch weitgehend ohne eingestellte Videoberichte) im Ranking der bei der AGOF derzeit gelisteten 501 Internetauftritte auf Platz 146 liegt und damit vor Borussia Dortmund (Platz 163), dem Hamburger SV (Platz 222), Eintracht Frankfurt (Platz 244) und Hertha BSC (Platz 351).[5] Aktuell hat die Webseite des BFV schon heute in einem durchschnittlichen Monat 360 000 „unique user" über 14 Jahre, was etwa einem Drittel der über 14 Jahre alten Mitglieder des BFV entspricht und damit nahezu doppelt so viele wie der Hamburger SV (190 000 unique user) und mehr als fünf mal so viele wie Hertha BSC Berlin (70 000 unique user).

Für die Träger des Amateurfußballs stellt sich die Frage, ob und wie sie das Handeln der Hartplatzhelden GmbH unterbinden können. Denn selbstverständlich wollen sie nicht einerseits die Kosten und Mühen des Spielbetriebs tragen und andererseits tatenlos zusehen, wie mögliche Vermarktungspotentiale von gewinnorientierten Kapitalgesellschaften abgeschöpft werden. Sie sind vielmehr auf die zu erzielenden Gewinne angewiesen, um ihre eigenen Leistungen rund um den Fußballsport zu finanzieren. Der bereits erwähnte Württembergische Fußballverband e.V. (wfv), einer der 21 Landesverbände, forderte die Hartplatzhelden GmbH Ende März 2007 folgerichtig schriftlich dazu auf, die Aufnahmen von Spielen aus dem Bereich seiner Ligen aus dem Angebot der bereitgestellten Sequenzen zu entfernen und für die Zukunft organisatorisch-technische Vorkehrungen zu treffen, um zu verhindern, dass derartige Aufnahmen weiterhin durch Dritte eingestellt werden können. Dies wurde von der Hartplatzhelden GmbH mit der Begründung abgelehnt, es sei weder technisch möglich, Sequenzen aus dem Bereich des wfv herauszufiltern, noch bestehe ein dahingehender Rechtsanspruch. Anfang Juni 2007 folgte daraufhin eine Abmahnung und die Aufforderung an die Hartplatzhelden GmbH, eine strafbewehrte Unterlassungserklärung abzugeben. Da die Gesellschafter die gewünschte Unterlassungserklärung nicht abgaben, reichte der wfv eine Unterlassungsklage beim LG Stuttgart ein, welche der Hartplatzhelden GmbH am 30. Oktober 2007 zugestellt wurde. Dieser Klage hat das Landgericht Stuttgart am 08. Mai 2008, auf die mündliche Verhandlung vom 10. April 2008, vollumfänglich stattgegeben. Der wfv hat gegen Leistung der erforderlichen Sicherheiten dieses erstinstanzliche Urteil vorläufig vollstreckt und dadurch erreicht, dass sämtliche sein Verbandsgebiet betreffenden Sequenzen von der Seite www.hartplatzhelden.de entfernt werden mussten. Das Urteil hat in der Literatur, teilweise sicherlich auch in Unkenntnis der tatsächlichen Umstände, zum Teil heftige Kritik erfahren.[6] Im Rahmen der von der Hartplatzhelden GmbH eingelegten Berufung fand am 20. Novem-

---

[5]Vgl. Arbeitsgemeinschaft Online Forschung e.V. (Hrsg.), Berichtsband – Teil 2 zur internet facts 2008-II, 2008, 9 ff.

[6] *Feldmann/Höppner*, K&R 2008, 421 (421 ff.); *Ernst*, Causa Sport 2008, 289 (289 ff.).

ber 2008 der Termin zur mündlichen Verhandlung beim OLG Stuttgart statt, das beiden Parteien den Abschluss eines Vergleichs nahelegte.

II. Rechtsgrundlagen

Im Folgenden soll untersucht werden, ob die Träger des Amateurfußballs eine rechtliche Handhabe gegen das Vorgehen der Hartplatzhelden GmbH haben und ob die inhaltliche Kritik am Urteil des Landgerichts Stuttgart berechtigt ist.

1. Hausrecht

Gemäß §§ 1004, 903, 859, 862 BGB kann der Eigentümer oder Besitzer einer Veranstaltungsstätte als Hausrechtsinhaber – in der Regel der die Veranstaltung ausrichtende Verein oder Verband – grundsätzlich frei darüber entscheiden, wem er zu welchen Bedingungen Zutritt ins Stadion gewährt.[7] So wird insbesondere der Schutz von Übertragungsrechten an professionellen Fußballspielen aus dem Hausrecht hergeleitet.[8] Weder die Amateurvereine noch die Verbände wollen jedoch Zuschauern, die Bildaufnahmen von Amateurfußballspielen zum privaten Gebrauch anfertigen, den Zutritt zu Sportplätzen verwehren.[9] Natürlich sollen diese Personen auch dazu berechtigt sein, ihre Videos z.B. auf privaten Homepages oder auf der Website des eigenen Vereins zu präsentieren. Schließlich sind auch die Vereine und Verbände auf die Aufnahmen der Amateurfilmer angewiesen, um sich auf Internet- Plattformen wie BFV.TV werbewirksam in Szene setzen zu können. Selbst wenn im Zeitpunkt der Aufnahmen erkennbar sein sollte, dass die Aufnahmen auf ein kommerzielles Internetportal hochgeladen werden sollen – was kaum möglich sein dürfte – liegt es nicht im Interesse der Vereine und Verbände, die in der Regel eng mit ihnen verbundenen Zuschauer mit Verboten zu belegen. Die Schmerzgrenze der Verbände wird erst überschritten, wenn kommerzielle Anbieter solche Aufnahmen später gezielt sammeln und zu eigenen Zwecken vermarkten.

Im Amateursport würde ein über das Hausrecht hergeleitetes Zutrittsverbot zu den Sportplätzen für die privaten Amateurfilmer folglich nicht nur über das gewünschte Ziel hinausreichen, sondern grundsätzlich die

---

[7] *Summerer*, in: Fritzweiler/Pfister/Summerer, Praxishandbuch Sportrecht, 2007, S. 340; vgl. *BGH*, GRUR 1956, 515 (516); *BGH*, NJW 1970, 2060 (2060); *Stopper*, SpuRt 1999, 188 (188 ff.); *Haas/Reimann*, SpuRt 1999, 182 (182 ff.).

[8] Vgl. *BGH*, NJW 2006, 377 (377 ff.); *Summerer*, in: Fritzweiler/Pfister/Summerer, Praxishandbuch Sportrecht, 2007, S. 356.

[9] So ausdrücklich auch der wfv in seinem Positionspapier vom Dezember 2007 und in seiner Pressemitteilung vom 8. Mai 2008.

Falschen treffen. Folgerichtig wird ein solches rechtlich zwar zulässiges, im Ergebnis aber unzweckmäßiges Vorgehen bislang nicht angestrebt.

2. Persönlichkeitsrechte

Der Verwertung der Videos von Amateurfußballspielen im Internet könnten ferner Persönlichkeitsrechte der beteiligten Sportler entgegenstehen. Insbesondere ist in diesem Zusammenhang an das Recht am eigenen Bild der Sportler zu denken. Das Recht am eigenen Bild ist im KUG spezialgesetzlich geregelt. Es stellt folglich ein so genanntes besonderes Persönlichkeitsrecht dar.[10] Gemäß § 22 S. 1 KUG dürfen Bildnisse, einschließlich Film- und Fernsehaufnahmen, grundsätzlich nur mit Einwilligung des Abgebildeten verbreitet oder öffentlich zur Schau gestellt werden. Der Anwendungsbereich der Vorschrift dürfte auch in Fällen der Bewegtbildübertragung von Amateurfußballspielen grundsätzlich eröffnet sein, jedenfalls dann, wenn durch Nahaufnahmen oder andere zuordenbare Merkmale (z. B. Rückennummern), die abgebildeten Sportler zu identifizieren sind.[11]

Kommerzorientierte Anbieter verzichten in aller Regel darauf, Einwilligungen der Abgebildeten einzuholen. Allerdings könnten, jedenfalls in höheren Amateurligen, einzelne Sportler so genannte Personen der Zeitgeschichte im Sinne von § 23 Abs. 1 Nr. 1 KUG sein. Dies würde eine Einwilligung im Einzelfall entbehrlich machen. Soweit sich die Videos auf die bloße Darstellung des sportlichen Geschehens beschränken, könnte zudem gemäß § 23 Abs. 1 Nr. 3 KUG auf eine Einwilligung verzichtet werden. Hierbei ist jedoch die Grenze zur einwilligungspflichtigen Zur-Schau-Stellung einzelner teilnehmender Sportler fließend.[12] In Fällen, in denen grundsätzlich eine Einwilligungspflicht besteht, ist zudem eine Güterabwägung zwischen dem Informationsinteresse der Allgemeinheit und dem Anonymitätsinteresse des Sportlers unter Berücksichtigung der durch § 23 Abs. 1 KUG beschränkten Abwägungsgesichtspunkte vorzunehmen.[13]

Es ist jedenfalls sowohl beim Recht am eigenen Bild als auch bei anderen Persönlichkeitsrechten der Sportler immer eine Frage des Einzelfalls, ob diese der Veröffentlichung eines Videos entgegenstehen. Hier ist jedoch eine globale Lösung unabhängig von persönlichen Gegebenheiten des Einzelfalls notwendig. Persönlichkeitsrechte bieten folglich aus Sicht der nach einer umfassenderen Lösung suchenden Vereine und Verbände keinen taug-

---

[10]Vgl. *Palandt/Sprau*, BGB, 67. Aufl. 2008, § 823 BGB, Rn. 85.

[11]*Haas/Reimann*, SpuRt 1999, 182 (182 ff.) m. w. N.

[12]Vgl. *Summerer*, in: Fritzweiler/Pfister/Summerer, Praxishandbuch Sportrecht, 2007, S. 375.

[13]Vgl. *Wandtke/Bullinger/Fricke*, Praxiskommentar zum Urheberrecht, 2. Aufl. 2006, § 22 KUG, Rn. 2.

lichen Ansatzpunkt zur Untersagung der Verwertung von Amateurfußballspielen im Internet.

3. Wettbewerbsrecht

Das Urteil des Landgerichts Stuttgart stützt sich auf wettbewerbsrechtliche Aspekte.[14] Demnach kann der wfv gemäß §§ 8, 3, 4 Nrn. 9 und 10 UWG verlangen, dass es die Hartplatzhelden GmbH unterlässt, im Internet Filmaufzeichnungen von solchen Fußballspielen wiederzugeben, die unter seiner Organisation und Leitung stattgefunden haben.

a) Unlautere Wettbewerbshandlung

§ 8 Abs. 1 UWG setzt voraus, dass die Hartplatzhelden GmbH dem § 3 UWG zuwiderhandelt. Insofern müsste eine unlautere Wettbewerbshandlung der Hartplatzhelden GmbH vorliegen, welche geeignet ist, den Wettbewerb zum Nachteil eines Mitbewerbers nicht nur unerheblich zu beeinträchtigen.

aa) Wettbewerbshandlung

Es müsste zunächst eine Wettbewerbshandlung der Hartplatzhelden GmbH vorliegen. Gemäß § 2 Abs. 1 Nr. 1 UWG ist unter einer Wettbewerbshandlung jede Handlung einer Person mit dem Ziel zu verstehen, zugunsten des eigenen oder eines fremden Unternehmens den Absatz oder den Bezug von Waren oder die Erbringung oder den Bezug von Dienstleistungen [...] zu fördern. Die Hartplatzhelden GmbH stellt ohne Zweifel eine (juristische) Person dar. Als möglicherweise relevante Handlungen kommen sowohl das Einräumenlassen von Rechten an Fußballvideos als auch das tatsächliche öffentliche Zugänglichmachen dieser Videos in Betracht. Diese Handlungen müssten sich auf das eigene oder ein fremdes Unternehmen beziehen.[15] Die Hartplatzhelden GmbH ist gemäß § 13 Abs. 3 GmbHG eine Handelsgesellschaft im Sinne des HGB und folglich auch Unternehmer. Die ihr zurechenbaren Handlungen haben grundsätzlich einen entsprechenden Unternehmensbezug.

Schließlich müsste die Handlung das Ziel haben, den Absatz oder Bezug von Waren oder Dienstleistungen eines Unternehmens zu fördern. Waren sind alle Gegenstände, die auf einen anderen übertragen oder ihm zur

---

[14] *LG Stuttgart*, K&R 2008, 385 (385 ff.).

[15] *Hefermehl/Köhler/Bornkamm/Köhler*, Gesetz gegen den unlauteren Wettbewerb, 26. Aufl. 2008, § 2 UWG, Rn. 6.

Verfügung gestellt werden können.[16] Dienstleistungen sind alle geldwerten unkörperlichen Leistungen.[17] Da das Gesetz nicht zwischen beiden Begriffen differenziert, kann im Ergebnis gesagt werden, dass eine Wettbewerbshandlung jede Tätigkeit ist, die irgendwie der Förderung eines beliebigen Geschäftszweckes im Rahmen des Erwerbslebens dient.[18] Die Hartplatzhelden GmbH stellt auf ihrem Internetportal kostenpflichtige Werbeflächen zur Verfügung. Weiter stellt die Hartplatzhelden GmbH die eingestellten Sequenzen auch dritten kommerziellen Portalen zur Verfügung, so zum Beispiel www.stern.de. Ferner vertreibt sie diverse Merchandisingartikel, die einen Bezug zwischen ihr und dem Amateurfußball herstellen. Die Hartplatzhelden GmbH bietet das Portal www.hartplatzhelden.de folglich zur Förderung eines Geschäftszwecks im Rahmen ihres Erwerbslebens an. Ihre Handlungen in diesem Zusammenhang stellen somit Wettbewerbshandlungen dar.

An dieser Stelle sei erwähnt, dass die Filmaufnahmen selbst gerade keine Wettbewerbshandlungen in diesem Sinne sind. Die Privatpersonen, welche ihre Videos auf die Seite der Beklagten hochladen, handeln regelmäßig aus rein persönlichen Motiven.[19] Ein wettbewerbsrechtlicher Unterlassungsanspruch gegen die Zuschauer selbst würde folglich bereits an diesem Tatbestandsmerkmal scheitern.

bb) Mitbewerber

Hier kommt eine Beeinflussung zum Nachteil des wfv in Betracht. Dieser könnte womöglich Mitbewerber sein. Gemäß § 2 Abs. 1 Nr. 3 UWG ist ein Mitbewerber jeder Unternehmer, der mit einem oder mehreren Unternehmen als Anbieter oder Nachfrager von Waren oder Dienstleistungen in einem konkreten Wettbewerbsverhältnis steht.

(1) Unternehmereigenschaft des wfv

Der wfv müsste Unternehmer in diesem Sinne sein. Zum Teil wird behauptet, dass der wfv als gemeinnütziger Verein kein Unternehmer sein könne. Allerdings ist das Merkmal Unternehmer weit auszulegen.[20] Es erfolgt eine

---

[16] *Hefermehl/Köhler/Bornkamm/Köhler*, Gesetz gegen den unlauteren Wettbewerb, 26. Aufl. 2008, § 2 UWG, Rn. 18.

[17] *Hefermehl/Köhler/Bornkamm/Köhler*, Gesetz gegen den unlauteren Wettbewerb, 26. Aufl. 2008, § 2 UWG, Rn. 18.

[18] Vgl. *Heermann*, GRUR 2006, 359 (362).

[19] Vgl. *Summerer*, in: Fritzweiler/Pfister/Summerer, Praxishandbuch Sportrecht, 2007, S. 348.

[20] *Lehmler*, UWG, 1. Aufl. 2007, § 2 UWG, Rn. 70.

wirtschaftliche Betrachtungsweise, die nicht auf die Rechtsform des Unternehmens, sondern auf die tatsächliche Stellung im Wettbewerb abhebt.[21] Auch Idealvereine können daher Unternehmer sein, soweit sie sich unternehmerisch betätigen.[22] Dies ist gemäß § 2 Abs. 2 UWG in Verbindung mit § 14 BGB der Fall, wenn sie planmäßig und dauerhaft am Markt Leistungen gegen ein Entgelt anbieten, wobei die Gewinnerzielungsabsicht unerheblich ist.[23] Der wfv organisiert Fußballspiele, welche ganz überwiegend nur gegen ein Entgelt besucht werden dürfen. Des Weiteren nimmt der wfv Gelder über die Vermarktungsrechte an solchen Fußballspielen, insbesondere im Internet, ein. Diese entgeltlichen Leistungen werden planmäßig und dauerhaft erbracht. Der wfv ist folglich Unternehmer in diesem Sinne.

(2) Konkretes Wettbewerbsverhältnis

Zwischen dem wfv und der Hartplatzhelden GmbH müsste ein konkretes Wettbewerbsverhältnis im Sinne von § 2 Abs. 1 Nr. 3 UWG bestehen. Ein solches setzt voraus, dass sich der Verletzer durch seine Verletzungshandlung in irgendeiner Weise in Wettbewerb zum Betroffenen stellt, wobei bereits ein potenzieller Wettbewerb ausreichend ist.[24]

Zum Zeitpunkt der Entscheidung des Landgerichts Stuttgart verwertete der wfv die Amateurfußballspiele im Internet bereits in geringem Umfang und auf Grundlage einer Kooperation mit der „Die Ligen GmbH" (www.die-ligen.de). Ein Abwarten mit der Geltendmachung des Unterlassungsanspruchs bis zum Ausbau des eigenen Portals hätte bedeutet, dass sich die Hartplatzhelden GmbH mit ihrem Angebot weiter am Markt hätte etablieren können. Dies hätte insbesondere die spätere Einführung des eigenen Angebots erschwert. Insofern ging das Landgericht Stuttgart zu Recht davon aus, dass das Fehlen eines vergleichbaren Angebots von Verbandsseite für die Frage des Vorliegens eines konkreten Wettbewerbsverhältnisses ohne Bedeutung war.[25] Es reichte vielmehr aus, dass ein Markteintritt unmittelbar bevorstand. Es lag somit schon zum damaligen Zeitpunkt ein konkretes Wettbewerbsverhältnis vor.

Heute gilt dies erst recht. Der wfv veröffentlicht auf seiner Seite ebenfalls Videos von einzelnen von ihm organisierten Amateurfußballspielen.

---

[21] *Lehmler*, UWG, 1. Aufl. 2007, § 2 UWG, Rn. 70.
[22] *Hefermehl/Köhler/Bornkamm/Köhler*, Gesetz gegen den unlauteren Wettbewerb, 26. Aufl. 2008, § 2 UWG, Rn. 9.
[23] *Palandt/Heinrichs*, BGB, 67. Aufl. 2008, § 14 BGB, Rn. 2; *BGH*, NJW 2006, 2250 (2250).
[24] Vgl. *Hefermehl/Köhler/Bornkamm/Köhler*, Gesetz gegen den unlauteren Wettbewerb, 26. Aufl. 2008, § 2 UWG Rn. 71.
[25] *LG Stuttgart*, K&R 2008, 385 (387).

Zwar ist den Kritikern darin Recht zu geben, dass dieser Seite ein anderes Konzept zugrunde liegt, als der Seite hartplatzhelden.de. Jedoch ist die eigene Seite nicht der einzige Weg, auf welchem der wfv die Videos der Spiele „seiner" Ligen verwertet. Der wfv hat vertragliche Vereinbarungen mit der „Die Ligen GmbH", welche pro eingestelltem Video von einem Spiel aus dem Bereich des wfv eine Lizenzgebühr zahlt. Ferner besteht eine Vereinbarung mit der DFB Medien GmbH & Co. KG, welche vom wfv ebenfalls dazu berechtigt ist, solche Videos auf ihrem Portal www.fussball.de einzustellen. Die Erlöse aus dieser Seite fließen jedenfalls teilweise an den wfv zurück.

Am Vorliegen eines konkreten Wettbewerbsverhältnisses kann somit kein vernünftiger Zweifel bestehen.

(3) Ergebnis Mitbewerbereigenschaft

Der wfv ist als Mitbewerber der Hartplatzhelden GmbH anzusehen. Hieraus folgt grundsätzlich auch die Aktivlegitimation des wfv. Denn gemäß § 8 Abs. 3 Nr. 1 UWG steht der Anspruch aus § 8 Abs. 1 UWG jedem Mitbewerber zu. Die Norm besitzt insofern eine Doppelnatur als Grundlage sowohl der Prozessführungsbefugnis als auch der materiellrechtlichen Aktivlegitimation.[26]

cc) Unlauterkeit der Wettbewerbshandlung

Schließlich müsste die Wettbewerbshandlung der Hartplatzhelden GmbH unlauter im Sinne von § 3 UWG sein.

(1) Unlautere Leistungsüberschreitung, § 4 Nr. 9 b) UWG

Es könnte ein Fall unlauterer Leistungsüberschreitung nach § 4 Nr. 9 b) UWG vorliegen. Dann müsste die Hartplatzhelden GmbH Waren oder Dienstleistungen anbieten, die eine Nachahmung der Waren oder Dienstleistungen eines Mitbewerbers sind und hierbei die Wertschätzung der nachgeahmten Ware oder Dienstleistung unangemessen ausnutzen oder beeinträchtigen.

(a) Vom wfv angebotene Waren oder Dienstleistungen

Der wfv organisiert Fußballspiele und vermarktet diese. Er bietet, genau wie die Hartplatzhelden GmbH, Waren und Dienstleistungen an. Eine ge-

---

[26] *Lehmler*, UWG, 1. Aufl. 2007, § 8 UWG, Rn. 63.

naue Differenzierung der beiden Begriffe ist wegen der gesetzlichen Gleichbehandlung entbehrlich, s. oben.

(b) Nachahmung durch die Hartplatzhelden GmbH

Bei der Dienstleistung der Hartplatzhelden GmbH müsste es sich um die Nachahmung der Dienstleistung des Verbandes handeln. Unter einer Nachahmung wird teilweise die Übernahme einer verkörperten Leistung verstanden.[27] Dies kann jedoch nicht das allein maßgebliche Kriterium sein. Jedenfalls bei Dienstleistungen und auch bei einigen Waren (insbesondere bei übertragbaren Rechten) fehlt es an verkörperten Leistungsergebnissen. Es ist somit sachgerecht, eine Nachahmung bereits dann anzunehmen, wenn die Hartplatzhelden GmbH ein Leistungsergebnis des wfv ohne nennenswerte eigene Leistung übernehmen würde.[28]

(aa) Das dem wfv zustehende Leistungsergebnis

Zunächst einmal ist folglich das dem wfv zustehende Leistungsergebnis herauszuarbeiten.

(aaa) Amateurfußballspiele als Leistungsergebnis des wfv

Dieses könnte in jedem einzelnen Amateurfußballspiel zu sehen sein, welches unter seiner Organisation und Verantwortung durchgeführt wird. Dies wäre jedenfalls dann der Fall, wenn der wfv Veranstalter der genannten Spiele ist. Dem Veranstalter eines Sportereignisses steht, gegebenenfalls in Rechtsgemeinschaft mit anderen Mitveranstaltern, die alleinige wirtschaftliche Verwertungsmöglichkeit an seinem Produkt zu.[29] Veranstalter in diesem Sinne ist, wer für die Aufführung in organisatorischer und finanzieller Hinsicht verantwortlich ist bzw. wer die wesentlichen wirtschaftlichen Leistungen zur Schaffung des vermarkteten Produkts erbringt und sich somit als natürlicher Marktteilnehmer ausweist.[30] Die Leistungen der Verbände im Zusammenhang mit Amateurfußballspielen bestehen, wie gesehen, unter anderem in der Organisation des Spielbetriebs, der Aufstellung der Spielpläne, der Ausbildung von Schiedsrichtern und Ordnern sowie

---

[27] *Piper/Ohly/Piper*, Gesetz gegen den unlauteren Wettbewerb, 4. Aufl. 2006, § 4.9 Rn. 9/1.
[28] *Götting*, Wettbewerbsrecht, 2006, S. 234.
[29] *LG Stuttgart*, K&R 2008, 385 (387); *Summerer*, in: Fritzweiler/Pfister/Summerer, Praxishandbuch Sportrecht, 2007, S. 350.
[30] *Summerer*, in: Fritzweiler/Pfister/Summerer, Praxishandbuch Sportrecht, 2007, S. 359 f.

der Zurverfügungstellung einer Sportgerichtsbarkeit.[31] Es handelt sich um Vorleistungen, ohne die der Amateurfußball in der derzeitigen Form nicht möglich wäre. Die Verbände weisen sich somit als natürlicher Marktteilnehmer aus und sind selbst jedenfalls als Mitveranstalter der einzelnen Amateurfußballspiele innerhalb ihres jeweiligen Verantwortungsbereichs anzusehen.[32] Infolge der Veranstalterrolle des wfv ist es sachgerecht, für die Beurteilung der Wettbewerbswidrigkeit des Betreibens eines Internetportals, über das Ausschnitte von Amateurspielen zugänglich gemacht werden, das „Endprodukt" des einzelnen Fußballspiels als ein den Verbänden zukommendes Leistungsergebnis anzusehen.[33]

(bbb) Verwertungsrecht als Leistungsergebnis des wfv

Dem wfv könnte, neben den aus seiner Mitveranstalterrolle folgenden Rechten, als weiteres Leistungsergebnis die alleinige Berechtigung zur Verwertung der von ihm organisierten Amateurfußballspiele im Internet zustehen. Dies könnte sich aus den Satzungen des wfv und seiner Mitgliedsvereine ergeben.

Der wfv besitzt gemäß § 13 seiner Satzung das alleinige Recht, bezüglich der Verwertung von Verbands- und Freundschaftsspielen über das Internet und andere Online-Dienste (ausgenommen Bundesspiele im Sinne von § 19 der DFB-Spielordnung und Spiele, für deren Durchführung gemäß § 3 der SFV-Satzung der SFV zuständig ist) Verträge zu schließen und die Vergütungen aus solchen Verträgen für die Vereine treuhänderisch zu vereinnahmen und an diese zu verteilen. Der Verband soll hierfür 10 % des Bruttobetrages der ausgehandelten Vergütung erhalten, der Rest an die Vereine fließen. Die Mitgliedsvereine haben sich den Satzungen und Ordnungen des wfv und somit auch der genannten Bestimmung unterworfen. Da die an den Wettbewerben des wfv teilnehmenden Vereine die Verträge, mit denen sie ihre Vermarktungsrechte veräußern, nicht individuell und unabhängig voneinander abschließen, sondern der wfv diese Rechte bündelt, liegt eine so genannte Zentralvermarktungsvereinbarung vor.

Die Wirksamkeit dieser Regelung könnte unter kartellrechtlichen Gesichtspunkten problematisch sein. Gemäß § 1 GWB sind wettbewerbsbeschränkende Vereinbarungen verboten. Fraglich ist, ob hier eine solche Vereinbarung vorliegt. Dann müsste zunächst ein Wettbewerb bestehen, welcher beschränkt werden könnte. Der Grundtatbestand des Wettbewerbs ist in der Form des Anbieter- bzw. Nachfragerwettbewerbs immer dann

---

[31] *LG Stuttgart*, K&R 2008, 385 (386).
[32] *Summerer*, in: Fritzweiler/Pfister/Summerer, Praxishandbuch Sportrecht, 2007, S. 348 ff.
[33] *LG Stuttgart*, K&R 2008, 385 (387).

gegeben, wenn an einem Markt für ein bestimmtes Gut mehrere voneinander unabhängige Unternehmen als Anbieter bzw. Nachfrager beteiligt sind und danach streben, unter Anwendung der verschiedensten Mittel zum Geschäftsabschluss mit Dritten zu gelangen, um so das eigene Unternehmen zu fördern.[34]

Das Vorliegen eines Preis- oder Konditionenwettbewerbs wird im Zusammenhang mit der Vermarktung von Sportveranstaltungen, an denen mehrere Vereine teilnehmen, teilweise bejaht und damit begründet, dass die Vereine, jeweils im Zusammenwirken mit dem als Mitveranstalter anzusehenden Verband, aber unabhängig voneinander, als Rechteanbieter auftreten könnten. Hiervon ausgehend wird auch eine Beschränkung des bestehenden Wettbewerbs angenommen, da die beteiligten Vereine ihre Vermarktungsrechte infolge der mit der Zentralvermarktungsvereinbarung einhergehenden Koordinierung der Preise und Konditionen nicht individuell und unabhängig voneinander verwerten.[35]

Hier entbehrt dieser für den Bereich des Profisports entwickelte Begründungsansatz jedoch jeglicher Grundlage. Es geht um die Vermarktung von Fußballspielen von den Kreisligen bis zur Oberliga. Diesen Spielen wohnt isoliert betrachtet in aller Regel nicht das Potential für eine wirtschaftliche Verwertung im Internet oder in anderen Massenmedien inne. Eine Vermarktungschance besteht vielmehr nur hinsichtlich einzelner „Pakete".[36] Außerdem kann das Gewicht und die Bedeutung des Amateurfußballs sportpolitisch nur durch eine Bündelung und zentrale Vermarktung angemessen herausgestellt werden. Infolgedessen besteht zwischen den beteiligten Vereinen auch kein Wettbewerb hinsichtlich der Vermarktung ihrer Spiele. Preise und Konditionen werden nicht koordiniert, sondern allein durch die zentrale Vermarktung kann ein Markt geschaffen werden. Mangels Wettbewerbs kann die Zentralvermarktungsvereinbarung auch keine wettbewerbsbeschränkende Vereinbarung darstellen. Das satzungsrechtlich verankerte Alleinvermarktungsrecht verstößt folglich nicht gegen Kartellrecht.

Dem wfv kommt somit, neben der Eigenschaft als Mitveranstalter, zusätzlich noch das alleinige Verwertungsrecht an den von ihm veranstalteten Amateurfußballspielen als maßgebliches Leistungsergebnis zu.

Im Rahmen des vor dem OLG Stuttgart anhängigen Berufungsverfahrens hat der Vorsitzende des zuständigen Kartellsenats das Bundeskartellamt gemäß § 90 Abs. 1 GWB über den Rechtsstreit unterrichtet

---

[34] *Langen/Bunte/Bunte*, Kommentar zum deutschen und europäischen Kartellrecht – Band I Deutsches Kartellrecht, 10. Aufl. 2006, Einf. Rn. 63.
[35] Vgl. hierzu *Ungerer*, Medien und Recht 2004, 206 (206 ff.); *Summerer*, in: Fritzweiler/Pfister/Summerer, Praxishandbuch Sportrecht, 2007, S. 358, 362; *BGH*, NJW 1998, 756 (758).
[36] *LG Stuttgart*, K&R 2008, 385 (386).

und dies unter anderem damit begründet, dass sich der wfv auch auf ein satzungsmäßig verankertes zentralisiertes Vermarktungsrecht berufe. Das vorliegende Verfahren ist nach Auffassung des Senatsvorsitzenden mutmaßlich deshalb von öffentlichem Interesse, weil das Bundeskartellamt seinerseits selbst – wenn auch höhere Fußball-Ligen betreffend – mit Fragen der Zentralvermarktung befasst und „öffentlich verlautbarter Kritik aus Profi-Kreisen ausgesetzt" sei. Das Bundeskartellamt hat am 12. September 2008 dazu mitgeteilt, dass derzeit keine Beteiligung am Verfahren im Sinne des § 90 Abs. 2 GWB beabsichtigt sei und man lediglich eine Übersendung der abschließenden Entscheidung des Gerichts erbitte.

(bb) Übernahme der Leistungsergebnisse durch die Hartplatzhelden GmbH

Nachdem nunmehr die Leistungsergebnisse des wfv herausgearbeitet sind, bleibt festzustellen, ob die Hartplatzhelden GmbH diese Leistungsergebnisse übernimmt. Die Hartplatzhelden GmbH stellt ein Portal zur Verfügung, auf dem nach der Einräumung weitgehender Rechte u. a. Videos der vom wfv veranstalteten Fußballspiele eingestellt werden können.

(aaa) Übernahme des Videoportals

Es liegt erkennbar keine Nachahmung eines Videoportals des wfv vor. Der Hartplatzhelden GmbH ist vielmehr zuzugestehen, dass sie ihr Portal eröffnete, bevor der WFV seine diesbezüglichen Rechte in größerem Umfang zu nutzen begann.

(bbb) Übernahme der Amateurfußballspiele

Sodann ist zu prüfen, ob die Hartplatzhelden GmbH die Rechte des WFV als Veranstalter übernimmt. Das maßgebliche Leistungsergebnis des wfv ist in diesem Zusammenhang, wie gesehen, die Sportveranstaltung an sich. Allerdings könnten die Filmaufnahmen womöglich ein von dieser Leistung unabhängiges, eigenständiges Leistungsergebnis darstellen und insofern ein vorrangiges Urheberrecht des Filmers bestehen, welches nicht durch die Schaffung eines originären Leistungsschutzrechts für Veranstalter umgangen werden dürfte. Dieses Argument ist jedoch mit Vorsicht zu genießen. In der Rechtsprechung ist der wettbewerbsrechtliche Veranstalterschutz hinsichtlich etwaiger Vermarktungsrechte grundsätzlich anerkannt.[37] Diese Anerkennung würde völlig leer laufen, wenn man in jedem Fall von Videoaufzeichnung einen vorrangigen Urheberschutz des Filmers annehmen

---

[37] *BGH*, NJW 1970, 2060 (2060); *BGH*, SpuRt 1998, 28 (30).

würde. Die Seite der Hartplatzhelden GmbH stellt in jedem Falle nicht darauf ab, die oftmals zweifelhaften künstlerischen Leistungen des Amateurfilmers zu würdigen. Es geht allein um die in den Filmen zu sehenden Inhalte, das heißt die Fußballspiele. Die Hartplatzhelden GmbH macht folglich auf ihrem Portal keine eigenständige filmerische Leistung zugänglich, sondern übernimmt mit den abgebildeten Szenen der Fußballspiele die Leistungsergebnisse des wfv im Sinne von § 4 Nr. 9 UWG.[38]

(ccc) Übernahme der Verwertungsrechte

Die Hartplatzhelden GmbH übernimmt durch die Verwertung der Spiele, an denen das Recht zur Verwertung im Internet wie gesehen allein dem wfv zusteht, auch dieses Leistungsergebnis.

(cc) Ergebnis Nachahmung

Die Hartplatzhelden GmbH ahmt folglich ein Leistungsergebnis des wfv nach.

(c) Unangemessene Ausnutzung oder Beeinträchtigung
der Wertschätzung

Schließlich müsste die Hartplatzhelden GmbH die Wertschätzung der nachgeahmten Ware unangemessen ausnutzen oder beeinträchtigen, wobei zu berücksichtigen ist, dass das Merkmal der Unangemessenheit an dieser Stelle keine eigenständige Bedeutung entfaltet.[39]

(aa) Ausnutzung

Eine Ausnutzung der Wertschätzung (Rufausbeutung) liegt vor, wenn die angesprochenen Verkehrskreise die Wertschätzung für das Original auf die Nachahmung übertragen, es also zu einem Imagetransfer kommt.[40] Die Wertschätzung des wfv ist in dem Vermarktungspotential der von ihm veranstalteten Fußballspiele zu sehen. Die Tatsache, dass es sich um Spiele aus dem Amateursportbereich handelt, wäre jedenfalls bei vorhandener wirtschaftlicher Verwertbarkeit der Gesamtheit der Spiele nicht relevant. Wie gesehen besteht an der Wiedergabe kurzer Zusammenfassungen einzelner Spiele oder besonders interessanter Spielszenen ein großes öffentliches

---

[38] *LG Stuttgart*, K&R 2008, 385 (386).
[39] *Lehmler*, UWG, 1. Aufl. 2007, § 4 Nr. 9 UWG, Rn. 67.
[40] *Heermann*, GRUR 2006, 359 (363).

Interesse. Infolge dieses Interesses sind die vom wfv veranstalteten Amateurfußballspiele für Sponsoren und Werbepartner interessant. Die veranstalteten Fußballspiele sind in ihrer Gesamtheit somit wirtschaftlich verwertbar. Jedoch müsste es auch zu einem Imagetransfer kommen. Durch die Gestaltung und die Inhalte der Seite hartplatzhelden.de und durch die dort vertriebenen Merchandisingartikel bekommen die Nutzer zwangsläufig den Eindruck, dass zwischen der Hartplatzhelden GmbH und dem Amateurfußball ein Zusammenhang bestehe. Dies wird nicht zuletzt durch die nutzbar gemachten Videos selbst zum Ausdruck gebracht. Es kommt folglich zu einem Imagetransfer. Eine Ausnutzung der Wertschätzung liegt vor.

(bb) Beeinträchtigung

Ferner könnte eine Beeinträchtigung der Wertschätzung vorliegen. Die Beeinträchtigung der Wertschätzung eines nachgeahmten Produkts setzt voraus, dass die Verbreitung der Nachahmung dazu führt, dass der gute Ruf des Originals Schaden nimmt.[41] Hier nimmt der gute Ruf des nachgeahmten Produkts zwar Schaden, dies aber nicht durch die Verbreitung der Nachahmung im Internet, sondern durch teilweise gezielt gestreute Fehlinformationen, welche die Hartplatzhelden als die wahren Freunde und Förderer des Fußballs und die Verbände als die bösen Buben darstellen, oder aber durch äußerst zweifelhafte Prämierungen einzelner Sequenzen wie zum Beispiel der „Grätsche des Monats". Dies ist jedoch mit einer Beeinträchtigung der Wertschätzung in diesem Sinne nicht gemeint.

(d) Aktivlegitimation im Zusammenhang mit § 4 Nr. 9 UWG

Insoweit Ansprüche auf § 4 Nr. 9 UWG gestützt werden, liegt ein zusätzliches Problem in der Aktivlegitimation des wfv. Aktivlegitimiert soll zunächst einmal nur der Hersteller sein.[42] Zudem ist anerkannt, dass dem Hersteller der ausschließlich Vertriebsberechtigte gleichsteht, soweit durch den Vertrieb einer Nachahmung (auch) über die Herkunft aus dem Betrieb des ausschließlich Vertriebsberechtigten getäuscht wird.[43] Die Eigenschaft eines Herstellers oder Alleinvertriebsberechtigten ist im Falle des wfv jedenfalls zweifelhaft. Allerdings ist jedoch zu berücksichtigen, dass sich das Problem der Nachahmung bislang immer im Zusammenhang mit Waren stellte. Mit dem Verbot einer Nachahmung von Dienstleistungen betritt

---

[41] *Hefermehl/Köhler/Bornkamm/Köhler*, Gesetz gegen den unlauteren Wettbewerb, 26. Aufl. 2008, § 4 UWG, Rn. 9.59.

[42] *Lehmler*, UWG, 1. Aufl. 2007, § 4 Nr. 9 UWG, Rn. 92.

[43] *Hefermehl/Köhler/Bornkamm/Köhler*, Gesetz gegen den unlauteren Wettbewerb, 26. Aufl. 2008, § 4 UWG, Rn. 9.85.

der Gesetzgeber Neuland.[44] Es ist insofern sachgerecht davon auszugehen, dass der ergänzende Leistungsschutz nunmehr dem jeweiligen Erbringer der Leistung zusteht.[45] Entsprechend zum Alleinvertriebsberechtigten kann in diesem Zusammenhang der Alleinvermarktungsberechtigte die jeweiligen Ansprüche gegen einen Nachahmer geltend machen. Der wfv ist sowohl (Mit-) Erbringer der übernommen Leistung als auch der Alleinvermarktungsberechtigte. Er ist folglich in jedem Falle zur Geltendmachung der auf § 4 Nr. 9 b) UWG gestützten Ansprüche berechtigt.

(2) Behinderungswettbewerb, § 4 Nr. 10 UWG

Es könnte ferner eine gezielte Behinderung im Sinne von § 4 Nr. 10 UWG vorliegen.

(a) Vorliegen einer Behinderung

Zunächst müsste eine Behinderung vorliegen. Unter einer Behinderung ist jede Beeinträchtigung der wettbewerblichen Entfaltungsmöglichkeiten der Mitbewerber zu verstehen.[46] Hier wird der wfv infolge der Existenz und Marktpräsenz der Seite www.hartplatzhelden.de daran gehindert, sein eigenes Produkt im Internet mit den selben Aussichten auf Erfolg zu vermarkten, als wenn diese Seite nicht existieren würde. Der wfv wird der Möglichkeit beraubt, sein Arbeitsergebnis umfassend, sei es durch Selbstvermarktung, sei es durch Lizenzierung, auszuwerten.[47] Eine Behinderung liegt somit vor.

(b) Gezielte Behinderung

Diese Behinderung müsste ferner gezielt erfolgt sein. Da die Behinderung oft gerade Ausdruck des erfolgreichen Leistungswettbewerbs ist, kann sie erst bei Vorliegen weiterer Merkmale als unlauter angesehen werden.[48] Bei wörtlicher Auslegung erfasst § 4 Nr. 10 UWG nur das Handeln zum

---

[44] *Harte-Bavendamm/Henning-Bodewig/Sambuc*, Gesetz gegen den unlauteren Wettbewerb, 1. Aufl. 2004, § 4 UWG, Rn. 20.
[45] *Harte-Bavendamm/Henning-Bodewig/Sambuc*, Gesetz gegen den unlauteren Wettbewerb, 1. Aufl. 2004, § 4 UWG, Rn. 200.
[46] *Piper/Ohly/Ohly*, Gesetz gegen den unlauteren Wettbewerb, 4. Aufl. 2006, § 4.10 UWG, Rn. 10/8.
[47] *Summerer*, in: Fritzweiler/Pfister/Summerer, Praxishandbuch Sportrecht, 2007, S. 350.
[48] *Piper/Ohly/Ohly*, Gesetz gegen den unlauteren Wettbewerb, 4. Aufl. 2006, § 4.10 UWG, Rn. 10/9.

Zweck der Behinderung.[49] Dies ist bei der Hartplatzhelden GmbH nicht der Fall. Diese handelt vielmehr zu dem Zweck, sich einen eigenen Vorteil zu verschaffen. Allerdings werden nach zutreffender Ansicht unter Berücksichtigung der Systematik und der Geschichte des Gesetzes auch die Fälle erfasst, bei denen ein Unternehmer zwar in erster Linie zur Förderung des eigenen Absatzes handelt, dabei jedoch die Behinderung eines Mitbewerbers billigend in Kauf nimmt.[50] Wie bereits festgestellt, handelt die Hartplatzhelden GmbH primär zum eigenen Vorteil. Dies tut sie jedoch, indem sie Dritte dazu auffordert, Mitschnitte von Spielen, welche der wfv oder andere Regional- und Landesverbände veranstalten und finanzieren, anzufertigen und ihr zur Verfügung zu stellen. Die Existenz des von der Hartplatzhelden GmbH geschaffenen Internet-Portals führt dazu, dass dieses Interesse einer Vielzahl von Fußballbegeisterten an der Wiedergabe einzelner Ausschnitte von Amateurspielen befriedigt wird.[51] Dies schmälert unmittelbar die Bereitschaft potentieller Werbepartner, Verträge mit dem Verband abzuschließen. Dies alles wird von der Hartplatzhelden GmbH jedenfalls billigend in Kauf genommen. Durch die Zugänglichmachung der eingestellten Filmaufnahmen von Amateurfußballspielen beeinträchtigt die Hartplatzhelden GmbH somit den wfv in der Vermarktung der von ihm organisierten Fußballspiele.[52]

(c) Ergebnis Vorliegen einer gezielten Behinderung

Es liegt eine gezielte Behinderung im Sinne von § 4 Nr. 10 UWG vor.

(3) Ergebnis Unlauterkeit

Die Hartplatzhelden GmbH handelt unlauter im Sinne von § 4 Nr. 9 b) und § 4 Nr. 10 UWG.

dd) Eignung, den Wettbewerb zum Nachteil eines Mitbewerbers nicht nur unerheblich zu beeinträchtigen

Gemäß § 3 UWG müsste die Handlung zudem geeignet sein, den Wettbewerb zum Nachteil eines Wettbewerbers nicht nur unerheblich zu beeinträchtigen. Die Eignung zur Beeinträchtigung steht an dieser Stelle bereits

---

[49] *Piper/Ohly/Ohly*, Gesetz gegen den unlauteren Wettbewerb, 4. Aufl. 2006, § 4.10 UWG, Rn. 10/9.
[50] *Piper/Ohly/Ohly*, Gesetz gegen den unlauteren Wettbewerb, 4. Aufl. 2006, § 4.10 UWG, Rn. 10/9; *Hefermehl/Köhler/Bornkamm/Köhler*, Gesetz gegen den unlauteren Wettbewerb, 26. Aufl. 2008, § 4 UWG, Rn. 10.7.
[51] *LG Stuttgart*, K&R 2008, 385 (386).
[52] *LG Stuttgart*, K&R 2008, 385 (386).

fest, da jede unlautere Wettbewerbshandlung ihrer Natur nach eine Beeinträchtigung des Wettbewerbs ist.[53] Der Begriff der Erheblichkeit statuiert daneben eine Bagatellschwelle, welche hier in jedem Falle überschritten ist.[54] Für den Amateurfußball gibt es keine vergleichbaren Vermarktungsmöglichkeiten, deswegen ist die Beeinträchtigung einer der wenigen Möglichkeiten aus Sicht des wfv mehr als erheblich. Bei den Aktivitäten der Hartplatzhelden GmbH handelt es sich um unlautere Wettbewerbshandlungen, die geeignet sind, den Wettbewerb zum Nachteil eines Mitbewerbers, hier des wfv, in erheblichem Maße zu beeinträchtigen.

ee) Ergebnis „verbotene Wettbewerbshandlung"

Es liegt eine verbotene unlautere Wettbewerbshandlung der Hartplatzhelden GmbH in Sinne von § 3 UWG vor.

b) Wiederholungsgefahr

Der Unterlassungsanspruch besteht gemäß § 8 Abs. 1 S. 1 UWG nur bei Wiederholungsgefahr. Die Hartplatzhelden GmbH hat die geforderte Unterlassungserklärung nicht abgegeben. Eine Wiederholungsgefahr liegt vor.

c) Interessenabwägung

Anders als § 1004 Abs. 2 BGB schließt der Wortlaut des UWG den Unterlassungsanspruch für den Fall einer bestehenden Duldungspflicht des Verletzten nicht ausdrücklich aus. Dennoch ist die Frage der Duldung im Rahmen einer Interessenabwägung auf Tatbestandsebene zu beantworten.[55] Fraglich ist folglich, aus welchen rechtlich geschützten Interessen sich hier eine Duldungspflicht für den wfv ergeben könnte und ob dies der Fall ist.

aa) Informationsinteresse der Allgemeinheit

Im Zusammenhang mit einigen sportlichen Großveranstaltungen wird angenommen, dass ein Berichterstattungsmonopol nicht mit dem aus Art. 5 I GG folgenden Informationsinteresse der Allgemeinheit vereinbar sei. Dies wird damit begründet, dass gewisse Sportveranstaltungen, wie z.B.

---

[53] *Hefermehl/Köhler/Bornkamm/Köhler*, Gesetz gegen den unlauteren Wettbewerb, 26. Aufl. 2008, § 3 UWG, Rn. 52.
[54] Vgl. *Lehmler*, UWG, 1. Aufl. 2007, § 3 UWG, Rn. 242.
[55] *Hefermehl/Köhler/Bornkamm/Bornkamm*, Gesetz gegen den unlauteren Wettbewerb, 26. Aufl. 2008, § 8 UWG, Rn. 1.31.

Olympische Spiele oder Fußball-Weltmeisterschaften einen Anknüpfungspunkt für eine breite Kommunikation in der Öffentlichkeit darstellen.[56] Entsprechend findet sich in § 5 des Rundfunkstaatsvertrags das Recht auf nachrichtenmäßige Kurzberichterstattung bei Veranstaltungen von allgemeinem Informationsinteresse. Dies ist jedoch nicht auf die Seite der Hartplatzhelden GmbH übertragbar. Die Annahme eines allgemeinen Informationsinteresses am Amateurfußball würde – bei aller Wertschätzung für diesen – doch deutlich zu weit führen. Der Amateurfußball ist zwar fest in der Gesellschaft verankert und stößt auch auf ein gewisses vermarktungsfähiges Interesse. Aber er stellt keinen mit einem WM-Finale vergleichbaren Anknüpfungspunkt für die öffentliche Kommunikation dar. Sollte sich dies zukünftig ändern, wären die beteiligten Vereine und Verbände voraussichtlich mehr als froh und durchaus gewillt, eine entsprechende Kurzberichterstattung zuzulassen. Vorerst kann sich aus dem Informationsinteresse der Allgemeinheit jedoch keine Duldungspflicht des wfv ergeben.

bb) Berufsfreiheit

Ferner könnte im Rahmen der Interessenabwägung die durch Art. 12 I GG geschützte Berufsfreiheit der Hartplatzhelden GmbH zu berücksichtigen sein. Der Schutzbereich der Berufsfreiheit ist eröffnet. Es handelt sich (übrigens sowohl auf Seiten des wfv als auch auf Seiten der Hartplatzhelden GmbH) um auf Dauer angelegte Tätigkeiten, die der Schaffung und Erhaltung einer Lebensgrundlage dienen.[57] Das Grundrecht ist nach Art. 19 III GG auch auf inländische juristische Personen des Privatrechts anwendbar. Eine Untersagung der Tätigkeit hat aus Sicht der Hartplatzhelden GmbH auch eine subjektiv berufsregelnde Tendenz, da eine berufliche Betätigung zielgerichtet unterbunden würde.[58] Allerdings steht das Grundrecht der Berufsfreiheit unter einfachem Gesetzesvorbehalt, so dass das UWG grundsätzlich zur Rechtfertigung herangezogen werden kann. Im Rahmen dieses Gesetzes wurde die nicht zu beanstandende Wertung getroffen, dass unlautere Wettbewerbshandlungen und damit auch eine unlautere Berufsausübung zu unterbleiben hat. Ein funktionierender Wettbewerb ist ein wichtiges Gut der Allgemeinheit und Nachahmungen und gezielte Behinderungen verdienen keinen besonderen Schutz. Dafür, dass hier besondere, einzelfallbezogene Gesichtspunkte eine andere Wertung nahelegen würden, liegen keine Anhaltspunkte vor. Folglich kann sich auch aus der Berufsfreiheit der Hartplatzhelden GmbH keine Duldungspflicht für den wfv ableiten lassen.

---

[56] *BVerfG*, NJW 1998, 1627 (1627 ff.); vgl. *Summerer*, in: Fritzweiler/Pfister/Summerer, Praxishandbuch Sportrecht, 2007, S. 379 ff.
[57] BVerfGE 7, 377 (397).
[58] Vgl. BVerfGE 47, 1 (21); 97, 228 (253 f.).

cc) Ergebnis Interessenabwägung

Somit steht auch die Abwägung der widerstreitenden Interessen dem Anspruch des wfv nicht entgegen.

d) Ergebnis Wettbewerbsrecht

Das Landgericht Stuttgart hat den wettbewerbsrechtlichen Unterlassungsanspruch folglich zu Recht bejaht.

4. Eingerichteter und ausgeübter Gewerbebetrieb

Dem wfv könnte ferner ein Unterlassungsanspruch gegen die Hartplatzhelden GmbH gemäß §§ 1004 analog, 823 Abs. 1 BGB in Verbindung mit den Grundsätzen des eingerichteten und ausgeübten Gewerbebetriebs zukommen. Allerdings ist zu berücksichtigen, dass zwischen den Parteien ein Wettbewerbsverhältnis besteht, s. oben. Ist dies der Fall, so sind die wettbewerbsrechtlichen Vorschriften vorrangig.[59] Insofern scheidet ein aus den Grundsätzen des eingerichteten und ausgeübten Gewerbebetriebs hergeleiteter Unterlassungsanspruch hier aus.

5. Urheberrecht

Zu prüfen ist ferner, ob dem wfv ein Unterlassungsanspruch gemäß §§ 1004 Abs. 1 S. 2 analog, 823 Abs. 1 BGB, 1 UrhG zusteht. Es ist anerkannt, dass das Urheberrecht ein sonstiges Recht im Sinne von § 823 Abs. 1 BGB darstellt.[60] Fraglich ist jedoch, ob an Fußballspielen Urheberrechte bestehen. Gemäß § 1 UrhG genießen die Urheber von Werken der Literatur, Wissenschaft und Kunst einen solchen Schutz für ihre Werke. Hier kommt allenfalls ein Werk der Kunst in Betracht. Dann müsste gemäß § 2 Abs. 2 UrhG eine persönliche geistige Schöpfung vorliegen. Sportliche Darbietungen, wie etwa Fußballspiele, erreichen jedoch nicht die hierfür nötige individuelle Kreativität, da sie auf einheitlichen, schon vor Beginn des Wettkampfs feststehenden Regelungen beruhen.[61] Es liegt keine geschützte künstlerische Leistung vor. Dem wfv steht kein Unterlassungsanspruch gemäß §§ 1004 Abs. 1 S. 2 analog, 823 Abs. 1 BGB, 1 UrhG zu.

---

[59] *Lehmler*, UWG, 1. Aufl. 2007, § 4 UWG, Rn. 10.
[60] *Palandt/Sprau*, BGB, 67. Aufl. 2008, § 823 BGB, Rn. 15; *BGH*, NJW 2004, 3102 (3105).
[61] *Haas/Reimann*, SpuRt 1999, 182 (182); vgl. *Wandtke/Bullinger/Bullinger*, Praxiskommentar zum Urheberrecht, 2. Aufl. 2006, § 2 UrhG, Rn. 78.

III. Schluss

Im Ergebnis bleibt festzustellen, dass Amateurfußballspiele kein für jedermann verfügbares Allgemeingut sind. Gebündelt stellen Videos von Amateurspielen ein wertvolles Wirtschaftsgut dar. Das Recht zur Verwertung dieses Wirtschaftsguts steht zu Recht den Trägern des Amateurfußballs, das heißt insbesondere den Vereinen und Verbänden, zu. Gegen deren Rechte verstoßen Internetanbieter wie die Hartplatzhelden GmbH. Die Einnahmen, die der DFB und seine Landesverbände aus der Vermarktung des Amateurfußballs erzielen können, sollen und müssen zur Förderung der gemeinnützigen Zwecke und Ziele im eigenen Kreislauf bleiben. Dem wfv geht es mit seiner Klage gegen die Hartplatzhelden GmbH darum, genau diese Gewinnerzielung auf Kosten der Vereine zu verhindern und die in Zukunft vorstellbaren bedeutenden Einnahmequellen aus Bewegtbildern von Amateurspielen exklusiv den Vereinen zu sichern.

Die Verwertung von Amateurfußballspielen im Internet – Kommentar

Ansgar Ohly

I. Kein Leistungsschutzrecht des Sportveranstalters 196
II. Mittelbarer Leistungsschutz 199
   1. Wettbewerbsverhältnis (§ 2 Abs. 1 Nr. 3 UWG) 200
   2. Geschäftliche Handlung (§ 2 Abs. 1 Nr. 1 UWG) 200
   3. Nachahmung von Waren oder Dienstleistungen (§ 4 Nr. 9 UWG) 201
   4. Unlauterkeitsmerkmale (§ 4 Nr. 9 a-c) 202
   5. Behinderung (§ 4 Nr. 10) 203
III. Unmittelbarer Leistungsschutz 203
IV. Fazit 205

    Die Argumentation, die Herr Koch vorgestellt hat, steht auf zwei Füßen. Der erste Aspekt ist ein rechtspolitischer: Weil die Fußballverbände aufwendige Leistungen erbringen, ohne die ein geordneter Spielbetrieb undenkbar wäre, erscheine es fair und angemessen, den Verbänden und den Vereinen die wirtschaftlichen Erträge aus der Verwertung von Sportereignissen ausschließlich zuzuweisen. Auf dieses Argument werde ich nicht näher eingehen. Es lässt sich hören, auch wenn im wirtschaftlich weniger attraktiven Amateursport einiges dafür spricht, alternative Verwertungsformen in stärkerem Maße als im Profisport zuzulassen.

    Mein Kommentar beschränkt sich auf den zweiten Aspekt: die Beurteilung der Website www.hartplatzhelden.de nach geltendem Recht. Hier bin ich anderer Ansicht als Herr Koch und als das LG Stuttgart, dessen erstinstanzliches Urteil[1] unter Kommentatoren für „heftiges Kopfschüt-

---

[1] *LG Stuttgart*, MMR 2008, 551 – hartplatzhelden.de. Nach Abschluss des Manuskripts hat das OLG Stuttgart die Berufung der Beklagten zurückgewiesen: MMR 2009, 395 m. Anm. Maume.

teln"[2] und „Unverständnis"[3] gesorgt hat.[4] Das Angebot einer Website, auf der Privatpersonen die Möglichkeit haben, Bildaufnahmen von Amateurfußballspielen hochzuladen, ist de lege lata aus drei Gründen nicht zu beanstanden: (1) Es gibt im geltenden Recht kein Leistungsschutzrecht des Sportveranstalters, (2) die Voraussetzungen für die Gewährung eines „mittelbaren Leistungsschutzes" gem. §§ 3; 4 Nr. 9, 10 UWG liegen nicht vor, und (3) ein „unmittelbarer Leistungsschutz" in direkter Anwendung des § 3 UWG ist entgegen der h.M. zwar denkbar, sollte in diesem Fall aber nicht gewährt werden.

I. Kein Leistungsschutzrecht des Sportveranstalters

Im Urteil des LG Stuttgart ist folgende verblüffende Passage zu lesen: „Nach nahezu einhelliger Auffassung (vgl. Fritzweiler/Pfister/Summerer, Praxishandbuch Sportrecht, 2. Aufl., 4. Teil, 2. Kap. Rdnr. 48 ff.), der sich die Kammer anschließt, steht dem Veranstalter von Sportereignissen die alleinige Verwertungsmöglichkeit hieran zu."[5] Dementsprechend misst das Gericht der Frage, wer der Veranstalter von Amateurfußballspielen ist, zentrale Bedeutung bei.

Die Rechtsansicht des Gerichts ist falsch. Es gibt kein Recht des geistigen Eigentums, das Sportveranstaltern das ausschließliche Recht an der Verwertung des Sportereignisses zuweist. Daher ist auch die Frage, wer Veranstalter ist, für sich genommen[6] irrelevant: Wenn keine Norm dem Veranstalter Rechte zuweist, braucht auch nicht geklärt zu werden, wer Veranstalter ist.

Ein Leistungsschutzrecht sieht das Urheberrecht für den Veranstalter von Darbietungen ausübender Künstler vor (§ 81 UrhG). Der Konzertveranstalter kann gegen unerlaubte Bild- und Tonaufnahmen der Veranstaltung (im Bereich der Rockmusik als „Bootlegs" bezeichnet) ebenso vorgehen wie gegen die öffentliche Wiedergabe derartiger Aufnahmen durch Sendung oder Online-Bereitstellung. Ein solches Recht wünschen sich auch Sportverbände. § 81 UrhG ist aber auf Sportveranstaltungen nicht anwendbar, denn ausübende Künstler sind nur Personen, die Werke der Literatur, Wissenschaft und Kunst oder Ausdrucksformen der Volkskunst

---

[2] So *Ernst*, causa sport 2008, 289 (289).

[3] So *Maume*, MMR 2008, 797 (797).

[4] Vgl. die ablehnenden Anmerkungen von *Ernst*, a.a.O., *Maume*, a.a.O. und *Feldmann/Höppner*, K&R 2008, 421 (424); *Hoeren/Schröder*, MMR 2008, 553 (554); *Frey*, CR 2008, 530 (531).

[5] *LG Stuttgart*, MMR 2008, 551 (552).

[6] Eine gewisse Relevanz gewinnt die Frage für die Anspruchsberechtigung unter §§ 3; 4 Nr. 9 UWG, s. unten, 2c.

aufführen (§ 73 UrhG). „Ballkünstler" fallen nicht unter diese Definition[7] – sieht man vielleicht von bestimmten Formen des Torjubels ab, die sich mit etwas Augenzwinkern als Werke der Pantomime oder Tanzkunst (§ 2 Abs. 1 Nr. 3 UrhG) qualifizieren lassen. § 81 UrhG ist auf Sportveranstaltungen auch nicht analog anwendbar, denn das Urheberrecht enthält keine leistungsschutzrechtliche Generalklausel, sondern einen abschließenden Katalog von Leistungsschutzrechten.[8] Im Übrigen ist das Urheberrecht auch insofern nicht einschlägig, als sämtliche Leistungsschutzrechte in einem Zusammenhang mit urheberrechtlich geschützten Werken stehen. Es geht (wie beim Recht des Konzertveranstalters) um die Vermittlung von Werken an die Öffentlichkeit oder (wie bei den Leistungsschutzrechten der Lichtbildner, Filmhersteller oder Tonträgerhersteller) um einen Unterbau des Urheberrechts bzw. einen Flankenschutz für nicht-schöpferische Leistungen. Sportveranstaltungen fehlt aber der Zusammenhang zum urheberrechtlich geschützten Werk.

Die Praxis behilft sich mit dem Hausrecht,[9] das sich für den Eigentümer aus §§ 823 Abs. 1, 1004 Abs. 1 BGB, für den Besitzer aus § 862 BGB ergibt.[10] Ebenso wie es einem Hausherren bei einer Einladung zum Abendessen unbenommen bleibt, nur Gäste einzulassen, die eine gute Flasche Bordeaux mitgebracht haben, kann der Hausherr des Stadions Zuschauer unter der Bedingung einlassen, dass sie Bild- und Tonaufnahmen unterlassen oder dafür bezahlen. Konstruktiv handelt es sich um eine schuldvertragliche Gestattung oder eine einseitige Einwilligung.[11] Verstößt der Zuschauer gegen die vereinbarten Bedingungen, so verletzt er das Eigentum oder den Besitz, zudem begeht er im Fall einer schuldvertraglichen Vereinbarung eine Vertragsverletzung. Es handelt sich hier um eine Verlegenheitslösung, die teilweise hinter einem echten Leistungsschutzrecht zurückbleibt, teil-

---

[7] *BGH*, GRUR 1990, 702 (705) – Sportübertragungen; *OLG Hamburg*, ZUM-RD 2007, 238 (242); *Dreier/Schulze/Dreier*, UrhG, 3. Aufl. 2008, § 81 UrhG, Rn. 3; *Haas/Reimann*, SpuRt 1999, 182 (182 ff.); *Lochmann*, Die Einräumung von Fernsehübertragungsrechten an Sportveranstaltungen, 2005, S. 118 ff.; für analoge Anwendung des § 81 UrhG hingegen *Dieckmann*, UFITA 127 (1995) 35 (47 ff.).

[8] *Lochmann* (Fn. 7), 120 f.; ähnl., wenn auch unter stärkerer Betonung des Fehlens einer vergleichbaren Interessenlage, *Laier*, Die Berichterstattung über Sportereignisse, 2007, S. 158, 162.

[9] *BGH*, GRUR 1990, 702 (705) – Sportübertragungen; *OLG Hamburg*, NJW-RR 2003, 1485 (1486); *Haas/Reimann*, SpuRt 1999, 182, (185); str. ist, ob auch Ansprüche aus § 823 Abs. 1 wegen eines Eingriffs in das Recht am eingerichteten und ausgeübten Gewerbebetrieb in Betracht kommen, dafür *BGH* a.a.O.; dagegen *BGH*, GRUR 1971, 46 (46 f.) – Bubi Scholz. m. insoweit zust. Anm. *Wenzel*; *LG Hamburg*, ZUM 2002, 655 (658); *Laier* (Fn. 8), S. 227 f. m.w.N.

[10] Dazu umfassend *Lochmann* (Fn. 7), S. 127 ff.

[11] Vgl. zur Stufenleiter der Gestattungen, die von der translativen Rechtsübertragung über die konstitutive Rechtsübertragung und die schuldvertragliche Gestattung bis zur widerruflichen Einwilligung reicht, *Ohly*, Volenti non fit iniuria – Die Einwilligung im Privatrecht, 2002, S. 141 ff.

weise darüber hinausgeht. Defizit der hausrechtlichen Konstruktion ist, dass sie keine Handhabe gegen Dritte bietet und dass sie bei räumlich nicht begrenzbaren Sportveranstaltungen versagt.[12] Zu weit geht die Lösung, weil sie keine Grundlage für die notwendige und dem Immaterialgüterrecht immanente Abwägung zwischen dem Schutz des Investors und den berechtigten Zugangsinteressen der Allgemeinheit, etwa der Meinungsfreiheit und dem Informationsinteresse (Art. 5 Abs. 1 GG) bietet. Gegen die „Hartplatzhelden" verschafft das Hausrecht dem Verband keine Ansprüche. Der Verband ist nicht Inhaber des Hausrechts, und Ansprüche aus abgeleitetem Recht scheitern daran, dass im Amateurfußball Beschränkungen von Bild- und Tonaufnahmen unüblich sind und dass allenfalls die Privatpersonen das Hausrecht verletzen würden, die das Fußballspiel besuchen und die Bilder anfertigen.

Auch das Recht der abgebildeten Fußballspieler am eigenen Bild (§ 22 S. 1 KUG) hilft nicht weiter. Abgesehen von der schwierigen und bisher nicht abschließend geklärten Frage, ob die vermögenswerten Bestandteile dieses Rechts Gegenstand echter Lizenzverträge sein können,[13] scheitert ein Anspruch schon an der Schranke des § 23 Abs. 1 Nr. 1 KUG. Bilder von Sportereignissen sind klassische Bilder aus dem Bereich der Zeitgeschichte. Zwar muss eine Abwägung zwischen den Interessen des Abgebildeten, dem Interesse des Aufnehmenden und dem Informationsinteresse der Allgemeinheit erfolgen (§ 23 Abs. 2), sie fällt aber bei Fotos mit informativem Gehalt regelmäßig zugunsten des Allgemeininteresses aus. Selbst wenn die Bildberichterstattung aus kommerziellen Gründen erfolgt, wird die Schranke des § 23 Abs. 1 Nr. 1 KUG nicht ausgeschlossen, da sie ansonsten weitgehend ihren Zweck verfehlen würde.[14] Erst bei der reinen Nutzung von Spielerfotos zu Werbe- oder Merchandisingzwecken ist die Grenze überschritten.

Man mag die gegenwärtige Rechtslage bedauern und de lege ferenda die Einführung eines Leistungsschutzrechts für Sportveranstalter verlangen. Dafür spricht im Profibereich, dass die Ausrichtung von Fußballspielen einem verbreiteten Bedürfnis der Allgemeinheit entspricht und dass ohne einen rechtlichen Investitionsschutz angesichts des internationalen Wettbewerbs um Spitzensportler ein Niveauverlust der Bundesliga zu befürchten wäre. Außerdem haben *Hilty* und *Henning-Bodewig* darauf aufmerksam gemacht, dass in einer gesetzlichen Regelung auch die Schranken des Rechts im Einzelnen ausgestaltet werden und dass eine solche gesetzgeberische Interessenabwägung zwischen Rechtsschutz und Zugangsinteresse gegenüber dem gegenwärtigen Zustand zu bevorzugen sei.[15] Dafür spricht Einiges,

---

[12] *Lochmann* (Fn. 7), S. 127 ff.

[13] Dazu *C. Ahrens*, Die Verwertung persönlichkeitsrechtlicher Positionen, 2002; *Peifer*, Individualität im Zivilrecht, 2001, S. 270 ff.; *Ohly* (Fn. 11), S. 151 ff.

[14] *BGH*, GRUR 1979, 425 (427) – Fußballspieler; *Schricker/Götting*, Urheberrecht, 3. Aufl. 2006, § 60/§ 23 KUG, Rn. 16.

[15] *Hilty/Henning-Bodewig*, Leistungsschutzrechte für Sportveranstalter?, 2007, 2.

doch es handelt sich um Zukunftsmusik. Soweit ersichtlich, wird eine solche gesetzliche Regelung derzeit nicht erwogen.

II. Mittelbarer Leistungsschutz

Wer im Recht des geistigen Eigentums Schiffbruch erleidet, hofft häufig auf das „Rettungsboot" UWG.[16] Immer wieder haben die Gerichte auf der Grundlage des Lauterkeitsrechts Leistungen geschützt, für die entweder passender immaterialgüterrechtlicher Schutz nicht bestand oder im konkreten Fall wegen der sachlichen, formalen und zeitlichen Schranken des geistigen Eigentums nicht zur Verfügung stand.[17] Das Verhältnis zwischen dem geistigen Eigentum und dem UWG-Nachahmungsschutz ist auch nach der UWG-Reform von 2004 problematisch und umstritten geblieben.[18]

Während das RG nach Inkrafttreten des UWG von 1909 noch dazu neigte, die Ausnutzung fremder Kosten und Mühen als solche als unlauter anzusehen,[19] gewann in den 1920er Jahren der „Grundsatz der Nachahmungsfreiheit" seine heutige Gestalt.[20] Demnach ist die Nachahmung nicht sondergesetzlich geschützter Erzeugnisse nicht als solche verboten, das Angebot nachgeahmter Produkte kann aber als unlauter zu beurteilen sein, wenn zusätzliche unlauterkeitsbegründende Umstände vorliegen.[21] Unlauterkeitsbegründend ist also nicht das Ob, sondern das Wie der Nachahmung; der Leistungsschutz ist ein mittelbarer, weil die Leistung nicht per se geschützt, sondern ein unlauteres Marktverhalten sanktioniert wird.

Der mittelbare Nachahmungsschutz wurde im Zuge der UWG-Reform von 2004 in § 4 Nr. 9 UWG kodifiziert. Entgegen einer in der Praxis (und unter Studenten) verbreiteten Auffassung kann Leistungsschutz nicht

---

Teil, D V, im Internet abrufbar unter http://www.berlin.de/imperia/md/content/rbm-skzl/bund/leistungsschutzrecht_fuer_sportveranstalter.pdf (zuletzt aufgerufen am 7.2.2009).

[16]Näher hierzu *Ohly*, GRUR 2007, 731, (735 ff.).

[17]Klassische Beispiele sind *BGH*, GRUR 1973, 478 (478) – Modeneuheit; *BGH*, GRUR 1999, 923 (927) – Tele-Info-CD; vgl. auch *Körner*, in: FS f. Ullmann, 2006, S. 701 (704); *Kur*, GRUR 1990, 1 (1 ff.); *Sambuc*, Der UWG-Nachahmungsschutz, 1996, Rn. 35 ff., *Wiebe*, in: FS f. Schricker, 2005, S. 773 (773).

[18]Vgl. nur *Köhler*, GRUR 2007, 548 (548 ff.) einerseits, *Ohly*, GRUR 2007, 731 (736 ff.) andererseits.

[19]RGZ 73, 294 (297) – Schallplatten; RGZ 115, 180 (183) – Puppenjunge; *Sambuc* (Fn. 17), Rn. 73 ff. Ähnlich mittlerweile OLG Stuttgart, MMR 2009, 395 (397) – hartplatzhelden.de.

[20]*RG*, GRUR 1929, 483 – Spielzeugsignalscheibe; RGZ 135, 385 (394) – Künstliche Blumen; *Nerreter*, GRUR 1957, 408 (411). Ähnlich mittlerweile OLG Stuttgart, MMR 2009, 395 (397) – hartplatzhelden.de

[21]*BGH*, GRUR 1996, 210 (211) - Vakuumpumpen; GRUR 1999, 751(752) - Güllepumpen; GRUR 1999, 1106 (1108) - Rollstuhlnachbau; *Hefermehl/Köhler/Bornkamm/Köhler*, UWG, 26. Aufl. 2008, § 4 UWG, Rn. 9.3; *Piper/Ohly/Piper*, UWG, 4. Aufl. 2006, § 4 UWG, Rn. 9/6 ff.

schon dann gewährt werden, wenn allgemeine Billigkeitsgründe dafür sprechen, sondern erst dann, wenn eine präzise Subsumtion des Sachverhalts unter § 4 Nr. 9 UWG ergibt, dass dessen Voraussetzungen erfüllt sind. Diese präzise Subsumtion lässt das Urteil des LG Stuttgart vermissen.

1. Wettbewerbsverhältnis (§ 2 Abs. 1 Nr. 3 UWG)

Fußballverbände sind nur dann als Mitbewerber aktivlegitimiert (§ 8 Abs. 3 Nr. 1 UWG), wenn sie zum Betreiber der Website in einem konkreten Wettbewerbsverhältnis stehen (§ 2 Abs. 1 Nr. 3 UWG). Als die „Hartplatzhelden" ihre Website erstmals bereitstellten, bestand aber wohl noch kein vergleichbares Angebot der Fußballverbände.[22] Zwar kann auch ein potentieller Wettbewerb für ein Wettbewerbsverhältnis ausreichen, dafür muss der Markteintritt aber konkret bevorstehen und nicht nur abstrakt möglich sein.[23] Solche konkreten Anhaltspunkte sind aus dem Urteil des LG Stuttgart nicht ersichtlich.

2. Geschäftliche Handlung (§ 2 Abs. 1 Nr. 1 UWG)

Zweifelhaft ist außerdem, ob das Angebot der Website eine geschäftliche Handlung (früher: Wettbewerbshandlung) i.S.d. § 2 Abs. 1 Nr. 1 UWG darstellt, also im Zusammenhang mit der Förderung des Absatzes von Waren oder Dienstleistungen erfolgt. Auf der Website der „Hartplatzhelden" befinden sich Werbebanner, die Erlöse dienen aber lediglich dem Betrieb der Website. Ob ein solcher ganz untergeordneter Erwerbszweck als Förderung des eigenen Absatzes von Dienstleistungen (Anbieten der Werbemöglichkeit) oder des fremden Absatzes von Produkten (des werbenden Unternehmens) ausreicht, erscheint fraglich. Außerdem wird die einzig mögliche Nachahmungshandlung – die Aufnahme der Fußballszenen – nicht von den Betreibern der Website, sondern von den Zuschauern vorgenommen. Sie handeln ausschließlich zu privaten Zwecken. Der Websitebetreiber ist nur mittelbarer Verletzer, nach früherer Terminologie Störer. Ob aber eine Haftung für mittelbare Verletzungen auch vorliegen kann, wenn der unmittelbare Verletzer mangels Wettbewerbshandlung den Tatbestand des § 3 Abs. 1 UWG nicht verletzt, ist bisher eine offene Frage.[24]

---

[22] Vgl. die Kritik von *Ernst* (Fn.2), 289.

[23] *Hefermehl/Köhler/Bornkamm/Köhler*, a.a.O., § 2 UWG, Rn. 71.

[24] Vorsichtig dafür *Köhler*, GRUR 2008, 1 (3: „Das wird man im Interesse eines wirksamen Mitbewerberschutzes grundsätzlich bejahen können ... "); ebenso für den Fall einer Websitefunktion „empfehlen Sie dieses Produkt weiter" *OLG Nürnberg*, GRUR-RR 2006, 26 (27); krit. *Rösler*, WRP 2005, 438 (439).

3. Nachahmung von Waren oder Dienstleistungen (§ 4 Nr. 9 UWG)

Während unter § 1 a.F. noch argumentiert werden konnte, dass die Ausbeutung fremder Leistungen im Allgemeinen die Unlauterkeit begründete, ist der Unlauterkeitstatbestand des § 4 Nr. 9 nunmehr auf die Nachahmung von Waren oder Dienstleistungen beschränkt, die – nach einer allgemein anerkannten, aber ungeschriebenen Tatbestandsvoraussetzung – wettbewerbliche Eigenart aufweisen also den Verkehr auf die Herkunft oder die Besonderheiten des Produkts hinweisen müssen.[25] Die Fußballverbände erbringen zunächst lediglich Dienstleistungen wie die Erstellung der Spielpläne oder die Ausbildung von Schiedsrichtern. Diese Dienstleistungen ahmen die Hartplatzhelden nicht nach.[26] Allenfalls könnte man argumentieren, dass die Zuschauer, die Bildaufnahmen anfertigen, Teile des Produkts „Fußballspiel" nachahmen und die Betreiber der Website als Anstifter (§ 830 Abs. 2 BGB) oder unter dem Gesichtspunkt der Störerhaftung – mittlerweile genauer: Verletzung einer Verkehrspflicht[27] – haften. Das erscheint allerdings gleich aus mehreren Gründen zweifelhaft. „Hersteller"[28] eines immateriellen Produkts ist, wer es selbst schafft, möglicherweise auch derjenige, der die wesentlichen Investitionen tätigt (vgl. § 87a Abs. 2 UrhG). „Hersteller" des „Produkts Fußballspiel" (die Anführungszeichen signalisieren, dass der Fall weit von der typischen Situation der Produktnachahmung entfernt ist) sind damit die Spieler und die Vereine. Die Verbände erbringen nur vorbereitende Dienstleistungen. Ein Rechtserwerb von den Verbänden würde zunächst voraussetzen, dass die gem. § 4 Nr. 9 UWG geschützte Position übertragbar oder zumindest im Wege der ausschließlichen Lizenz verwertbar ist. Das erscheint aber nach der Konzeption der h.M., die den UWG-Schutz gerade nicht als immaterialgüterrechtlich ansieht, aber als sehr zweifelhaft.

Zudem besteht eine Wechselwirkung zwischen dem Grad der wettbewerblichen Eigenart, der Nähe der Nachahmung und der Stärke der

---

[25] *BGH*, GRUR 2006, 79, Rn. 21 – Jeans I; *BGH*, GRUR 2007, 339, Rn. 26 – Stufenleitern; *BGH*, GRUR 2007, 795, Rn. 25 – Handtaschen.

[26] Ebenso *Ernst* (FN. 2), 290.

[27] Der BGH hat in BGHZ 173, (188) = GRUR 2007, 890, Rn. 22 – Jugendgefährdende Medien bei eBay die Störerhaftung für das Lauterkeitsrecht aufgegeben und prüft jetzt eine täterschaftliche (mittelbare) Verletzung durch Eröffnen einer Gefahr und Verstoß gegen Verkehrspflichten. Vgl. dazu *Ahrens*, WRP 2007, 1281 (1281); *Köhler*, GRUR 2008, 1 (1 ff.).

[28] Anspruchsberechtigt unter §§ 3; 4 Nr. 9 ist der Hersteller des Produkts, daneben ein ausschließlicher Vertriebsberechtigter, s. *BGH*, GRUR 1994, 630 (634) – Cartier-Armreif; *BGH*, GRUR 2004, 941 (943) – Metallbett; BGHZ 162, 246 (252) = GRUR 2005, 519 (520) – Vitamin-Zell-Komplex m.w.N.

Unlauterkeitsmerkmale.[29] Die wettbewerbliche Eigenart eines Amateur-Fußballspiels ist gering. Ein Herkunftshinweis findet nicht statt, und die Besonderheit eines Fußballspiels besteht nur in seiner Einmaligkeit, die für sich genommen die wettbewerbliche Eigenart noch nicht begründet. Auch eine identische Leistungsübernahme liegt nicht vor, weil derjenige, der die Bildaufnahmen tätigt, durch die Auswahl der Szene und der Perspektive eine eigene Leistung erbringt. Da auch die zusätzlichen Unlauterkeitsmerkmale, wenn sie denn überhaupt vorliegen (s. dazu d), allenfalls sehr schwach ausgeprägt sind, spricht auch die Wechselwirkungslehre gegen den UWG-Nachahmungsschutz.

4. Unlauterkeitsmerkmale (§ 4 Nr. 9 a-c)

Wesen des „mittelbaren" Leistungsschutzes ist es, dass sich das Verbot erst aus den zusätzlichen Unlauterkeitsmerkmalen ergibt, deren wichtigste in § 4 Nr. 9 aufgeführt werden. Da es weder zu einer Herkunftstäuschung (§ 4 Nr. 9a UWG) kommt noch die Vorlagen unlauter erlangt wurden (§ 4 Nr. 9c UWG), kommt nur eine unangemessene Ausnutzung oder Beeinträchtigung der Wertschätzung in Betracht. Wertschätzung ist gleichbedeutend mit dem „guten Ruf", steht also für positive Vorstellungen über Qualität, Prestige oder andere positive Anmutungen, die der Verkehr mit dem Produkt verbindet. Amateur-Fußballspiele eignen sich schwerlich als Imageträger. Der Zuschauer ist an der Leistung selbst, etwa dem schönen Tor oder dem gelungenen Spielzug, interessiert, ein vom Produkt unterscheidbares Image fehlt. Erst recht kommt es nicht zu einem Imagetransfer, wie er für die Rufausbeutung kennzeichnend ist[30] – es ist schon unklar, auf welches Objekt das (nicht vorhandene) Image überhaupt übertragen werden sollte. Der Gedanke, das Internetforum profitiere vom guten Ruf des einzelnen Spiels, erscheint als sehr weit hergeholt. Im Übrigen wäre eine solche Rufausbeutung nicht „unangemessen", weil die Wiedergabe des Clips zur Funktion der Website erforderlich ist und ein Schutz gegen Rufausbeutung daher auf einen unmittelbaren Leistungsschutz hinausliefe. Auch der Gedanke an eine Rufschädigung liegt sehr fern, denn jeder Zuschauer weiß, dass es in Fußballspielen auch zu unschönen oder peinlichen Szenen kommen kann. Die Faszination des Fußballs leidet darunter nicht.

---

[29] *BGH*, GRUR 2007, 339, Rn. 24 – Stufenleitern; *BGH*, GRUR 2007, 984, Rn. 14 – Gartenliege; *BGH*, GRUR 2008, 793, Rn. 27 – Rillenkoffer.

[30] *Hefermehl/Köhler/Bornkamm/Köhler*, a.a.O., § 4 UWG, Rn. 9.53. Das OLG Stuttgart, MMR 2009, 395, hält den Beispielstatbestand des § 4 Nr. 96 UWG erfüllt, problematisiert die Frage des Imagetransfers aber nicht, sondern setzt ohne nähere Erörterung Leistungsübernahme und Rufausbeutung gleich.

5. Behinderung (§ 4 Nr. 10)

Ob die Behinderung ein zusätzliches Unlauterkeitsmerkmal im Rahmen des § 4 Nr. 9 UWG darstellt[31] oder selbständig gem. § 4 Nr. 10 UWG zu prüfen ist,[32] ist umstritten, kann hier aber offen bleiben. Es fehlt schon an einer unlauteren Behinderung. Eine solche liegt entweder vor, wenn die Behinderung vorrangiger Zweck der Wettbewerbshandlung ist oder wenn die eine Interessenabwägung ergibt, dass der betroffene Unternehmer seine Leistung am Markt nicht mehr in angemessener Weise zur Geltung bringen kann.[33] Freier Wettbewerb ist immer unbequem und führt oft zu einer Behinderung der übrigen Wettbewerber. Außerhalb der Immaterialgüterrechte ist er aber als Ausprägung einer funktionierenden Marktwirtschaft hinzunehmen.[34] So wird ein Pharmahersteller nach Ablauf der 20jährigen Schutzfrist seines Arzneimittelpatents natürlich dadurch behindert, dass Generikahersteller mit ihren Produkten auf den Markt drängen. Diese Behinderung ist aber wettbewerbskonform. Aus § 4 Nr. 10 UWG lässt sich keine eigenständige Rechtfertigung für eine rechtliche Ausschließlichkeitsstellung ableiten. So bezweckt die Website der Hartplatzhelden nicht in erster Linie eine Behinderung der Fußballverbände. Bieten sowohl die Verbände als auch unabhängige Unternehmen Webplattformen für Videoclips an, so wird der Wettbewerb nicht behindert, sondern intensiviert. Das lässt sich auf der Basis des § 4 Nr. 10 UWG nicht verhindern.

III. Unmittelbarer Leistungsschutz

Sind zusätzliche Unlauterkeitsmerkmale also nicht auszumachen, so bleibt nur der Rückgriff auf die Generalklausel des § 3 Abs. 1 UWG selbst. Ob neben dem mittelbaren Leistungsschutz des § 4 Nr. 9 ein solcher „unmittelbarer Leistungsschutz" auf der Basis der Generalklausel denkbar ist, ist umstritten.[35] Ausgangspunkt ist, dass der Beispielskatalog des § 4 UWG den Rückgriff auf die Generalklausel nicht grundsätzlich sperrt, wie sich schon aus dem Wort „insbesondere" in § 4 UWG ergibt. Allerdings kann es

---

[31]Dafür *BGH*, GRUR 2007, 795, Rn. 50 – Handtaschen; *Hefermehl/Köhler/Bornkamm/Köhler*, a.a.O., § 4 UWG, Rn 9.63.

[32]Dafür *Harte-Bavendamm/Henning-Bodewig/Sambuc*, UWG, 2. Aufl. 2009, § 4 Nr. 9 UWG, Rn. 3; *jurisPK-UWG/Ullmann*, 2. Aufl. 2009, § 4 Nr. 9 UWG, Rn. 30.

[33]*BGH*, GRUR 2007, 800, Rn. 22 – Außendienstmitarbeiter m.N. zu der im Schrifttum vertretenen Ansicht, § 4 Nr. 10 UWG setze in Abweichung von der Rechtsprechung vor 2004 Vorsatz voraus.

[34]Vgl. *BGH*, GRUR 2005, 349 (352) – Klemmbausteine III; *Ohly*, GRUR 2007, 731 (739); a.A. *Köhler*, GRUR 2007, 548, Rn. 34.

[35]Hierzu demnächst umfassend *Schröer*, Der unmittelbare Leistungsschutz, Diss. Bayreuth.

einen Vorrang der Beispiele kraft abschließender Wertung geben.[36] Wenn etwa § 4 Nr. 4 UWG Maßnahmen der Verkaufsförderung ohne die nötigen Informationen verbietet, so folgt daraus e contrario, dass Rabatte und Zugaben jedenfalls nicht als solche verboten sind. Die wohl h.M. entnimmt auch § 4 Nr. 9 UWG eine solche Ausschlusswirkung: Wenn der Gesetzgeber den mittelbaren Leistungsschutz in Kenntnis der Problematik regelt, so folgt daraus e contrario, dass die Nachahmung nicht sondergesetzlich geschützter Produkte als solche unter keinen Umständen als unlauter zu beurteilen ist.[37]

Allerdings findet diese Ansicht weder in den Gesetzgebungsmaterialien noch in der Rechtsprechung eine Stütze. Der Gesetzgeber war lediglich um Kontinuität mit der bisherigen Rechtsprechung bemüht und bekannte sich daher in der Begründung zu § 4 Nr. 9 zur Nachahmungsfreiheit. Die seit jeher umstrittene Frage, ob in bestimmten Fällen ein unmittelbarer Nachahmungsschutz in Betracht kommt, wird damit nicht beantwortet. Der BGH prüft in seinem Urteil Klemmbausteine III ausdrücklich einen Schutz der Leistung als solcher,[38] unterscheidet ihn von „mittelbaren Leistungsschutz" gem. § 4 Nr. 9 a-c UWG und bezeichnet ihn als gegenüber dem Immaterialgüterrecht subsidiär. In der Tat begünstigt ein striktes Verbot des unmittelbaren Leistungsschutzes Scheinbegründungen. Die Rechtsprechung hat immer wieder Leistungsergebnisse als solche geschützt, wenn sich Lücken im System des geistigen Eigentums aufgetan haben. Teils wurden diese Lücken offen identifiziert, häufiger aber wurden die eigentlichen Beweggründe mit vermeintlich vorliegenden Unlauterkeitskriterien kaschiert.[39] Eine offene Kompetenz zur Gewährung ergänzenden Nachahmungsschutzes für den Fall, dass die betreffende Frage im Recht des geistigen Eigentums bisher weder positiv noch negativ geregelt wurde, würde es der Rechtsprechung erlauben, offen die Argumente für und gegen ergänzenden Leistungsschutz zu erörtern. Schutz könnte demnach unter den kumulativen Bedingungen gewährt werden, dass erstens das Immaterialgüterrecht keinen bewussten Freiraum geschaffen hat, dass zweitens ohne den Schutz die Gefahr eines Marktversagens durch Unterinvestition droht, dass drittens das Leistungsergebnis über das Alltägliche hinausreicht und dass viertens eine Interessenabwägung ergibt, dass das Schutzinteresse das Freihaltebedürfnis überwiegt.

---

[36] *Harte-Bavendamm/Henning-Bodewig/Schünemann*, UWG, 2. Aufl. 2009, § 3, Rn. 93.

[37] *Münchener Kommentar zum Lauterkeitsrecht/Wiebe*, 1. Aufl. 2006, § 4 Nr. 9 UWG, Rn. 110.

[38] *BGH*, GRUR 2005, 349 (352) – Klemmbausteine III.

[39] Vgl. die Kritik bei *Kur,* GRUR 1990, 1 (1 ff.); *Müller-Laube*, ZHR 156 (1992), 480 (480 ff.); *Ohly*, in: FS f. Ullmann, 2006. S. 795 (797 f., 806 ff.); *Harte-Bavendamm/Henning-Bodewig/Sambuc*, UWG, 2. Aufl. 2009, § 4 Nr. 12 Rn. 12; *Wiebe*, in: FS f. Schricker, 2005, S. 773 (775 ff.).

Die Rechtsstellung des Sportveranstalters wurde bisher durch den Gesetzgeber nicht geregelt, insofern entfaltet hier das Recht des geistigen Eigentums keine Sperrwirkung. Aus diesem Grund haben sich in der neueren Literatur einige Autoren dafür ausgesprochen, Sportübertragungsrechte jedenfalls bis zum Eingreifen des Gesetzgebers auf § 3 UWG zu gründen.[40] Auch wenn man dieser Ansicht folgt, sprechen aber die besseren Gründe gegen ein Verbot der Hartplatzhelden-Website.[41] Erstens droht hier nicht die Gefahr eines Marktversagens. Amateursport hat bisher ohne Rechtevermarktung stattgefunden und anders als im Profisport besteht kein Bedürfnis, aus Gründen der internationalen Konkurrenzfähigkeit höhere Geldsummen in diesen Bereich zu pumpen. Zudem erscheint das wirtschaftliche Potential dieses Bereichs fraglich. Zweitens heben sich die Leistungsergebnisse nicht besonders vom alltäglichen Breitensport ab. Drittens steht dem Bedürfnis der Vereine und Verbände nach zusätzlichen Erträgen ein Informationsbedürfnis der Allgemeinheit gegenüber, dessen Befriedigung jedenfalls durch die Medien nicht gewährleistet ist. Da der Amateursport in besonderem Maße mit privaten Aktivitäten verbunden ist, sollten bei der Veröffentlichung von Aufzeichnungen der privaten Kreativität auch keine Grenzen gesetzt werden. Die Last der Argumente sprechen hier also gegen unmittelbaren Leistungsschutz, selbst wenn man ihn entgegen der h.M. im Grundsatz zulässt.

IV. Fazit

Die Website der Hartplatzhelden ist weder aus immaterialgüterrechtlichen noch aus lauterkeitsrechtlichen Gründen zu beanstanden. Das Urteil des LG Stuttgart ist, ebenso wie mittlerweile auch das Berufungsurteil des OLG Stuttgart, unzureichend begründet und kann auch im Ergebnis nicht überzeugen. Auf kartellrechtliche Aspekte die – ein Bestehen eines Veranstalterrechts vorausgesetzt – möglicherweise für ein Zugangsrecht der Allgemeinheit fruchtbar gemacht werden könnten,[42] kommt es nicht mehr an. Daher wünsche ich den Hartplatzhelden den Sieg im Finale.[43]

---

[40] *Lochmann* (Fn. 7), S. 182 ff.; *Laier* (Fn. 8), S. 169 ff.; krit. *Hilty/Henning-Bodewig*, Leistungsschutzrechte für Sportveranstalter?, 2007, 2. Teil B 4.

[41] Für eine Beschränkung des Schutzes auf den Profisport auch *Laier* (Fn. 8), S. 196; *Maume*, MMR 2008, 797 (801).

[42] Vgl. dazu *BGH*, GRUR 1990, 702 (702) – Sportübertragungen.

[43] Die Beklagten haben gegen das Urteil des OLG Revision eingelegt. Das Finale findet also in Karlsruhe statt.

Podiumsdiskussion zum Thema „Die Rahmenbedingungen für den dualen Rundfunk im multimedialen Zeitalter – Kann alles bleiben, wie es ist?"

MICHAEL MÜLLER/JULIA STRIEZEL

Den Abschluss des ersten Veranstaltungstages des 3. Bayreuther Forums für Wirtschafts- und Medienrecht bildete eine Podiumsdiskussion zum Thema „Die Rahmenbedingungen für den dualen Rundfunk im multimedialen Zeitalter – Kann alles bleiben, wie es ist?". Der Diskussionsleiter Prof. Dr. *Thomas Rex* vom BR Fernsehen begrüßte die Zuhörer und stellte die vier Diskussionsteilnehmer vor. Anwesend waren Prof. Dr. *Carl-Eugen Eberle*, Justitiar des ZDF, Dr. *Tobias Schmid*, Vizepräsident Fernsehen und Multimedia des Verbands Privater Rundfunk und Telemedien e.V. und des Weiteren MdB Dipl.-Polit *Dorothee Bär*, Sprecherin Neue Medien der CDU/CSU-Bundestagsfraktion. Komplettiert wurde die Runde durch Prof. Dr. *Helmut Thoma*, Geschäftsführer TT-STUDIOS Medienberatungs- & -beteiligungs GmbH.

Ausgangspunkt der Diskussion war die Feststellung von *Eberle*, dass in der Medienwelt vieles im Fluss sei. Auf Nachfrage des Moderators erläuterte *Eberle*, dass die Konvergenz der Medien das Verhalten der Mediennutzer geändert habe, und brachte als Beispiel das Verhalten von Jugendlichen, die zwar nicht das ZDF-Fernsehprogramm, aber dessen Internetangebote nutzten. Grund hierfür sei das Telemedienkonzept des ZDF, das beispielsweise über die ZDF-Mediathek nutzerfreundliches, weil zeitsouveränes Fernsehen ermögliche.

Vom Moderator gefragt, wie der öffentlich-rechtliche Rundfunk mit Internetauftritten umzugehen habe, stellte *Schmid* zunächst klar, dass im Internet keine Schlacht gewonnen werde, die bereits im Fernsehen verloren worden sei. Auf die Ausgangsfrage bezogen erklärte er, dass die meistabgefragte Sendung der Mediathek „Julia – Wege ins Glück" sei, welches die Problematik aufwerfe, ob solch flache Unterhaltung gebührenfinanziert sein müsse. Stattdessen solle der öffentlich-rechtliche Rundfunk sich auf die Bereiche beschränken, die der private Rundfunk nicht ökonomisch darstellen könne. Gleichwohl räumte *Schmid* ein, dass eine ordnungsrechtliche Differenzierung schwieriger werde, da die Medien sich aufeinander zu bewegten.

Daran anknüpfend wollte *Rex* von *Thoma* wissen, inwieweit in Deutschland ein Regelungsbedarf für Rundfunksender bestehe. Dieser entgegnete, dass das, was geregelt werden solle, sich nicht regeln lasse. Die normative Kraft des Faktischen sei insoweit zu groß. Zudem sei aufgrund des Wegfalls der Frequenzenknappheit neu zu überdenken, ob der öffentlich-rechtliche Rundfunk noch eine Existenzberechtigung besitze. Er forderte das Ende der Qualitätsdiskussion, da eine Verabsolutierung von Einzelgeschmäckern nicht möglich sei und insoweit kein Maßstab für Niveau hergeleitet werden könne. An dieser Stelle warf *Bär* ein, dass durchaus Qualitätsdiskussionen geführt werden müssten. Die Öffentlich-rechtlichen sollten sich wieder auf ihren ursprünglichen Auftrag konzentrieren und zum Beispiel bedeutsame Debatten aus dem Parlament übertragen. Die daraus resultierende Abschichtung zum Privatfernsehen führe dazu, dass der öffentlich-rechtliche Rundfunk seine Existenzberechtigung wiedererlange. *Eberle* erwiderte, dass mit der Übertragung der heutigen Bundestagsdebatte über die Finanzkrise sowohl auf Phoenix wie auch im ZDF-Hauptprogramm diesen Anforderungen mehr als entsprochen worden sei.

Ebenfalls zum Regelungsbedarf fügte *Schmid* an, dass es zur Sicherung der Meinungsvielfalt durchaus einer Regulierung bedürfe, allerdings nur für solche Teilbereiche, die diesen Pluralismus auch tatsächlich betreffen. Dies müsse gleichermaßen für Angebote aus anderen Mediengattungen gelten, bloße Unterhaltungsprogramme, die heutzutage die Regel seien, sollten jedoch generell ausgenommen werden. *Eberle* betonte im Anschluss daran, dass es zur Sicherung der Pluralität nicht ausreiche, wenn jeder seine Inhalte ins Internet einstelle. Vielmehr brauche es für die Meinungsbildung bestimmte vertrauenserweckende Marken als Vehikel; dies würden ARD und ZDF leisten. Dieser These widersprach *Thoma* vehement, da der öffentlich-rechtliche Rundfunk gerade bei jüngeren Zielgruppen kein gutes Image genieße. *Eberle* entgegnete, dies möge zwar für das Hauptprogramm zutreffen, es werde jedoch versucht, andere Medien mit derselben Marke auch bei diesen Zielgruppen zu etablieren, wie es zum Beispiel durch die Mediathek geschehe.

Rex fragte daraufhin *Schmid*, ob den Fernsehsendern wegen der neuen Medien ein Verlust an Zuschauern drohe. *Schmid* erwiderte, dass diese Gefahr bestehe, jedoch hierdurch beim privaten Rundfunk mangels einer Gebührenfinanzierung kein Rechtfertigungsdruck ausgelöst werde. Anders sei dies bei den Öffentlich-rechtlichen, welche nur Gebühren erhielten, um Programme anzubieten, die aus ökonomischer Sicht nicht zu rechtfertigen seien. Das Erwecken von Markenvertrauen gehöre nicht hierzu, da diese

Funktion im Netz auch durch die Printmedien geleistet werde. *Bär* fügte hierzu an, dass das ZDF nicht von vorneherein aufgeben solle, auch mit dem Hauptprogramm jüngere Zielgruppen anzusprechen, da Image nicht unveränderlich sei. Sie ergänzte, dass es Entwicklungen in europäischen Ländern gebe, welche zu Wettbewerbsverzerrungen führen könnten, falls Deutschland den Spielraum für die öffentlich-rechtlichen Rundfunkanstalten nicht vergrößere.

Daran anknüpfend wollte *Rex* von *Eberle* wissen, ob es zu einer Wettbewerbsverzerrung komme, wenn der öffentlich-rechtliche Rundfunk nicht ins Internet dürfe. *Eberle* entgegnete, die entscheidende Frage müsse vielmehr lauten, ob dieser für eine Wettbewerbsverzerrung sorge, wenn er sich im Internet betätige. Dies sei zu verneinen, da der Markt der Internetnutzer mangels eines Leistungsaustausches keine relevante Größe sei. Auf Nachfrage des Moderators bestritt *Schmid* diese These. Die Akzeptanz durch den Zuschauer präge den Werbemarkt, über welchen die Privaten sich zu finanzieren hätten, da sie keine 7,2 Milliarden Einnahmen aus Gebühren verzeichnen könnten. Argumentierten die öffentlich-rechtlichen Sendeanstalten nun dahingehend, dass sie im Internet keine Werbeanzeigen schalten würden, so werde verkannt, dass sie den privaten Anbietern dennoch die Aufmerksamkeit der Nutzer entzögen. Diese führe zu geringeren Werbeeinnahmen. Durch die Werbefreiheit der öffentlich-rechtlichen Rundfunkanstalten im Netz als Wettbewerbsfaktor werde daher die Meinungsvielfalt nicht gefördert, sondern gefährdet. Dies wiederum stellt *Eberle* in Frage, da dass Argument des Aufmerksamkeitentzuges nur im Fernsehen und nicht im Internet greifen könne.

An dieser Stelle griff *Thoma* in den Wortwechsel ein, da seiner Meinung nach die ganze Diskussion hoffnungslos überbewertet sei und sich von selbst in der Zukunft erledigen werde. Statt althergebrachter Dogmen wie der Unterscheidung zwischen öffentlich-rechtlich und privat sei auf neue Maßstäbe vor allem inhaltlicher Natur abzustellen. Insbesondere Seriosität sollte für die Zahlung von Gebühren eine Rolle spielen, gleich ob die Berichterstattungen öffentlich-rechtlicher oder privater Natur seien. *Eberle* wies in diesem Zusammenhang auf das umfangreiche weltweite Korrespondentennetz der öffentlich-rechtlichen Sender hin. Hierzu merkte *Bär* an, dass sie gerne gewillt sei, für ein solches Netz eine Gebühr zu entrichten; dies gelte umso mehr, da sie eine Verfechterin der Abschaffung der Werbefinanzierung im öffentlich-rechtlichen Fernsehen sei. So solle nach ihrem Verständnis der öffentlich-rechtliche Rundfunk nicht auf die Quoten achten müssen.

Rex fragte *Schmid*, ob er den öffentlich-rechtlichen Rundfunk als Auslaufmodell sehe. Dieser entgegnete, dass er an die Zukunft des dualen Systems glaube. Allerdings müsse ein ausbalanciertes System geschaffen werden, das Anreize nicht-finanzieller Art für die Privatsender vorsehe, wenn diese öffentliche Ziele mitverfolgten. *Eberle* wendete ein, dass ein derartiges Anreizsystem bereits bestehe. So erhielten auch private Sender Frequenzen kostenlos; allerdings bekämen auch Verkaufskanäle und Call-in-Sender Frequenzen umsonst, obwohl diese nichts Entsprechendes leisteten. Generell ließe sich festhalten, dass die öffentlich-rechtlichen Anstalten Geld bekämen, um Programme zu machen, hingegen die Privaten Programme machten, um Geld zu bekommen.

Die gleiche Frage nach der Zukunft des öffentlich-rechtlichen Rundfunks stellte der Moderator auch *Bär*. Diese erklärte, sie halte das duale System für wichtig, indes müsse sich das öffentlich-rechtliche Fernsehen enger an seinem Auftrag orientieren. Beispielsweise bezweifelte *Bär* die Notwendigkeit, dass ARD und ZDF ein 24-stündigen Programm auszustrahlen. *Thoma* fügte an, dass er aufgrund immer mehr verfügbarer Frequenzen nicht an eine Zukunft der öffentlich-rechtlichen Sender glaube. Seiner Meinung nach müsse das Inhaltsproblem über Programm- statt Institutionenfinanzierung gelöst werden. Dem widersprach *Eberle*, da Inhalte bei privat-finanzierten Sendern sich nach der Ökonomie richteten. Diesem Zwang sei der öffentliche-rechtliche Rundfunk aufgrund der Gebührenfinanzierung nicht unterworfen. Hiergegen protestierte *Schmid*, da der Schleichwerbungsskandal im öffentlich-rechtlichen Fernsehen das Gegenteil beweise. *Eberle* räumte Fehler der öffentlich-rechtlichen Sender in der Vergangenheit ein, konstatierte aber, dass diese hieraus ihre Konsequenzen gezogen hätten. Vielmehr zeigten die Ereignisse aus der Vergangenheit in aller Deutlichkeit die negativen Auswirkungen eines ökonomischen Drucks.

In Anbetracht der fortgeschrittenen Zeit musste *Rex* die Debatte anschließend beenden. Er bedankte sich bei den Anwesenden für die anregende Diskussion und beendete damit den ersten Tagungstag.

Autoren und Herausgeber

Prof. Dr. Christoph Degenhart
Universität Leipzig, Juristenfakultät, Lehrstuhl für Staats- und Verwaltungsrecht, Institut für Rundfunkrecht, Bungstr. 27, 04109 Leipzig

Prof. Dr. Thomas Dreier, M.C.J.
Universität Karlsruhe, Zentrum für Angewandte Rechtswissenschaft (ZAR), Institut für Informations- und Wirtschaftsrecht, Fasanengarten 5, 76128 Karlsruhe

Prof. an der Macromedia Hochschule für Medien und Kommunikation Dr. Eva-Irina Freifrau von Gamm, LL.M.
Rechtsanwaltskanzlei Dr. v. Gamm, Elisabethstr. 91, 80797 München

Prof. Dr. Hubertus Gersdorf
Universität Rostock, Juristische Fakultät, Gerd-Bucerius-Stiftungsprofessur für Kommunikationsrecht, Richard-Wagner-Str. 7, 18055 Rostock

Prof. Dr. Jörg Gundel
Universität Bayreuth, Lehrstuhl für Öffentliches Recht, Völker- und Europarecht, Rechts- und Wirtschaftswissenschaftliche Fakultät, 95440 Bayreuth

Prof. Dr. Peter W. Heermann, LL.M.
Universität Bayreuth, Lehrstuhl für Bürgerliches Recht, Handels- und Wirtschaftsrecht, Rechtsvergleichung und Sportrecht, Rechts- und Wirtschaftswissenschaftliche Fakultät, 95440 Bayreuth

Prof. Dr. Peter M. Huber
Ludwig-Maximilians-Universität München, Lehrstuhl für Öffentliches Recht und Staatsphilosophie, Professor-Huber-Platz 2, 80539 München

Dr. Rainer Koch
Vizepräsident (Recht) des Deutschen Fußball-Bundes, Präsident des Bayerischen Fußball-Verband e. V., Brienner Straße 50, 80333 München

Prof. Dr. Knut Werner Lange
Universität Bayreuth, Lehrstuhl für Bürgerliches Recht, Deutsches und Europäisches Handels- und Wirtschaftsrecht, Rechts- und Wirtschaftwissenschaftliche Fakultät, 95440 Bayreuth

Prof. Dr. Stefan Leible
Direktor der Forschungsstelle für Wirtschafts- und Medienrecht an der Universität Bayreuth (FMWR), Rechts- und Wirtschaftswissenschaftliche Fakultät, 95440 Bayreuth

RA Prof. Dr. K. Peter Mailänder, M.C.J.
Haver & Mailänder Rechtsanwälte, Lenzhalde 83-85, 70192 Stuttgart

Prof. Dr. Jürgen E. Müller
Universität Bayreuth, Medienwissenschaft, Sprach- und Literaturwissenschaftliche Fakultät, 95440 Bayreuth

Michael Müller
Wissenschaftlicher Mitarbeiter, Universität Bayreuth, Rechts-und Wirtschaftswissenschaftliche Fakultät, Lehrstuhl für Bürgerliches Recht, Internationales Privatrecht und Rechtsvergleichung (Prof. Dr. Stefan Leible), 95440 Bayreuth

Prof. Dr. Ansgar Ohly, LL.M.
Universität Bayreuth, Lehrstuhl für Bürgerliches Recht, Patent-, Urheber- und Wettbewerbsrecht, Rechts- und Wirtschaftwissenschaftliche Fakultät, 95440 Bayreuth

Prof. Dr. Karl-Nikolaus Peifer
Direktor des Instituts für Medienrecht und Kommunikationsrecht der Universität zu Köln, Aachener Str. 197-199, 50931 Köln

RA Dr. Jörg P. Soehring, LL.M.
Tischendorfweg 9, 22609 Hamburg

Julia Striezel
Wissenschaftliche Mitarbeiterin, Universität Bayreuth, Rechts- und Wirtschaftswissenschaftliche Fakultät, Lehrstuhl für Bürgerliches Recht, Internationales Privatrecht und Rechtsvergleichung (Prof. Dr. Stefan Leible), 95440 Bayreuth

RA Dr. Thomas Summerer
CMS Hasche Sigle, Brienner Str. 11, 80333 München

RA Prof. Dr. Norbert Wimmer
Honorarprofessor an der Juristischen Fakultät der Universität Osnabrück, White & Case, Kurfürstendamm 32, 10719 Berlin

Stichwortverzeichnis

Die Zahlen beziehen sich auf die jeweiligen Seiten.

Übertragungswege 67, 68, 75, 76
  öffentlich-rechtliche Rundfunkanstalten 81–83, 86, 90, 93, 97, 152
    kommerzielle Angebote 101
  öffentlich-rechtlicher Rundfunk 52, 62, 63, 77, 80
    Bestands- und Entwicklungsgarantie 99
    Entwicklungsgarantie ... 89
    Legitimationsgrund 98
  öffentlich-rechtlicher Rundfunkauftrag 86, 90, 97, 100
    Definition 98, 100
  öffentliche Wiedergabe 108, 109, 112, 118, 128–130, 132
  öffentliche Zugänglichmachung 108, 109, 111, 113, 115, 128, 130–132

Abruf
  interaktiv 131
Aktivlegitimation
  Zusammenhang mit § 4 Nr. 9 UWG 188
allgemeine Meinungsfreiheit . 49
Amateurfußballspiele .. 173–175, 177–179, 181, 183–186, 188, 190, 194–196
Amsterdamer Protokoll 84

audiovisuelle Mediendienste . 38, 43, 44
Auftragsdefinition 84–89, 91
Ausschließlichkeitsrecht
  § 78 Abs. I Nr. 1 UrhG 129
Ausschreibung der Medienrechte an der Bundesliga 159
AVMD-RL 37, 38, 40–42, 44

Bedarfsanmeldepraxis 73
Behinderung
  § 4 Nr. 10 203
  Definition 189
  gezielte 189
Behinderungswettbewerb ... 189
Beihilfekompromiss 92
Benehmen mit der zuständigen Landesbehörde 79
Berufsfreiheit 192
Bogsch-Theorie ... 123, 124, 132
BWA 73

Caroline-Entscheidung 52
Cross-Ownership 157
crossmediale Effekte .. 136, 142, 144, 146, 150
  crossmediale Werbekampagnen 142, 143
crossmediale Werbung . 142
  publizistische Cross-

Promotion 142, 143
crossmediale Fusion ... 136, 137
    Begriff 137
Crossmediale Zusammenschlusskontrolle 151, 153, 154
crossmediale Zusammenschlusskontrolle 135
crossmedialen Effekte .. 136, 142
crossmedialer Zusammenschluss 141, 149, 151–153, 156

Datenbankabruf 111, 113
De-minimis-Grenze ... 42, 43, 45
dienende Funktion 74, 75
Differenzierung nach Übertragungswegen 159, 171
digitale Dividende 67–69, 72, 73, 76–80
    Begriff 68
    Umfang 69
Doppelkontrolle 147
Doppelkontrolle des Wettbewerbs- und Medienrechts . 157
Drei-Stufen-Test . 83, 85, 87–89, 91, 92, 97, 99, 101, 102, 104
dreistufiges Regulierungssystem 48, 64
duale Rundfunkordnung 83
duales System 92, 93, 98

Eignung zur Beeinträchtigung 190
Eingerichteter und ausgeübter Gewerbebetrieb ... 193
elektronische Kommunikationsdienste 73
elektronische Presse . 47, 48, 50, 51, 62, 63, 65, 66, 93
    Diskriminierung 63
    Haftungsgefälle 63

Medienprivileg 66
europäisches Beihilfenrecht .. 99

Föderalismusreform 2006 61
Frequenznutzungsplan ... 78, 79
frequenzrechtliches Gebot der Rücksichtnahme 74, 75
Fusionskontrolle 139, 141

Gebührenfinanzierung 82–86, 91
Gebührenurteil des Bundesverfassungsgerichts 89
Generalklausel 203
geschäftliche Handlung 200
Goodwill 165

Haftungsprivilegierung TMG 51, 55
Handy-TV 109–111, 113, 114, 116, 117, 119, 120, 122–125
Hartplatzhelden 174–177, 179–183, 186–188, 190–194, 198, 200, 201, 203, 205
Hausrecht 162, 177, 197
Holtzbrinck 153
horizontaler Zusammenschluss 138

Inband-Störungen 70
Individualkommunikation 73
Institution
    der freien Presse 93
Interessenabwägung 198
    UWG 191, 203, 204
Intermedialität 21, 29
Internet-TV 109–111, 113, 114, 116, 117, 119, 120, 123–125, 161
IP-TV .. 109–111, 113, 114, 116, 117, 119, 120, 122–125
IPR
    Urheberrecht 124, 131

Stichwortverzeichnis

journalistisch-redaktionelle Angebote .. 51–53, 55, 56, 58

KEF 76, 77, 89, 100
KEK 135, 136, 148–152, 155, 158
Knappheitsproblem der Frequenzen 72
Kommunikationsprozess . 33, 34
konglomerater Zusammenschluss 137–139, 144, 146, 150
Konvergenz 48, 49, 58, 61, 64, 65, 67, 68, 74, 81, 97, 107–112, 114, 115, 119, 121–127

Leistungsergebnis 183–187
Leistungsschutzrecht des Sportveranstalters 196
linearer Fernsehdienst 41
Lizenzvertrag 162

Marktabgrenzung 139–142, 146, 147
   relevanter Markt 139
Marktanteilsaddition 137
marktliche Auswirkungen ... 94, 99, 102, 105, 106
Marktmacht 136, 139
Marktverhalten 95
Marktzutritt
   Regelungen 94
   Schranken 94
Massenkommunikationsgrundrechte 34–36, 42
medialen Verwertung
   Fußballbundesliga 160
Mediengeschichte 20, 21
Medienregulierung 31
Medientheorien 20
Meinungsäußerungsfreiheit ... 35
meinungsbildende Medien ... 51
Meinungsmacht .. 135, 136, 147, 148, 150

Meinungspluralität 136
Mitbewerber 180, 182, 189
mittelbarer Nachahmungsschutz 199
mittelbarer Verletzer 200
Mobile-TV 111

Nachahmung von Waren oder Dienstleistung
   Begriff 183
Nachahmung von Waren oder Dienstleistungen .. 201
Nähe 201
NB 28 .... 70, 71
NB D296 71
negatorischer Bestandsschutz 93
Nutzungsberechtigung 127

On Demand
   Video 39
On-Demand 110
   Video 65, 127, 161
One Stop Shop 167
Orchesterfall 163

Persönlichkeitsrecht ... 162, 163
Pluralität 36
Pressebegriff .. 49, 50, 52, 53, 57
Pressefreiheit . 49, 52–54, 58, 63
PreussenElektra 84, 85
Public-Value-Test 81–83, 97
publizistische Wirkung 97
publizistischer Wettbewerb 103, 106
publizistischeVielfalt 94
Pull-Dienste 114
Push-Dienste 114

RBÜ 118
Recht am eigenen Bild 163, 178, 198
Recht auf gerechte Abwägung 106
Rechtsaufsicht

§ 11f Abs. 6 RStV 104
Remediation 25, 29
    medialer Formate 20
ressourcenschonende Frequenzverwaltung. 76
RfÄndStV
    12. .... 67, 80
Rufausbeutung 187, 202
Rundfunk
    Begriff 31, 41, 42
    Legaldifinition 42
Rundfunkänderungsstaatsvertrag
    10. 50
    12. ..81, 82, 88, 89, 97–101, 103, 105
    13. 155
    9. 48–50
Rundfunkanstalt 85, 88
Rundfunkauftrag 84, 85, 88
Rundfunkfreiheit . 32–36, 43, 77
    Ausgestaltungsvorbehalt 32
    dienend 52
    dienende Freiheit 32
    individualrechtlicher Kern 32, 33, 36
Rundfunkgebühr 84
    als Beihilfe 84
Rundfunkgebühren 74, 76
Rundfunkkommunikation 73
Rundfunkregulierung .37, 44, 45
Rundfunkstaatsvertrag ..61, 62, 64, 85, 91, 93, 99–106, 135, 148–152, 154, 155

Schranke 62
Schrankenbestimmung
    § 23 Abs. 1 Nr. 1 KUG 178, 198
Schrankenbestimmungen
    Urheberrecht .107, 109, 126
Sendebegriff 113
Sendeplan 42
Senderecht 108, 112, 115, 128–132

Sendung ..41, 108–117, 120, 123
    drahtgebunden ... 109, 111, 113
    drahtlos .109, 113, 117, 124
    klassisch 109
    terrestrisch 116
Sportübertragungsrechte
    Rechtsnatur 161
Sportveranstalter 162, 171
Springer/Pro SiebenSat.1 ..140, 142, 144, 146–148
Störer 200
Substitutionsbeziehungen ...141

Technologieneutralität 78
Telekommunikationsrecht
    Entwicklung 74
Telemedien 48–51, 53–55, 58, 63, 98–101

UHF-Band 69, 71
UMTS 73, 76
unbekannte Nutzungsarten .121, 130
unlauterkeitsbegründend ... 199
Unlauterkeitsmerkmale 182, 202
    Stärke 202
unmittelbarer Leistungsschutz 196, 203
    Subsidiarität 204
Unternehmereigenschaft 180
Urheberrecht 107, 108, 111, 114, 117, 123, 124, 126, 193, 196, 198
user-generated-content 57

Veranstalter 162–164, 172
    Begriff 164
    Definition 183
    Schutz des Veranstalters 186
Veranstalterleistung 164
Verhältnis geistiges Eigentum/UWG 199
Verhältnismäßigkeit ..33, 36, 43

Verkehrspflichten
    für Portalbetreiber 57
Verletzung einer Verkehrspflicht
    201
Verordnung zur Änderung der
    Frequenzbereichszuweisungsplanverordnung
    2. 69
Verwertungsgesellschaftenpflicht
    117, 118
Verwertungsrechte 128, 131
VHF-Band 69
Vielfaltsicherung 36, 43, 45
Vielfaltssicherung .147, 156, 157
Vorrang bei der Verteilung knapper Frequenzen 73

Web-TV 110
Wechselwirkungslehre 202
Wertschätzung
    Ausnutzung der ... 187, 188
    Beeinträchtigung der ... 188

Wertschöpfung 166
Wertschöpfungstheorie 166
wettbewerbliche Eigenart .. 201, 202
Wettbewerbshandlung 179, 180, 182, 191, 200, 203
    Definition 179
Wettbewerbsschutz 156
Wettbewerbsverhältnis 180, 181, 193, 200
    Definition 181

Zentralvermarktung ...166–168, 170–172
Zulassungspflicht 44, 45
Zutrittsschranken 137
Zuweisung digitaler terrestrischer Übertragungskapazitäten 68
Zweckübertragungslehre ... 120, 123, 130